◎山东大学研究生核心课程教材

管理系统模型与决策

王 磊 编著

山东大学出版社
SHANDONG UNIVERSITY PRESS
·济南·

图书在版编目(CIP)数据

管理系统模型与决策 / 王磊编著. --济南 ：山东大学出版社，2025. 4. -- ISBN 978-7-5607-8823-4

Ⅰ. F40

中国国家版本馆 CIP 数据核字第 20254NV661 号

责任编辑　李艳玲
封面设计　王秋忆

管理系统模型与决策

GUANLI XITONG MOXING YU JUECE

出版发行　山东大学出版社
社　　址　山东省济南市山大南路 20 号
邮政编码　250100
发行热线　(0531)88363008
经　　销　新华书店
印　　刷　济南乾丰云印刷科技有限公司
规　　格　720 毫米×1000 毫米　1/16
　　　　　14.75 印张　270 千字
版　　次　2025 年 4 月第 1 版
印　　次　2025 年 4 月第 1 次印刷
定　　价　37.00 元

前　言

决策在管理中无处不在，准确、及时的决策是有效管理的基础。在管理实践中，通常认为有经验的管理者才能做出好的决策。如果将决策视为一个信息输入、处理、输出的过程，那么经验则在其中起到辅助筛选和甄别信息、快速有效地处理信息并将处理后的信息按需展示的作用，经验的背后正是管理系统模型。

“模型”这个词语在不同的领域中形式不同，如数学中的公式、军事中的沙盘、3D软件中的建筑预览图……管理系统模型服务于管理决策，与决策目的和情境相关。有经验的人能够迅速选择出合适的项目经理，因为他头脑中有对项目经理能力要求的描述、对待选对象是否满足要求以及满足程度的判断。其中涉及两个模型：一是由评价指标及其相对权重构成的评价模型，二是衡量备选对象指标得分的映射模型（即评价指标得分）。在系统梳理之前，人很难把内化在头脑中的模型准确表达出来，例如明确指标相对权重、准确定义各个指标等，而模型以及构建模型的过程却是管理决策的基础，因而必须得到重视。

以上提及的“评价模型”易于理解，不再赘述。第二个模型为什么叫“映射模型”？备选对象是否具有很好的专业能力，可以通过了解其专业背景和进行笔试来判断，但是如何衡量其沟通能力呢？沟通能力不是明显的，而是潜在的、隐藏的，需要通过外显的指标来表征，这就形成了由多个指标表征的核心的、潜在的映射模型。经验越丰富的管理者，建立的评价模型和映射模型越全面、准确，他们甚至能够直接从故事中、从谈话中识别显变量，具有更强的信息捕捉和收集能力，直接通过少数显变量对潜变量进行赋值，或者找到其他指标替换不能量化分析的指标。

我们能否从别的组织或行业中获得经验呢？能否通过案例、总结报告、论文获得经验呢？通常认为文献、书本中的“经验”是知识，可以将其看作放弃部分特定情境的、能够被推广到更多情境下的、可指导行为决策的经验。适用和验证的情境越多、范围越广，知识的专业性和规律性就越强；相应地，其在实践中能够被直接应用的程度也越低。在选择或评价项目经理时，理论上的或权威协会提出的项目经理能力模型，与特定行业或由企业内部开发的模型差异较大。例如，国际项目管理协会的项目经理能力模型包括人、实践、视野三个方面，更为通用；IT项目经理能力模型则包括信息系统开发专业能力，更加聚焦。

管理系统模型不仅仅是评价模型、映射模型，如何进行排产、如何选择最短路线、如何设置库存、如何在需求波动时确定采购数量……诸多问题都需要管理系统模型。除了上述支撑决策过程的模型，还有提高管理决策和行为可靠性的模型，例如分析问题、解决问题的系列过程，特别是与特定问题、情境相结合的过程模型，则更具代表性。企业的战略实施模式、运营模式、盈利模式也都可以被视为模型，区别在于刻画企业的角度和层次不同。管理系统模型带有明显的目的导向、价值导向，面向不同视角、层次，有的能够直接解决问题、给出决策，有的保证信息有效及时、决策可靠。

在学习、工作和生活中，有人经常感觉听不懂、学不来别人的经验，由此认为理论知识没有实践价值。理解、构建、应用管理系统模型，是解决上述问题的有效手段；是学习、总结、升华经验，获取、应用、发展理论知识的抓手。

本教材以管理系统模型展开，有三个特点。第一，通过系统方法训练系统思维。管理系统模型不能仅依赖于听和看，有经验的人在决策和解决问题的过程中能够逐步形成自己的模型并锻炼出系统思维。本教材通过系列案例帮助读者理解模型和决策，以系统方法学习为主线，让大家感受方法的思想、过程和特点，并在进一步解决问题中形成系统思维。第二，不同需求的读者可以按需开展学习。想要学习基础理论知识的同学，可按照书本的整体逻辑逐步学习；侧重实践的同学可以在了解方法整体逻辑的基础上，通过我们提供的网站和程序模块，抓大放小，关注整体过程和应用，提高学习的效率。第三，知识模块之间“互为楔子”，通过方法之间的差异分析而逐步展开，在提升读者阅读体验的同时，可使其更好地掌握方法、理解系统模型。

本教材服务于“系统工程”“管理决策”“建模仿真”等管理学基础课程，同时也可以支撑《运营管理》《项目管理》等教材中的部分章节的学习。本教材的完成得到了国家自然科学基金(72301159、72171134)、山东大学出版基金的支持。感谢诸多前辈积累的系统思想、方法和应用实例，这些既折射出管理系统模型之美，也是本教材成稿的基础。感谢丁荣贵、吴爱华、孙涛三位对我管理学研究与实践产生巨大影响的老师，以及为我打开系统思维、方法之门的王子亮老师，本教材是对他们思想与观点的传承。感谢各位同仁，是你们帮助我去思考和总结，对系统方法进行二次开发；感谢我的学生，实践界的管理者，是你们为我提供了大量的鲜活素材和情绪价值。感谢为本教材撰写和线上网站建设做出贡献的团队同学。杜伟倩和程晨分别统筹了本教材初稿和定稿两个阶段，郑志辉负责网站建设，还有王一程、马鹏程、马本骋、梁家伟、张吉业、刘丽君、段元康、苏乃靖、董雁天、周颖、李司琪、黄钰等同学也付出了宝贵的时间和精力。感谢李艳玲编辑，在繁忙的工作中认真审阅书稿，并提出了许多宝贵意见，使得本教材得以更加完善。最后，感谢管理学院、山东大学和祖国，以及这个伟大的时代！个人和团队的成就来自大系统的结构化引导或推动，大音希声、大象无形的底层逻辑正是管理系统模型。

作　者
2025 年 2 月

目　录

第1章　导　论

在管理理论和实践中，经常出现相互矛盾又各有道理的观点，盲人摸象和善抓关键也只有一线之隔，对管理问题和情境的刻画角度是其中的关键，反映了管理系统模型的重要性。理解管理系统模型，需要在了解系统科学发展和应用的过程中培养系统性的视角。此时，再看管理决策会发现：经验知识和学术知识的平衡与融合，让我们脱离仅依赖经验或知识的传统，更加深刻地理解决策模型，也可从中感受大系统中的小细致、小系统中的大智慧。

1.1　系统科学的发展及应用

系统是由若干要素以一定结构形式联结构成的具有某种功能的有机整体。要素与要素、要素与系统、系统与环境之间均存在特定关系，体现出复杂、动态等特点。系统论是一种综合性的分析方法，重点分析系统的构成和功能，并探究系统与其内部元素、外部环境之间的相互作用及变化的规律。通过系统视角来观察问题，可以认识到从浩瀚的宇宙到微观的粒子，无论是一粒种子、一个蜂群、一台机器，还是一个工厂或一个社会组织，都可以被视作系统。同时，整个世界可以被理解为众多系统的联合体，每个系统都在其位置上发挥作用并相互联结，共同构成了我们复杂多变的世界。

1.1.1　系统科学的发展

1.中国系统科学的发展

中国的系统思想源远流长，其早期表现形式可见于古代哲学思想中，特别是太极图的宇宙论和阴阳五行学说。这些思想强调了万物间的相互作用和平衡。太极图象征着宇宙中的阴阳二气，其相互作用和消长促成了世界的动态变化。五行学说则通过金、木、水、火、土五种元素的相生相克循环，象征着自然界和社会现象的持续演化。中国系统思想根植于其悠久的文化和哲学传统中，强调整体性、动态平衡和相互依存，提供了一种将世界作为内部元素相互连接和不断变化的整体的视角。

儒家、道家中的经典学说也为中国传统系统科学的发展做出了重要贡献。儒家强调的“仁义礼智信”本身就是针对个人评价与发展的系统性指标，而其关于“修身、齐家、治国、平天下”的论述则体现了系统不同的层次，诸如“君子不器”等论述也体现了思想、思维与方法之间的对立统一关系。道家经典《道德经》对于系统螺旋上升、对立统一、系统与环境动态交互等方面的论述极为深刻，并产生了从哲学到方法再到实践的系统应用。

进入现代，中国学者们在系统科学领域做出了显著贡献，其中最具代表性的有钱学森、许国志等人。钱学森被誉为“中国航天之父”，提出了系统工程的理念，强调在复杂工程项目中考虑整体性和交叉学科的重要性。他的工作对中国航天科技的发展产生了深远影响，也促进了系统思想在工程学和技术科学领域的应用。许国志筹建并领导了中国第一个运筹学研究室，开创性地推动了运筹学在运输、铁道运营及钢铁工业中的应用，并撰写了一系列关于运筹学的专著和文章，为该学科在中国的发展奠定了坚实基础。先辈们的贡献为系统工程在中国的经济发展、国防建设、决策分析等方面的应用打下了坚实的基础。

2.西方系统科学的发展

在西方，系统思想的发展贯穿了古代哲学、科学革命、工业革命以及现代科学理论的演变。古希腊时期，亚里士多德的整体论标志着早期系统思想的萌芽。他强调了部分与整体之间的关系，认为整体不是部分的简单叠加，而是各部分相互作用的结果。这种思维方式为后来系统思想的形成奠定了基础。

进入科学革命时期，牛顿的物理学为系统思想提供了严密的自然科学基础。三大定律揭示了自然界中物体运动的普遍规律，为理解和预测物理系统的行为提供了方法论。而后随着工业革命的到来，机械论开始盛行，其强调机械系统的精确性和可预测性。这种思维方式影响了工业和技术的发展，促进了工业化进程。同时，生物学和生态学的兴起为系统思想带来了新的视角。学者们开始关注生物体和生态系统中的复杂相互作用，从而对生物系统有了更深入的理解。

直到 20 世纪，系统思想经历了一场革命性的变革，其中最为显著的贡献来自诺伯特·维纳(Norbert Wiener)的控制论和信息论，以及路德维希·冯·贝塔兰菲(Ludwig von Bertalanffy)的一般系统论。这些理论的提出和发展不仅推动了人类对系统思想的深入探索，也为理解和处理复杂系统提供了全新的框架和方法。维纳通过控制论的提出，为自动控制系统和信号处理领域奠定了基础。同时，他也在信息论方面做出了重大贡献，其理论研究了数据的传输、处理和解码过程。这些理论不仅对自动控制、电子工程和计算机科学产生了深远影响，也在生物学和神经科学等领域引发了新思考。其后，贝塔兰菲提出的一般系统论进一步拓展了系统思想的应用领域。该理论试图在不同类型的系统，如生物系统、社会系统和机械系统之间，找寻共通的原则和模式。其所提出的跨学科系统分析方法，强调在处理复杂系统时，不仅要关注单个部件，更要注重部件之间的相互作用及其对整体的影响。

西方的系统思想更侧重于精确性和可预测性。西方哲学和科学传统中，如牛顿物理学和机械论，为系统思想提供了严密的自然科学基础，强调系统中各部分的明确功能和相互作用。维纳的控制论和信息论，以及贝塔兰菲的一般系统论，将这种思维方式拓展到更复杂的社会系统和技术系统中。

1.1.2 系统科学的应用

在中国古代哲学中，特别是在道家和儒家思想中，可以看到系统思想的早期雏形。阴阳五行、“天人合一”等理念，强调了万物间的相互联系和相互作用，人与自然、社会的和谐共处，体现了一种整体性的世界观。《孙子兵法》也展示了一种系统思维。这些兵法不仅关注战术和技巧，更强调根据环境、敌我双方的特点和整体战局的变化来制定策略，体现出对复杂军事系统动态交互的理解。中医学中的“整体观”，强调人体作为一个整体与自然环境之间的相互关系和影响。天文学方面，古代中国人对天体运行的观察和记录，亦体现了对宇宙天文系统的系统化认识。

在实践方面，早在2200多年前，中国古代就有关于系统工程思想的应用，如驰名中外的都江堰水利工程，不但成功而巧妙地解决了排洪、排沙、水量自动调节等关键技术问题，而且实现了费用低、效益大、维护简便、可靠性高等系统总体上的最佳化，并经历2000多年各种复杂的社会、经济、自然条件等变化的严峻考验，其工程实体至今仍发挥着巨大效益。

都江堰之所以能够在2000多年间持续发挥作用，主要得益于其巧妙的设计和持续的维护。都江堰水利工程由鱼嘴、飞沙堰和宝瓶口三部分组成，三者系统协调，确保了水流的分流、排沙和灌溉功能的长期有效性(见图1-1)。

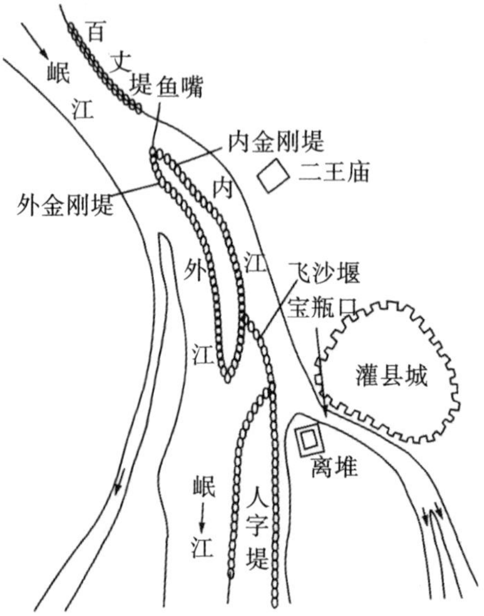

图 1-1　都江堰示意图

鱼嘴分水堰:位于江心,将岷江一分为二,形成内江和外江。在枯水期,内江水位较低,能够吸引更多的水流,保证了春耕时期的水源;而在丰水期,由于外江的河床较高且宽,大部分水流被分流出外江,有效防止了洪水对灌溉区的威胁。这种设计使得都江堰能够根据水流的变化自动调整分流比例,既保证了灌溉,又防止了洪水灾害。

飞沙堰:位于内江外侧,是一个低矮的堰坝。其主要功能是,在汛期时,当内江水位过高时,过量的水漫过飞沙堰并排向外江,从而实现自动泄洪和排沙。这一设计有效地防止了泥沙在内江的淤积,保持了水道的通畅。

宝瓶口:是内江的进水口,通过玉垒山山脊的一道缺口引入水流。宝瓶口的设计使得水流在进入成都平原前形成了一个瓶颈,控制了进水量,同时也进一步减少了泥沙的淤积。

通常越是复杂的设计越容易出问题,都江堰能够长久存在,其基础绝不是精妙的设计,而是“天人合一”。都江堰整体依赖的是大系统环境,都江堰鱼嘴、飞沙堰、宝瓶口顺应环境自然进行建设,而非强行改变外部结构,这就形成了都江堰整体与外部大环境之间的有效协调。三个部分精妙的设计和都江堰整体的运行机制让人印象深刻,李冰传世治水六字诀“深淘滩,低作堰”更是系统动态性的体现。

“深淘滩,低作堰”嵌刻在二王庙墙壁之上,是都江堰岁修制度的核心要旨。

“深淘滩”就是指每年岁修时，河床淘沙要淘到一定深度，淘得过深，宝瓶口进水量偏大，会造成涝灾；淘得过浅，宝瓶口进水量不足，难以保证灌溉。为此，相传李冰在河床下埋石马，明代起改埋卧铁，作为深淘标志。“低作堰”是指飞沙堰在修筑时，堰顶宜低作，便于排洪排沙，起到“引水以灌田，分洪以减灾”的作用。切忌用高作堰的方式在枯水季节增加宝瓶口的进水，那是一种急功近利的做法，在洪水季节会造成严重淤积，使工程逐渐废弃。

依照外部大环境构建都江堰的整体结构，保证了都江堰整体系统与外部环境的有效交互，这是系统与环境之间的交互。都江堰自身三个主要“部件”的有序运转实现了各个“部件”单独运行所不能实现的功能，这是系统要素的涌现，即“1＋1＞2”。都江堰不是静态存在的，需要根据其状态通过“深淘滩，低作堰”进行动态维护，这是系统本身动态性的体现。根据系统的变化进行动态协调也正是管理系统面对的关键问题。《梦溪笔谈·权智》中“丁谓建宫”的记载也体现了这一点：

> 祥符中(1015年——引者注)禁火，时丁晋公主营复宫室，患取土远。公乃令凿通衢取土，不日皆成巨堑。乃决汴水入堑中，引诸道木排筏及船运杂材，尽自堑中入至宫门。事毕，却以斥弃瓦砾灰壤实于堑中，复为街衢。一举而三役济，省费以亿万计。

在宋真宗时期，皇宫因失火而被焚毁，丁谓被委以重任，负责重建工作。当时有限的生产和物流水平导致砖土缺乏、木材运输成本高、废弃物难以处理等问题。丁谓命令从大街取土，这一行动不仅解决了建筑用土的问题，还同时形成了运输渠道。随后，他命人挖通汴河，使汴河水进入这个渠道，各地的建材能够通过水运便捷地运达皇宫建设现场。工程完成后，丁谓又命人利用废弃的瓦砾回填渠道，使其恢复了街道的原貌。这一系列操作不仅高效地完成了皇宫的重建，还极大地节省了工程成本，其省下的费用以亿万计。丁谓的这一系列操作和管理策略，不仅体现了他在工程管理上的卓越才能，也展示了他系统管理的智慧。

20世纪中叶，钱学森建立了系统科学及其体系，并开创了复杂巨系统科学与技术这一新领域，让系统思想和系统方法在中国有了新发展。钱学森在《工程控制论》中指出：“我们有办法利用不十分可靠的元件做出非常可靠的系统。”这体现了系统的涌现性，即各个要素共同作用所实现的功能可能是各单个要素作用实现不了的。

钱学森在长期的研究和思考中，提出了“从定性到定量的综合集成法”，这对我们的管理或工作实践有很大的指导意义。钱学森认为,系统工程的科学方法、模型都是定量的,要建立能反映事物之间深刻固有的关系的模型,就要靠经验和学问(即定性分析),而"综合集成"就是把专家点点滴滴的意见综合起来。这种综合集成法要有三个要素:一是要有专家的意见,就是经验性的认识;二是要有客观实际的数据;三是要把这些经验和数据综合集成起来。就其实质而言,是将专家群体的经验、数据和各种信息与计算机技术有机结合起来,从而达到智慧体系(专家)、知识体系(信息)、技术体系(计算机)的综合集成。而这些就需要"理论+经验+工具+实验+实践"。

这种方法论在中国航天工程的管理和实践中得到了充分应用。在钱学森的指导下,中国航天工程采用了系统工程的方法论,对航天器的设计、发射准备和飞行控制进行了全面规划和管理,强调不同学科专家,如工程师、科学家、管理人员之间的沟通与合作。这确保了设计的科学性和合理性,同时提高了航天项目的成功率。航天领域的成功不仅证明了系统工程在管理复杂工程项目中的重要性,也为中国在其他高科技领域的项目实践提供了宝贵的经验和模式。

古今中外,无论是系统科学的理论还是实践,均反映出系统有如下特点:第一,系统由要素组成,要素间相互作用;第二,系统具有特定功能,是各要素单独作用所不具备的;第三,系统与环境交互,这个交互是维持系统运行的基础。国际系统工程协会(International Council on Systems Engineering, INCOSE)给出的"系统"定义是:为实现一个或多个既定目的而组织在一起的、交互的元素构成的组合(A system is a combination of interacting elements organized to achieve one or more stated purposes)。其他如国际标准化组织(International Organization for Standardization, ISO)给出的定义也都围绕要素、作用、特定功能等关键特点展开。

1.2 管理之美与决策

管理系统的要素和要素间关系更为复杂,这跟管理要素的多样性、结构复杂性、人这一核心要素的不确定性和模糊性密切相关,其复杂性、多样性似乎可被"管理既是一门科学,也是一门艺术"概括。

1.2.1 管理之美:经验知识和学术知识的平衡与整合

经验知识来自现场实践,储存在有经验的实践者的头脑之中,在有经验的实践者之间传递共享。经验知识的特点与实务有着直接联系。学术知识来自学术研究，储存在学术理论之中，在学者之间传递共享。这个二分法过分简化了经验知识与学术知识的关系。从很多方面来说，我们应把经验知识和学术知识看作相互联系而不是相互对立的。一个人要想解释清楚自己和他人的经验，必须具有学术敏感性；一个人要想做好研究，必须对实务有所观察，对经验有所理解。领导要想将自己的实践知识传授给下属或者晚辈，就需要对概念有准确的定义，对逻辑有清晰的描述。否则，就只能依赖遇到知己，或下属悟性高。

来自实践的经验知识往往强调能够直接用于具体情境，与学术知识相比，具有更强的时间聚焦性和空间聚焦性。相反，学术知识则强调永久性和普遍性。学术知识作为普适规则，适用时间越长、适用范围越广，比较优势越强。两种知识之间的矛盾如何解决？标准答案就是“平衡”和“整合”。所谓“平衡”，就是把知识当作公共商品或者集体商品，分别在经验知识和学术知识上投资，对各种投资组合进行跨时间的成本收益分析，确定经验知识和学术知识的最佳投资比例。所谓“整合”，就是找到另外一种知识，将产自实践经验的知识和产自学术研究的知识糅合在一起。管理学教育家们都心照不宣地提倡“平衡”和“整合”。可以理解的是，领导者尤其偏爱使用“平衡法”和“整合法”化解冲突。他们渴望某种制度上的和谐统一，也就是，通过参考某种更高目标化解冲突。

赛尔特(Cyert)和迪尔(Deal)曾指出：管理学专业的学生应该在数学、统计学、计算机方面修够学分，能够理解、使用来自管理科学和运筹学的决策模型，能够理解经济学家给公司和政府的建议中所依赖的理论基础和模型，还应该了解心理学、社会学和政治学有关人类行为的重要发现和假设。

经验知识与学术知识看似对立，尤其是对那些在实践中积累了丰富经验并担任高层管理职务的人来说，参加培训或讲座常常是一种挑战。他们的成功经验已经促成了在管理上的成就，因此他们可能会忽视学术知识的价值。在这里，我们需要把握一个“度”，这个概念将在第2章“系统动力学”中详细介绍。换句话说，一位成功的管理者究竟是因为他清晰地理解了管理的情境、原则、规则和逻辑而成功，还是因为事情本身的成功而成功？事情的成功不仅与业务本身、团队和外部环境密切相关，也与管理者可能付出的额外代价——如健康和家庭时间的牺牲——息息相关。更进一步，优秀的管理者是否能在有限的时间和成本限制下，培养出具备成熟管理经验的下属？当我们聆听别人的管理知识时，是觉得“这个我也能想到”“这些都是老生常谈，不适用于当前环境”，还是感受到其中的巧妙之处并带来启发，甚至发现背后的美感？

不管是经验知识，还是学术知识，是教学更重要，还是自己的理解更重要？曾经在我的一次讲座结束后，一家企业的董事长对我说，他在讲座中记录了很多内容，感觉自己学到了很多知识，还给我看他做的笔记。但是，笔记中很多内容并不是我讲的，当然也不能说完全没关系，但的确很多东西都是他自己加工出来的。这说明，讲解的内容能够被他理解或者符合他的“口味”，然后他整合出新的东西。这也是教育之美、管理之美的体现。

不管是老师的授课，还是学术或实践讨论，均存在一个逻辑过程的异同，如图 1-2 所示。甲的逻辑主要由中间部分浅灰色的圆圈和实线箭头组成，而甲在讲授或讨论的过程中按照逻辑展开时，乙可能受到部分内容的启发，基于自身认知和理解构建了由阴影纹圆圈和虚线箭头组成的逻辑。所以，讲授人应考虑受众的逻辑习惯。这也解释了为什么实践人员之间讨论，特别是跨行业的人员讨论的时候，很难在细节上沟通，因为逻辑公共点太少。但是甲乙两人可能都很满意，以为对方理解了自己。试想一下，如果两个人的逻辑点几乎都是重叠的，或者甲能够预知乙在听到特定内容的时候，其逻辑思考的方向和延伸程度，那么乙内心会感到非常满足，感觉遇到了知己。

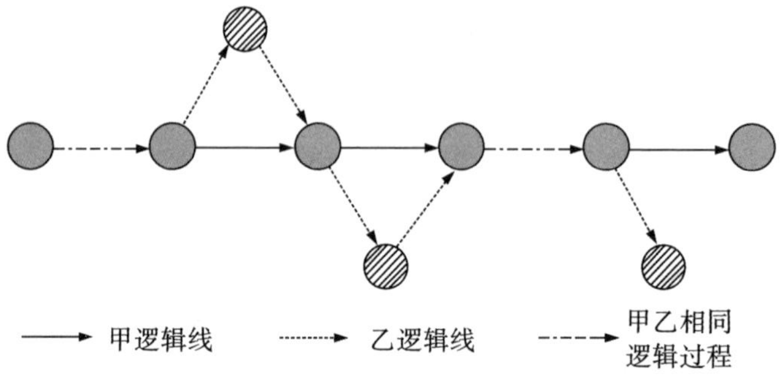

图 1-2 甲乙逻辑过程异同

由此可见，当两个人的思维频率相同时，无论是老师教学生，还是两人讨论，都容易产生共鸣，形成共同的认知。有时某些内容正好契合了部分人的思维逻辑，于是自动推动了思考的深入。在这个过程中，核心的价值和贡献显然并不在老师身上，而是源于个人已有的思考。这种现象在基础科学领域较少见，因为在深入学习和讨论时，大家的理解通常较为一致；但在人文社科领域，特别是情境复杂的管理学中，理解上的差异往往较大，不同的人在思考的出发点和逻辑过程中都可能存在显著的差异。这也是为什么很多水平较高的实践者和专家更倾向于给具有一定实践经历的人授课并与之讨论，否则需要讲解和补充的逻辑点，以及需要排除的情境或者说限定的情境太多了。从这个角度出发，管理者也需要更强的管理认知能力，包括对问题的分析、对被管理者的认知以及对自己的认知；不是单纯理解事情应该怎么做，而是考虑到自己的语言逻辑能力、团队人员的理解能力。

企业中技术人员转变为管理人员面临类似问题。以信息技术(IT)行业为例,一名项目经理或者项目部负责人转变为人力资源管理部门的经理,其管理逻辑和情境不同,对这些差异的忽视将会引发管理失败。当作为技术人员的时候,对于IT系统能否上线、客户是否满意,尽管也有一定模糊的判断标准,但是相对统一和客观。当作为管理内容更多、不确定性活动更多的人力资源经理的时候,更习惯于完成一个计划之后再去找高层汇报和确认。这极容易让高层感到不被重视。但是更关键的是,高层的一些关键外部信息没有被刚上任的人力资源经理提前考虑到计划中,高层因为没有看到完成的过程而需要逐个确认关键点,不仅提高了沟通成本,还大大增加了高层对下属的不信任感。相应地,在修改方案的过程中,双方基于自己的逻辑讨论,而现实中并非所有人都能够准确、恰当地表达自己的观点,这就又造成了高层感觉下属听不懂,而下属感觉高层瞎指挥的情况。

1.2.2 管理决策:基于理性的选择与基于规则的行动

"决策"的经典定义是从多个备选方案中选择最优方案,这里方案的评价指标及其权重构成一个评价模型,用来支撑决策过程。这似乎是基于理性的。但很多时候我们会被自己的大脑欺骗,认为自己做出了所谓"正确和理性"的选择。人们的思考和决策能力,受限于认知能力、信息不确定性和信息缺失等,"绝对正确的决策"很难甚至不能实现,这也是管理学中常说的"有限理性"。仅仅知道有限理性并不能解决管理问题,而是需要了解为什么会不理性、不理性的程度有多大。詹姆斯·马奇(James March)将决策分为基于理性的决策和基于规则的决策,对这个问题的讨论便于我们进一步理解管理系统模型的含义与价值。

规则的存在是非常有价值的,可以有效降低决策成本。我们在进行决策的时候,如果各个方面都需要权衡,则需要较多的时间和精力。有了规则,情况就大有改观。规则可以分为显性的规则和潜在的规则。显性的规则通常是被大家公认的,比如,有困难找警察,有不会的问题问老师。这多是因为相关的身份和职责提供了进行决策的规则。从基于规则的角度来看,决策似乎是通过显性的规则来规定的,但仍然存在诸多潜在的、不被意识到的"规则",从而形成了"无意识"的决策。规则可以通过系统模型来刻画,系统模型的开发与升级提升了管理决策的"理性",但是潜在的、不被意识到的模型更需要个人和组织的思考与开发。《马奇论管理》一书对此有过精彩的论述:

> 个人在偏好、身份识别上也可能存在潜在认知不明确、与明确认知不对应的情况。不管是个人还是组织，经常涉及寻找适当的规则去遵循。适当逻辑与结果逻辑不同，它不是根据结果价值评价可选方案，而是将情境与身份相匹配。第一，决策者将情境分类，不同类别的情境与不同的身份或者规则相联系；第二，身份，决策者对自己的个人身份、职业身份、官方身份有一套认识，在不同的情境下不同的身份被唤起；第三，匹配决策者认为在所处情境下怎样做符合自己身份，就怎样做。这种身份实现和规则遵循绝不是通常意义上的、有意的。它们并非追求利益、计算当前选择的未来结果的产物，而是一套变化着的(而且经常是模糊的)权变规则和身份与一套变化着的(而且经常是模糊的)情境互相匹配的产物(Turner，1985)。它们使用的术语是责任、角色，而不是预期、结果主义选择。

理解和识别自己潜在的规则，是分析和改建自我模型的过程。识别“第一反应”并进行分析是一种很好的方式。在课堂上，同学们在听到问题之后不仅仅要思考问题，还要注意听到问题特别是有一定难度的问题之后的反应。这个反应是要解决问题的兴奋，还是感觉复杂而不想深思，抑或担心被提问时不能保证答案正确而忧心忡忡……这些反应通常不被意识到，而是随着事情的推进(听别人的答案或继续走神)被忘掉，但是这些反应往往体现了当下实际的个人状态，又映射出长期的思想状态、对问题的态度甚至身体和心理状态。显然，分析这种反应对于了解自己极有帮助，能够挖掘潜在的规则，认识到不一样的自己。但是，这种反应不容易被捕捉到，而围绕其进一步的深入思考因缺乏流程与参考显得更加困难。诸多冠冕堂皇的理由会掩盖真实的原因，用“我没那么聪明”“我从来没有回答正确过”“有人比我的答案更好”等借口在思考上偷懒。

为了解决这个问题，最好是遇到困难时记录自己的情绪、思考等。可以将困难理解为自己的认知、决策、行为与要解决的问题和情境不匹配。对问题本身的分析无法独立于环境、自我情绪，决策的产生也不是一蹴而就的，需要分析背后的过程，探究自己的潜在模型。在这个过程中有两点值得思考和讨论。

第一，根据以往识别的缺点拓展的自我模型似乎没有产生效果，后来遇到类似问题时又产生了相似的“痛苦”体验。这是因为自己当时没有深入分析，而导致模型没有有效拓展？还是因为遇到问题的时候，影响因素太多，而导致自己仍在类似的问题上犯错误？抑或因为所谓的“江山易改，本性难移”，无法改变的性格而不是做事的方法导致问题的产生？

第二，先前痛苦思考的内容随着时间的流逝被逐渐淡忘。如果说思考的内容是由别人告知的，那么有可能会忘记；但是若这个思考是自己在“痛苦”中总结的，忘掉则令人费解。换言之，没有深入分析自我模型而导致重复犯错的情况是可以理解的，但是这种从痛苦中拓展出的模型也会被忘记，就不再那么容易解释了。

在此围绕“模型”提出一种可能的解释，供大家思考与批判。人在成长的过程中会筛选出能让自己在决策中“舒服”的模型。这些模型会规避“内向的人去做协调和沟通工作”“老好人去严格指出别人的缺点”等选择。人们在事后或者对待别人的事情上可能会说“沟通协调很重要”“不能做老好人”，但若自己是当事人，自我潜在的模型就会自动过滤掉这些选项。在事后的反思中可能找到“着急”“粗心”这些表层的原因，但是没有触及真正的模型。再次遇到类似情况时，先前模型会继续发挥作用并缺乏新的有效模型。深层次的原因分析，则是对这些既有模型的识别、深化、细化和拓展。外显的状态与行为的改变不是“单点”突破，而是多个潜在模型的涌现作用。

对于公司来说，如果什么事情都需要“理性选择”，必须通过开会讨论走流程来获取结果，则效率极低。其决策与其说是组织决策，不如说是领导个人决策。基于规则显然能够降低决策成本和提高决策可靠性。所以，从管理成熟度的角度来看，逐渐降低对高层领导的依赖，通过组织机制将对人的依赖转移为对制度的依赖，正是提出理性模型、将潜在模型转化为显性模型，提升组织决策理性的过程。

组织的潜在规则或者模型，不是那些职场技巧，而是以组织结构为基础形成的决策过程，以及过程中涉及的信息收集与处理、关键节点识别能力等。在很多情况下，根本无法识别这个过程，甚至主要依赖个人决策。在有“大企业病”的组织中，信息的有效传递可能是决策的难点，但是有谁能够从组织整体的角度出发且掌握一线准确信息以改进决策过程呢？相对于上文提及的个人决策模型，对组织潜在决策模型的识别则更难，需要考虑更多的结构问题，且对于大部分决策流程而言，不是一个人就能够明确改进方向和评估改进效果的。

1.3 决策分析过程与方法

1.3.1 决策分析的一般过程

决策分析是一个系统性的过程。这个过程受到环境、组织历史、决策者特点以及组织文化等因素的影响。决策分析的一般过程通常包括识别问题、诊断原因、确定目标、制定备选方案、评价和选择方案以及实施和监督六个阶段的工作。

1.识别问题

识别问题就是要找出现状与预期结果的偏离。管理者面临的问题是多方面的。有的问题需要立即采取行动加以解决;有的问题需要解决,但没有那么重要和紧迫;而有的问题如果处理适宜,则能为组织提供获利的机会。识别问题是决策过程的开始,以后各个阶段的活动都将围绕所识别的问题展开。对问题定义准确,就已经解决了一半的问题。

2.诊断原因

识别问题后需要分析其原因,如此才能有针对性地考虑采取什么措施、选择哪种行动方案。可以通过尝试性的询问来发掘问题的原因。例如:组织内外的什么变化导致了问题的产生?哪一类人与问题有关?他们是否有能力澄清问题?

3.确定目标

找到问题及其原因之后,应该分析问题的各个构成要素,明确各构成要素的相互关系并确定重点,以找到本次决策所要达到的目的,即确定目标。目标设置应该清晰、合理。

4.制定备选方案

明确了解决问题要达到的目标后,决策者要找出约束条件下的多个可行方案,并对每个行动方案的潜在结果进行预测和评估。在多数情况下,它要求决策者在一定的时间和成本约束下对相关的组织内外部环境进行调查,利用顾客、供应商、外部的评论家、工人、管理层等积累起来的调研数据,结合与问题有关的、有助于形成行动方案的信息进行分析。在这一阶段,创新因素的运用是最重要的,应注意与创新方法的适度结合。

5.评价和选择方案

决策者通常可以从以下两个主要方面评价和选择方案:首先,行动方案的可行性,即组织是否拥有实施这一方案所要求的资金和其他资源,是否同组织的战略和内部政策保持一致,能否使员工全身心地投入决策的实施中,等等。其次,行动方案的有效性和满意程度,即行动方案能够在多大程度上满足决策目标,是否同组织文化和风险偏好一致。需要指出的是,在实际工作中,某一方案在实现预期目标时很可能对其他目标产生积极或消极影响。因此,目标的多样性在一定程度上又增加了实际决策的难度,决策者必须分清不同决策目标的相对重要程度。采用统一客观的量化标准进行衡量,有助于提高评估和选择过程的科学性。

6.实施和监督

一项科学的决策很有可能由于实施方面的问题而无法获得预期成果,甚至导致失败。决策工作不仅是制定并选择最满意的方案，而且必须将其转化为实际行动，并制定出能够衡量其进展状况的监测指标。首先，决策者必须确定决策方案并为其拟采取的行动制定计划，编制预算。其次，决策者必须和参与决策实施的管理人员沟通，对决策实施过程中所包括的具体任务进行分配。同时，决策者必须对与决策实施有关的人员进行恰当的激励和培训，因为即使是一项科学的决策，如果得不到员工的理解和支持，也将成为无效决策。此外，决策者必须为可能出现的新问题修改实施方案做好准备，通常要制定一系列备选方案，以便应对在决策实施阶段所遇到的潜在风险和不确定性。最后，决策者必须对决策的实施情况进行监督。如果实际结果没有达到计划水平，或者决策环境发生了变化，就必须在实施阶段加以修正，或者是在目标不可达到时修正原始目标。

决策分析的过程实际上是一个"决策—实施—再决策—再实施"的连续循环过程，如此往复贯穿于管理活动的始终。

1.3.2 决策分析的经典方法

1.以美国兰德公司为代表的系统分析方法论

系统分析是利用科学的分析工具和方法，分析和确定系统的目的、功能、环境、费用与效益等问题，抓住系统中需要决策的若干关键问题，根据其性质和要求，在充分调查研究和掌握可靠信息资料的基础上，确定系统目标，提出实现目标的若干可行方案，并通过模型进行仿真实验，优化分析和综合评价，整理出完整、正确、可行的综合资料，从而为决策提供充分的依据。

系统分析的因素有很多，根据兰德公司代表人物之一查尔斯·希奇(Charles Hitch)的思想进行系统分析时，必须把握以下五个基本要素。

(1)目的。目的是决策的出发点，为了准确获得决定最优化系统方案所需的各种有关信息，系统分析人员的首要任务就是要充分了解建立系统的目的和要求，同时应确定系统的构成和范围。

(2)替代方案。一般情况下，为实现某一目的，总会有几种可采取的方案或手段。这些方案彼此之间可以替换，故叫作"替代方案"或"可行方案"。比如，要进行货物运输，可以选择航空运输、铁路运输、水路运输和公路运输几种方式，同时存在不同运输方式之间的组合运输方式，而针对货物运输的目的(安全、经济、快捷)，这些方案总是各有利弊的。究竟选择哪一种方案最合理？这就是系统分析研究和解决的问题。

(3)模型。"模型"是对实体系统的抽象描述，它可以将复杂的问题化为易于处理的形式。即使在尚未建立实体系统的情况下，我们也可以借助一定的模型来有效地求得系统设计所需要的参数，并据此确定各种制约条件。同时，我们可以利用模型来预测各替代方案的性能、费用和效益，有利于对各种替代方案的分析和比较。

(4)费用和效益。费用和效益是分析和比较决策方案的重要标志。用于方案实施的实际支出就是费用，达到目的所取得的成果就是效益。如果能把费用和效益都折合成货币形式来比较，一般来说，效益大于费用的设计方案是可取的，反之则不可取。

(5)评价基准。评价基准是系统分析中确定各种替代方案优先顺序的标准。利用评价标准对各方案进行综合评价，确定出各方案的优先顺序。评价基准一般根据系统的具体情况而定，费用与效益的比较是评价各方案的基本手段。

任何问题的研究与分析均有一定的逻辑推理步骤，根据系统分析各要素相互之间的制约关系。系统分析的步骤可概括如下。

(1)问题构成与目标确定。当一个研究分析的问题被确定以后，要将问题进行系统化与合乎逻辑的叙述，其目的在于确定目标，说明问题的重点与范围，以便进行分析研究。

(2)收集资料与探索可行方案。在确定问题之后，就要拟订大纲和决定分析方法，然后依据已收集的有关资料找出其中的相互关系，寻求解决问题的各种可行方案。

(3)建立模型(模型化)。为便于分析，应建立各种模型，利用模型预测每种方案可能产生的结果，并根据其结果定量说明各方案的优劣与价值。模型的功能在于帮助我们理顺思维以及获得处理实际问题所需的指示或线索。模型充其量只是现实过程的近似描述，如果它说明了所研究的系统的主要特征，就是一个令人满意的模型。

(4)分析方案指标与综合评价。利用模型和其他资料所获得的结果，分析方案指标，列出每一项方案的利弊得失和成本效益，同时考虑到各种相关的无形因素，如政治、经济、军事、理论等，对所有因素加以合并考虑，获得综合结论。

(5)检验与核实。以实验、抽样、试行等方式鉴定所得结论，提出应采取的最佳方案。在分析过程中，可利用不同的模型在不同的假定下对各种可行方案进行比较，获得结论，提出建议；但是否实行，则是决策者的责任。

(6)考虑新目标与引进新的可行方案。经检验与核实后，如果前述方案不可行，则需要考虑设定新的目标，并引入新的可行方案。对于任何问题，仅进行一次分析往往不够,一项成功的分析是一个连续循环的过程。

2.以系统寿命周期为代表的系统工程方法论

系统寿命周期指一个新系统从概念的形成开始,经过开发、建造、运行,直到最后废弃的整个过程。系统寿命周期的应用是一个阶段化的系统工程开发方法,它从系统概念的形成到系统的分析设计、工程开发和测试,直至运行和维护,把整个系统开发分成几个阶段。每个阶段的任务性质不同,系统工程师的作用也不同。研究和分析系统寿命周期中各阶段的任务特点,就可以明确系统工程师在每一阶段的作用。为此,系统寿命周期可分为三个独立研究阶段:发展期,分为系统分析阶段和系统设计阶段;实现期,分为系统建立阶段和系统实施阶段;运行期,分为系统运行阶段和系统更新阶段。

系统寿命周期法的突出优点是强调系统开发过程的整体性和全局性,强调在整体优化的前提下考虑具体的分析设计问题,也就是顶层设计的观点。它从时间维度把系统的开发和维护分解为若干阶段,每个阶段有各自相对独立的任务和目标。它降低了系统开发的复杂性,提高了可操作性。另外,工程师对每一阶段的成果均进行严格的审批,发现问题及时反馈和纠正,保证了系统质量。实践证明,系统寿命周期法极大地提高了系统开发的成功率。

但是,系统寿命周期法是在系统工程发展初期针对一些大型工程系统提出的,系统开发周期较长。而开发顺序是线性的,各个阶段的工作不能同时进行,前一阶段所犯的错误必然带到后一阶段,而且犯的错误越靠前面对后面工作的影响越大,更正错误所需要的工作量就越大。此外,在功能经常变化的情况下,也难以适应变化要求。因此,在原来系统寿命周期法的基础上,又针对其中复杂性的破解,产生了一些新的思路。

3.以霍尔为代表的硬系统工程方法论

1962年,美国贝尔电话公司的工程师霍尔(A. D. Hall)总结了开展系统工程的经验,出版了《系统工程方法论》一书,提出了著名的三维结构方法体系。该方法体系最初来源于硬工程系统研究,适用于良结构系统。这种思维过程在应用于大多数硬工程或偏硬工程项目中时是卓有成效的,因此受到各国学者的普遍重视。

霍尔提出的系统工程的三维结构,就是把系统工程的活动分为前后紧密相连的七个阶段和七个步骤。

1)时间维

一个具体的系统工程活动从规划阶段到更新阶段,按时间顺序可分为七个工作阶段。

①规划阶段，制定系统工程活动的政策和规划。

②设计阶段，提出具体的计划方案。

③研制阶段，确定系统的研制方案，并做出生产计划。

④生产阶段，生产出系统的零部件，并提出安装计划。

⑤安装阶段，把整个系统安装好，通过实验运行制定运行计划。

⑥运行阶段，系统按照预期目标提供服务。

⑦更新阶段，改进旧系统，使之变成新系统而更有效地工作。

2)逻辑维

将以上每一阶段展开，按照系统工程方法来思考和解决问题，是内容逻辑思维过程。这个过程通常分为七个步骤。

①明确问题。弄清问题的实质，通过全面地收集有关资料和数据说明问题的历史、现状与发展趋势，从而为解决目标问题提供可靠依据。

②系统设计。弄清并提出为解决问题所需要达到的目标，制定出衡量是否达到目标的标准，以利于对所有供选择的系统方案进行衡量。

③系统综合。按照问题性质及总目标形成一组可供选择的系统方案，方案中要明确所选系统的结构和参数。在综合分析系统方案时最重要的是自由地提出设想。

④模型化。对可能入选的方案进一步说明其性能和特点及与整个系统的相互关系。为了对众多备选方案进行分析比较，往往通过一定的模型，把这些方案与系统的评价目标联系起来。

⑤最优化。在一定的约束条件下，我们总是希望在备选方案中选出最优者。当评价目标只有一个定量的指标而且备选方案不多时，容易从中选出最优者。但当备选方案数很多，评价目标有多个，而且彼此之间又有矛盾时，要选出一个使所有指标都是最优的方案是不可能的。必须对各个指标进行一定的调整，可使用多目标最优化方法来进行评价，确定各个方案的优劣次序。

⑥决策。由领导根据更全面的要求，选择一个或几个方案来试用，其中不一定含最优方案。根据系统工程的咨询性，决策步骤并非系统工程师的工作，但是对于决策技术的研究，则是系统工程师的课题之一。

⑦实施。根据最后选定的方案，将系统具体付诸实施。如果实施过程比较顺利或者遇到的困难不大，方案略加修改和完善即可，并把它确定下来，那么整个步骤即告一段落。如果问题较多，就有必要回到上述逻辑步骤中找出有问题的一步重新做起，然后再决策或实施。这种反复有时会出现多次，直到满意为止。

3)知识维

知识维是为完成各阶段、各步骤所需要的知识和各种专业技术，通常可理解为工程、医药、建筑、商业、法律、管理、社会科学及艺术等各种专业知识和技术。霍尔提出的知识维仅仅是一种概念上的，他没有就如何组织相关知识做出进一步的说明。

从知识这个维度来考虑，就是要用系统的方法有效地获取上述各个阶段、各个逻辑步骤所必需的知识，并对其进行开发、利用、规划和控制，从而更好地实现系统工程目标。自从1986年美国管理咨询专家创造了“知识管理”(Knowledge Management)这个词，特别是随着20世纪90年代“知识经济”概念的提出，知识管理已经引起了各国管理学家的密切关注，能否用系统的方法去发现、理解和使用知识也成为系统工程项目能否有效实施的决定性因素。在系统的开发和运用中，知识管理意味着把正确的知识在正确的时间交给正确的人，使之能做出最适宜的决策。系统工程中知识管理的过程一般分为以下阶段。

①知识辨识阶段。根据系统工程的总体目标要求，制定知识来源战略，划定知识管理范围，辨识知识。

②知识获取阶段。将现存知识(储存在信息库、文件或人脑中)正式化。

③知识选择阶段。评估知识及其价值，去除相互冲突的知识。

④知识储存阶段。通过适当、有效的方式储存所选择的知识。

⑤知识共享阶段。将正确的知识传输给每一个阶段的使用者。

⑥知识使用阶段。在各个阶段的工作中使用知识。

⑦知识创新阶段。通过科研、实验和创造性思维发现新知识。

霍尔的三维结构理论为解决大规模复杂系统提供了一个统一的思想方法，标志着硬系统工程方法论的建立。也有文献将运筹学方法论、系统分析方法论、霍尔三维结构方法论、系统动力学方法论统称为“硬系统工程方法论”。硬系统工程方法论的特点是强调明确的目标，认为针对任何现实问题，都必须而且可以弄清其需求，其核心内容是优化。霍尔三维结构方法论适应了20世纪60年代系统工程的应用需求。

4.以切克兰德为代表的软系统工程方法论

20世纪70年代，系统工程开始逐步应用于社会、经济系统问题的研究，由于涉及的因素相当复杂且很多难以进行定量分析，霍尔三维结构方法体系已不再适用。80年代中期，在管理科学家中又兴起一轮批评浪潮，他们认为管理学院太偏重理论和定量方法，培养出来的人大多成为眼光狭隘的技术型领导，缺乏人际关系学问。基于对系统工程方法论的重新审视，出现了以切克兰德(P. B. Checkland)为代表的软系统工程方法论。切克兰德方法论的基本流程包括以下几个方面：

①提出不良结构问题。

②表示问题。

③有关系统的基本定义。

④提出概念模型。

⑤将模型与问题做比较。

⑥找出可行、满意解。

⑦采取行动以改善实际状况。

由于软系统工程方法论面向不良结构问题，且问题本身存在争议，因此系统分析人员将不少精力用于如何弄清问题。为了构造概念模型，首先要明晰"系统"的基本定义，即顾客(Customers)、行动者(Actors)、变换(Transformation)、世界观(World View)、所有者(Owner)和环境约束(Environmental Constraints)，即CATWOE。用概念模型代替数学模型，可以使研究者思路更为开阔；用可行、满意解代替最优解，又是价值观方面的重要变化。

切克兰德方法论工作步骤的核心不是最优化，而是比较或学习，即从对模型和现状的比较中探索改善现状的途径。具体包括组织讨论和听取各方面的意见，因而不拘泥于建立数学模型来定量描述系统的最优解。这正反映了社会经济系统的特点和人在这类系统中的积极作用。

软系统工程方法论的特点有以下几点：

①与目标不明、非结构化的"麻烦"有关，因此明确目标就显得极为重要。

②强调过程，在过程中学习，在过程中理解，在过程中形成与完善决策。

③与感性认识、世界观及人类对系统和环境的界定有关。

④使用一些模型，但其中最主要的模型通常是非数量型的。

⑤依靠深化对问题情境的理解来改进它，因此情境分析很重要。

⑥依赖于对社会的理论解释，不同的解释会得到不同的结论。

⑦与对影响人类社会的社会规则的理解有关，因此不同制度下解决问题的思路不同。

5.以钱学森为代表的综合集成方法论

我国对系统工程方法论的研究起步较晚，但取得了较多的成果。比较有代表性的是钱学森提出的从定性到定量的综合集成方法，体现了在复杂系统研究中的综合集成思想。

20世纪70年代末，针对复杂的系统问题，钱学森提出将还原论方法与整体论方法辩证统一起来，在此基础上吸收了两者的长处。他认为，在应用系统论方法时，要从系统整体出发，将系统进行分解，在此基础上再综合集成到系统整体，实现 1＋1＞2 的整体效果，最终是从整体上研究和解决问题。20世纪80年代末到90年代初，钱学森又先后提出“从定性到定量综合集成方法”和它的实践形式“从定性到定量综合集成研讨厅体系”(以下将两者合称为“综合集成方法”)，并将运用这套方法的集体称为“总体部”。这就将系统论方法具体化了，形成了一套行之有效的方法体系和实践方式。从方法和技术层面上看，它是人机结合、人网结合、以人为主的信息、知识和智慧的综合集成技术。从应用和运用层面上看，是以系统总体为实体进行的综合集成工程。

综合集成方法的实质是把专家体系、信息与知识体系及计算机体系有机结合起来，构成一个高度智能化的人机结合体系，这个体系具有综合优势、整体优势和智能优势。它能把人的思维，思维的成果，人的经验、知识、智慧及各种情报、资料和信息统统集成起来，从多方面的定性认识上升到定量认识。具体体现在：①定性分析与定量分析相结合；②自然科学与社会科学相结合；③科学理论与经验知识相结合；④宏观与微观相结合；⑤各类人员相结合；⑥人与计算机相结合。

具体来说，综合集成方法的运用是通过定性综合集成，到定性、定量相结合的综合集成，再到从定性到定量的综合集成这样三个步骤来实现的。这个过程不是截然分开的，而是反复比较、逐次逼近的。复杂系统与复杂巨系统(包括社会系统)问题，通常是非结构化问题。通过上述综合集成过程可以看出，在逐次逼近的过程中，综合集成方法实际上是用结构化序列去逼近非结构化问题。

1.4 管理系统典型案例

1.4.1 新时代中国特色治国理政的大系统观

治国理政是党中央施政履职的实践标志，刻上了鲜明的时代烙印。解决治国理政中的问题需要方法，系统观是贯穿新时代中国特色治国理政实践始终的重要方法，具体可以展开为“历史方位—奋斗目标—总体方略—全面保障—根本抓手—领导力量”。

一个时代只能提出和解决这个时代的问题。新时代中国特色治国理政立足于我国发展新的历史方位，进而制定与时俱进的奋斗目标，这一奋斗目标总体的事实维度是全面建成社会主义现代化强国、实现中华民族伟大复兴；价值维度是满足人民对美好生活的向往，不断实现全体人民共同富裕，不断促进人的全面发展。要实现一定历史方位中的奋斗目标，需要确定总体方略并提供全面保障，新时代中国特色治国理政的总体方略是贯彻新发展理念，构建新发展格局，统筹推进“五位一体”总体布局、协调推进“四个全面”战略布局，“分两步走”的发展战略；而全面保障，就国内而言，是坚持总体国家安全观，就国际而言，是积极构建人类命运共同体。要实现一定历史方位中的奋斗目标，还要找到根本抓手，即推进国家治理体系和治理能力现代化；而实现一定历史方位中的奋斗目标，最根本的，是坚持和加强党的集中统一领导，把中国共产党建设得更加坚强有力。这些内容构成了新时代中国特色治国理政的系统集成。

新时代中国特色治国理政中的重大系统问题，可以从脱贫攻坚与“一带一路”倡议两方面“一窥门径”。

1.新时代脱贫攻坚中的系统问题

新中国成立以来，对不同阶段衍生的贫困问题开展了三次大规模的扶贫行动。这一工作起始于20世纪50年代初的土地改革与80年代推行的家庭联产承包责任制，发展于1982年“三西”专项扶贫计划、1994年《国家八七扶贫攻坚计划(1994～2000年)》等重大开发式扶贫计划，形成了中国扶贫区域开发和异地脱贫的减贫模式。党的十八大以来，中国进入解决绝对贫困问题、以缓解相对贫困问题为主的历史阶段，“贫困”概念从最初只考虑经济维度的收入贫困，开始向发展能力的贫困进而到权利贫困的转变。贫困呈现出多维的特征，表现在收入水平、健康水平、教育机会、人力资本发展等方面。新时代脱贫攻坚工作是一个更加复杂的系统工程。

面对这一全新历史方位，党中央提出了打赢脱贫攻坚与乡村振兴两大战略的有效衔接，如期实现“两不愁三保障”的脱贫目标，更以2020年、2035年和2050年为三个时间节点分别提出实施乡村振兴战略的目标任务。为了实现这一系列宏伟目标，党的十八大以来提出精准扶贫、精准脱贫基本方略，将“精”贯穿于“精准识别、精准施策、精准帮扶、精准脱贫”整个过程，关注贫困地区和贫困人口的发展情况，并为他们提供公平的发展机会。

新时期扶贫模式转变为坚持开发式扶贫和综合性保障扶贫并重，用“五个一批”工程取代了传统救济式扶贫通过资金和物质的帮扶来缓解贫困，并从“五位一体”总体布局方面对脱贫攻坚功能进行了全面保障。政治上形成了五级书记一起抓扶贫的工作格局，制定了从贫困县、贫困村到贫困户的严格考核机制，基层政府还将以上的考核结果与干部的综合考核挂钩，为脱贫攻坚工作提供坚实的政治保障。

经济上,脱贫攻坚以产业扶贫为抓手,把“发展生产脱贫一批”摆在“五个一批”之首,把发展当地特色产业放在突出重要的位置;并提出“农业供给侧改革”“金融供给侧改革”、健全土地经营权流转服务体系等,从内部与外部两方面为“三农”工作提供经济支持。

文化方面,新时期扶贫工作强调“扶志扶智”,实施教育脱贫攻坚行动,重点破除贫困亚文化的限制。生态方面,新时代脱贫攻坚推动生态扶贫,以“两山论”推动生态产业化、产业生态化,推动全域生态资源系统性整体开发。社会公平方面,综合性保障扶贫的模式覆盖了健康、养老、教育、医疗和住房安全等多方面,提出了“健康扶贫政策”等加强贫困地区基本公共服务体系建设。

针对新时期扶贫开发的复杂性和艰巨性,中国的基层治理体系也进行了一系列创新。通过选派“第一书记”“驻村工作队”等干部驻村方式贴近群众,帮助贫困村和贫困户摆脱贫困,促进贫困村村集体经济发展,也实现了国家治理重心的下移。以党政主要领导担任组长的扶贫开发领导小组模式也在一定程度上打破了以往科层制的局限,实现了政府间的跨部门协作治理。

系统观念要求脱贫工作不仅要承接前序政策,同时也要衔接长远未来,在脱贫之后建立一个长效稳定的机制巩固提升脱贫攻坚的成果。在脱贫攻坚全面成功之际,党的十九大提出了以“产业兴旺、生态宜居、乡风文明、治理有效、生活富裕”为总体要求的乡村振兴战略。这是对脱贫攻坚工作的进一步丰富与深化,而如何推动两个战略的有效衔接与乡村振兴战略的有效实施就是新的系统问题了。

2.“一带一路”倡议中的系统设计

“一带一路”倡议起源于2008年后世界经济停滞,保护主义、民粹主义和单边主义等思想沉渣泛起,世界进入新的动荡变革期的大背景。彼时国内的基础设施建设能力强大,而世界范围内存在巨大的基础设施短缺;并且当时国内的开放结构中,西部、东北部缺乏开放“通道”。为了形成新市场,让中国与世界经济在金融危机后有继续增长的空间,2013年9月和10月,习近平先后提出共建“丝绸之路经济带”和“21世纪海上丝绸之路”的“一带一路”倡议,在满足中国发展“走出去”需要的同时,积极探索建立新型的、开放的国际政治经济合作模式。

相较于属于中国内政的脱贫攻坚工作,“一带一路”倡议涉及国内国外“两个大局”,总体方略可以用建设原则来表示——共商、共建、共享。各国及各国际组织均有平等参与合作的权利,中方鼓励各方共同参与到“一带一路”的建设过程中,共同享受“一带一路”建设带来的益处。为了配合这一总体方略并实现奋斗目标,中国提出将“一带一路”倡议构建为政策沟通、设施联通、贸易畅通、资金融通、民心相通的全方位系统的互联互通平台。以政策沟通完善国际合作平台与机制，设施联通搭建区域经济合作网络框架，贸易畅通盘活全球经济大循环，资金融通深化“一带一路”金融合作，民心相通推动形成多元互动的人文交流大格局，从而实现全面保障。

国际背景下，“一带一路”倡议中的根本抓手也转变为寻求更加有效的全球治理方案，建设符合时代特点的、更加公平的全球治理体系。当前“一带一路”倡议是由政府推动为主，而进一步推动“一带一路”建设，关键是市场推动和政府推动并重。

曾经，老挝几乎不通火车，从泰国廊开延伸出来的铁路只有 3.5 千米的长度，唯一的车站纳塔楞主要作用是“景点”。而在 2021 年 12 月，全长 1035 千米的中老铁路正式通车，老挝这个东南亚唯一的内陆国从“陆锁国”变成了“陆联国”。中老铁路是中国同中南半岛国家推进高质量共建“一带一路”、促进互联互通的龙头项目，开行两年多来，客货运量持续增长，旅客出行更加便捷，为两国经济高质量发展提供强劲动力，成为联结域内国家的重要纽带。外交部发言人林剑曾表示，中方期待中老铁路不断跑出“加速度”，为促进地区繁荣按下“快进键”，绘就民心相通、发展相融的美丽画卷。

显然，“一带一路”建设取得了巨大的成就，不同的国家、地区中落地的内容各不相同。但是不难发现，这些成就不是一次性的合作，更不是扩张，而是充分结合当地需求和中国优势，涌现出“1＋1＞2”的系统优势。“一带一路”是构建人类命运共同体理念的公共性实践，体现着新时代党中央领导集体对开放型中国的系统思考。

很多时候我们发现一些政策似乎有“瑕疵”，这里面既有政策执行问题，也有不同区域的情况不同而产生的偏差，但有的时候则是信息不充足所做出的错误判断。信息不充足导致诸多逻辑分析难以展开，毛泽东在《反对本本主义》中提到“没有调查，没有发言权”，在这些治国理政的重大问题里，充分的调查和研讨是必需的，而大系统观不仅要求信息全面，还要求信息准确。而实际上，《总政治部关于调查人口和土地状况的通知》中还有一句与之对应的，“不做正确的调查同样没有发言权”，从系统逻辑的角度来看，“正确的调查”提供的是逻辑过程中降低不确定性、推动逻辑向前的关键信息，而这个逻辑与信息是螺旋上升的，基于系统逻辑寻找信息、基于信息调查推动逻辑过程。而这个系统逻辑到底是什么呢？我们从新时代中国特色治国理政的大系统观中体会到的主要是系统的视角。下一节我们从个人成长这个人人都有切身体会、信息相对充足的示例中，结合企业管理问题，感受问题分析中的系统逻辑。

1.4.2 个人成长与企业管理问题的系统分析

系统工程、模型分析与优化等是管理学的基础课程,这些数理课程似乎在现实管理中的应用场景较少,而主要用在一些计划安排等技术分析方面。但是,这些课程背后的系统思想和思维却是在管理中发现问题、分析问题和解决问题的关键。

一个学生在考试时做错了很多题目,但是考试后又能够准确地将这些题目做出来,于是他得出结论:问题是粗心,今后应细心。这是典型的学习动脑不"动心"。通过分析发现,这名考生试卷中的选择题、填空题很少出错,计算题也主要是后面的题目出错。那是不是后面的计算题较难呢?选择题和填空题中也有较难的题目,但考生却做对了,这就说明不是因为"难"而做错。进一步询问:是不是按照顺序做题?答案是肯定的;是不是做到后面的题目时所剩时间不多了?答案也是肯定的。由此发现,问题不在于粗心,而是做题慢,这个"慢"不是"不会",而是知识点需要"回想";很多做题过程不是"手到擒来",而是需要思考很久。由此,我们才找到真正的问题,即"做题慢",以及问题的原因"对知识点及其关联性不熟悉",而解决方案也不是单纯去"刷题"就可以。对于基础知识理解不清晰的,不如好好去研究课本上的例题;对于知识点之间的关联性理解不足的,需要画知识地图和配合专题训练;对特定题目不熟悉而做题缓慢的,需要做专项训练和总结。反复背书、刷题的模式,能够覆盖上述方式,但是需要更多的时间,效果不见得更好。

即便将学生的性格特点、成绩水平、学习习惯、家庭和学校环境等因素纳入考量过程,也远远达不到企业管理问题的复杂程度。在常规的学习过程中,我们可以反复调整自身策略并寻找可行的解决方案。但在管理实践中,分析对象通常不单独针对个体,而是针对一个团队或部门。此外,尝试不同的方案往往伴随着代价,这些代价不仅仅是直接支出,还包括可能对组织产生的干扰与风险。例如,绩效改革可能导致员工不信任、怠工等问题,这些都可能影响组织的稳定性和效能。

系统性也体现在系统"升级"的过程中。我们常会在一些事情上纠结要不要坚持。有人说擅长的事情做起来是毫不费力的,不应该费力去坚持;而坚持通常又被我们认为是成功前所必须经历的"黑暗"。我们无法否认天赋的存在,但是在某个方面变成"专家"也是需要训练的,例如所谓的"10000 小时"天才理论。所以在成长为专家之前,需要长时间的"坚持",而在这个过程中如果能够得到有效的指导,能够结合个人特质、训练内容(例如科研工作类型)、外部环境等保证积极性和训练效果，则会系统性地产生“擅长”。所谓“天赋”，不单纯是智商或身体素质，而是在自主训练的过程中具备的内外部“条件”在个人放弃前实现了持续发展。

不能落地的策略通常缺乏系统性设计。我们在工作和学习中经常被手机干扰，即使设定一个“多长时间内不能看手机”的标准，一般也难以实现，因为拿起手机太简单了。但是，我们可以设置一个系统方法，例如学习或工作累了，就去爬楼梯、随拉伸随看远处等，这种方式能够较好地应对手机带来的“即时快乐”的诱惑。学习和工作的成就是“延迟”的，尽管这个成就感带来的快乐更大，但是因其需要更长的时间和存在一定的不确定性，即不一定能成功，其过程很容易被“即时快乐”打断。因此休息的时候需要规避这种诱惑，那么休息的方式就很值得考虑一下。

因为学习过程是很多人能够“感同身受”的，所以对于问题的分析和策略的提出容易形成一致意见，意见不一致的时候也易于协调。但是，组织中每个人能够“看到”的范围不同，基于职务的利益点不同，因此经常有“我们不理解”“措施无用”等说法。这里就需要有更多的系统思考与设计。有一名组织成员负责某集团人力资源工作，对于如何解决各分公司的人员招聘名额问题感到困惑。我们转化成案例进行讨论：如果你作为集团人力资源部门的负责人，每年需要对分公司的招聘计划进行审核，如何判断分公司提出的招聘人数的合理性呢？我们有上、中、下三层策略，这里指的不是上、中、下三个不同优劣程度的策略，而是针对不同层级提出的策略。

中策是人力资源经理采用科学的工作量核算方法确定需要多少人。但是面对不同业态的分公司，非专业的集团人力资源部门难以确定各个分公司的工作量标准，最后反而可能引起更深的矛盾。

下策是将招聘权力下放，但是需要各分公司自负盈亏。简单来说，新招聘10个人，由此每年产生的成本是300万元，而能够带来500万元的收益，那么200万元的利润全部或者按照一定比例归分公司所有；相应地，如果收益仅有100万元，则200万元的损失也由分公司承担。显然这种方式能够提高分公司的积极性和决策的负责程度，但是这些也是需要条件的，例如成本核算的准确性高、分公司无贪腐问题、集团总部利润抽成合理等。很多集团没有执行这一方案，不是想不到，而是没有充足的条件。

上策是考虑集团需求。如果当前集团与政府签订了协议，不管是为了解决当地就业还是扩大企业规模以保证落户当地，都需要快速招聘员工，而此时如果将招聘权力下放，各分公司从自身权益出发则可能做出不招聘或少招聘的决策,从而影响集团整体目标的实现。从集团整体出发而影响分公司利益或者违反常规管理标准的策略比比皆是。此时,集团人力资源负责人就会因为执行从整体出发而不下放权力的决策,被别人诟病“只知道服务领导而枉顾公平”。

人力资源管理部门不仅需要掌握专业知识,还需要科学的管理策略,以及从系统视角出发的问题识别、分析和策略提出能力。从个人的角度来看,“志不求易者成”意味着要有远大的目标和坚定的信念,不畏惧困难和挑战,勇于学习和创新,不断提升自己的能力和素质,实现自我价值和成就。个人的发展需要有清晰的规划和目标,有合理的方法和策略,有持续的努力和付出,有及时的反馈和调整,有良好的心态和情绪,有合适的机会和平台。个人的发展也需要与社会的需求和变化相适应,与他人的合作和竞争相协调,与企业的文化和战略相契合,与环境中的资源和制度相匹配。

项目经理作为项目核心人物,“项目经理负责制”被写进行业标准,也是诸多企业项目落地的主要方式。企业发起项目后,安排合适的人员承担项目经理一职,并下放权力和提供资源,然后就顺理成章地认为项目经理应该对项目负责。而实际上,需要其他部门进行配合,需要召开定期的、有高层参加的项目调度会等。这些缺失的时候,就需要项目经理依赖自己的私人关系进行协调。这种方式对内尚可,但是协调企业外部的利益相关方,项目经理可能因为级别不对等、缺乏先前关系基础等而无法实现。同时,对于项目这种一次性、临时性的活动,企业需要为项目经理提供方法以及合格的技术和管理人员,这些缺乏时就容易导致项目经理任务繁重,需要个人努力。企业提供的方法、人力、物力,搭建的项目与职能部门、外部利益相关方之间的关系,形成了项目的资源和制度环境。没有这个环境,而主要依赖项目经理私人关系协调和个人努力,掩盖了企业本身的问题。同时,解决问题的有效策略需要更长的时间和更高的成本,甚至存在影响组织稳定性的风险,因而企业更倾向采取直接让项目经理负责的方式,而这又会因为过度依赖项目经理对有效策略产生副作用。上述内容整体可以形成一个因果回路图,如图 1-3 所示。该内容将在“系统动力学”一章中详细介绍。图中的“+”表示促进作用,“－”表示抑制作用,“＝”表示问题的正确解决路径需要更多的时间,也可以表征成本高、难度大等。

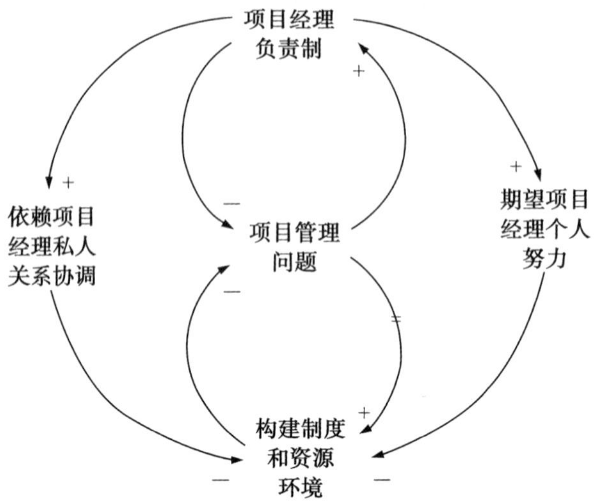

图 1-3 “项目经理负责制”的因果回路图

构建资源和制度环境是项目治理的工作。项目具有一次性、临时性特点。一次性是项目的价值,在有限的时间和资源条件下完成一次性的工作,不能仅依赖项目经理,而是需要提供可靠的“平台”。这个平台可以是方法、工具,调用资源的制度、奖惩机制等等。如果说一个个项目是在航母上起飞的战机,平台就是航空母舰。下一节,让我们看看华为是如何构建数字化平台、搭建项目管理体系的。

1.4.3 平台驱动的华为数字化项目管理实践

随着华为全球业务的急剧扩张,每年交付项目数量达 4500 多个,遍布全球 100 多个国家和地区。过去大家熟悉的、惯用的“人拉肩扛”的管理方法、线下计划和质量记录手段等已经不能适应新形势,华为开始投身数字化转型的浪潮中,在项目交付的实践中不断开发和总结数字化赋能的管理手段,构建以集成服务交付平台(Integrated Service Delivery Platform,ISDP)为核心的数字化项目管理体系,形成“精英+精兵+平台+合作伙伴”的作战体系。

1.开发数字化管理工具

随着业务的全球化、复杂化以及不确定性的增强,华为的决策者提出“把数字世界带给每个人、每个家庭、每个组织,构建万物互联的智能世界”的愿景。这表明,未来的项目管理作战方式必须全面以数字化工具为支撑。华为提出了项目管理的数字化转型目标:在未来 3~5 年内率先实现大平台支撑下的精兵作战。具体而言，对内要实现各业务领域数字化、服务化，从而达到领先于行业的运营效率；对外要对准交付，利用数字化与客户交易的过程，实现客户、消费者、合作伙伴、供应商、员工五类用户的ROADS体验，即实时（Real-time）、按需（On-demand）、在线（All-online）、定制（DIY）和社会联结（Social），以提高客户满意度。

为此，华为开发了一系列的数字化管理工具，从早期管理工程项目的数字化交付解决方案系统（Engineering Project Management System，EPMS），到海外扩张中使用的站点管理工具iSite、聚集计划管理的iplan，再到现在人人耳熟能详、业务管理离不开的集成服务交付平台ISDP。这一系列的平台和工具在华为项目管理实践中诞生，其应用和不断迭代的过程又反过来促进了华为项目管理能力的提升。

2.打造集成服务交付平台

华为在经历了业务与资源规模快速增长后，开始思考一个关键的战略问题：如何保证在业务持续增长的同时人员数量不随之大幅增长。为此，公司搭建了集成服务交付平台，力图从集成项目管理的视角，横向集成“生产、销售、供应、采购、财经”五大一级流程，把项目管理流程从线下基于纸质的管理搬到线上，并模块化集成到平台上，实现了“项目管理与业务解耦和项目管理流程与能力的组件化”“纵向数字化项目管理”“实施作业管理和现场作业”三大管理层面，拓展开发了数字化的交付生产线以支持项目交付。该生产线承载了各种作业工具，实现了在线作业、多方协同、流程可视化、作业自动化、度量标准化等多种数字化项目管理功能。将确定性的管理工作尽可能地固化在平台上，解放了项目经理的双手，使项目经理能够将注意力更多地聚焦在面向客户与价值交付的不确定性领域，通过纵横向对齐拉通，保障项目成功交付。自此，华为项目管理人员无须阅读纸质的项目管理和流程手册，只要打开电脑，进入集成服务交付平台，即可按系统开展管理项目的相关活动。华为集成服务交付平台的发展历程如图1-4所示。

集成服务交付平台承载了华为过去20多年在现场作业和交付管理领域积累的数字化实践经验和淬炼出来的专业知识，形成了多端人机协同、智能安监、智能质检、边缘智能、风险预警等关键能力，适用于勘测、土建施工、硬件安装、巡检、维护维修等各类现场作业场景。此外，ISDP提供了用户级无码或低码式的编排能力，支撑企业员工、合作伙伴和个体高效参与数字化创新，构建行业生态。

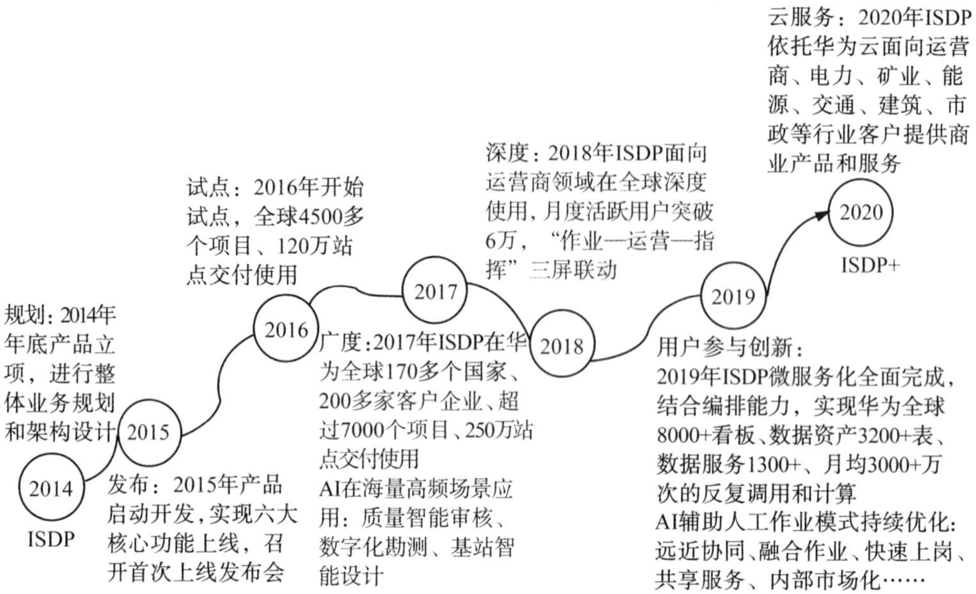

图 1-4　集成服务交付平台的发展历程

例如，在2015年南非某微波项目验收文档制作中，原来准备验收文档需要分包队伍二次上站拍摄微波天线、室外单元、室内单元等一系列照片，然后回办公室由照相机导入电脑，再一张张复制、粘贴到验收文件之中，对齐和调整格式，最后打印、提交纸质版、走审批流程。线下操作效率低，且容易出错。项目使用ISDP之后，分包队伍直接通过自动质量检测工具（Smart QC）App拍照上载，验收文件可自动直接读取QC照片，摆脱了人工操作的低效率和易出错的问题，同时也通过客户平台线上电子版审批，大大节省了成本，提高了审批效率，缩短了分包商采购到付款（Procure-To-Pay，PTP）周期。

3.推动交付模式转型

在项目交付模式方面，华为充分利用强大的数字化管理工具和平台，对资源进行整合，建设“精英＋精兵＋平台＋合作伙伴”阵型以提升项目交付效率。培养、选拔有洞察力和战略能力的精英；建立能打敢拼、勇于胜利的精兵队伍；建立职员不流动但业务可自由流动的机制，稳步识别与培养本地化的同心人和同路人，逐步利用本地员工可以掌握的技能与业务岗位增强系统作战能力。

平台向合作伙伴开放，驱动行业现场作业数字化。例如，在2018年欧洲某发达国家G项目3.9万站点启动初期，主流分包商项目经理使用Excel表格维护项目进度，质量检查依赖分包商问题单和日常巡检，二次上站率居高不下，分包回款周期长，经营压力大。2019 年，在华为项目组的协助下，分包商开始使用 ISDP 智能调度、进度管理、质量管理、人员积分制管理等服务，让作业队伍就近上站、跨品类工单的智能化融合一次上站解决所有问题，对优秀队伍多派工单以激发优质产能，最终实现了 90%分包服务采购订单 PO 自动化验收，大幅缩短验收周期，改善了分包商现金流。

【参考文献】

[1]赫伯特 · A.西蒙.管理行为[M]. 詹正茂，译. 北京：机械工业出版社，2014.

[2]詹姆斯 · 马奇.马奇论管理[M]. 丁丹，译. 北京：东方出版社，2019.

[3]王众托.系统工程引论[M]. 北京：电子工业出版社，2012.

[4]丁荣贵.项目管理：项目思维与管理关键[M]. 北京：中国电力出版社，2013.

[5]戴瑞克 · 希金斯.系统工程：21 世纪的系统方法论[M]. 朱一凡，王涛，杨峰，译.北京：电子工业出版社，2017.

第 2 章　系统动力学

系统思维是训练出来的，而不是通过简单的“听”和“想”得到的。训练的标准是不断打破思考的边界。本章以一系列具有内在逻辑的案例形成边界逐级拓展情境，并由系统动力学的因果回路图提炼出思考模型，进而转化为可以进行数据分析的流量存量图。需要说明的是，本章将对简单案例进行复杂数据分析，在模型拓展过程中添加变量以便逐步深入分析案例，针对不同情境开展基于数据的、更为深入的实验和讨论，以破除读者对数据分析的畏难心理。

2.1　系统的结构性失效

系统动力学（System Dynamics，SD）于 1955 年由麻省理工学院的福瑞斯特（J. W. Forrester）教授基于反馈控制理论提出。福瑞斯特教授的弟子彼得·圣吉（Peter Senge）将系统动力学与组织学习、认知科学、群体深度对话等融合，提出“学习型组织”一说，并在 1990 年出版了《第五项修炼——学习型组织的艺术与实践》。该书被誉为 21 世纪的管理“圣经”。在本节中，我们将从每个人的切身问题——如何应对压力出发，逐步体会系统动力学思想与模型，进而感受决策之“度”，同时体会中国传统文化在管理实践中的魅力。

2.1.1　逃避可耻，也的确没用

逃避策略是常见的压力应对策略。如图 2-1 所示，当感受任务压力之后，人们会去“刷剧”“打游戏”等，以使自己暂时忘记任务而减轻压力。

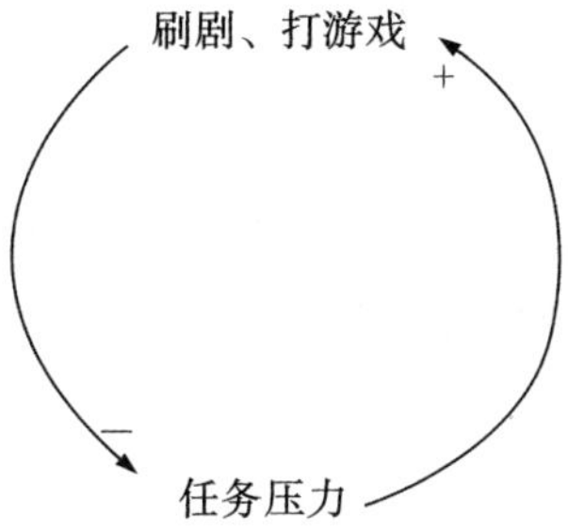

图 2-1　解决任务压力的逃避策略

然而,采取逃避策略会减少完成任务的时间,导致任务完成效果变差,任务压力仍然存在,甚至更严重,如图 2-2 所示。人们经常产生的困惑是,既然完成任务的时间变少导致任务完成效果变差,那为什么两个变量之间的箭线上标注了"+"而不是"−"? 原因是,两个变量之间的符号表示的是相关关系,而不是我们描述事件或情境的逻辑。完成任务的时间变少则任务完成效果变差,正体现了两个变量之间的正相关关系。

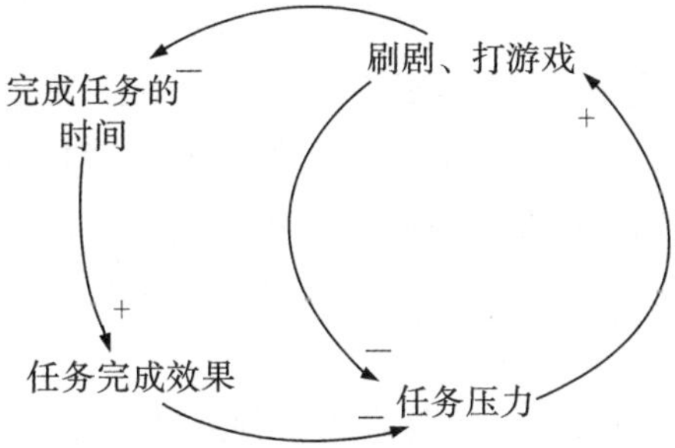

图 2-2　考虑时间的逃避策略

其实,在现实生活、工作和学习过程中,我们很容易识别"刷剧""打游戏"这种常规的逃避策略,而那种"形式正确"的逃避策略才是需要小心的。有压力的任务通常是有难度的,但是直接逃避会使人心里难安,感到所谓的"可耻",所以就会做一些有意义但是对当前关键任务没有帮助的事情,即貌似有价值的任务。例如,很多研究生在面临科研压力、论文压力的时候会选择打扫卫生,家里的卫生情况就会变好。这种看起来是有意义的任务,更容易减轻当前的心理压力,但是这种"主动"逃避却是忙碌而无效的。在创新的、不确定的任务中,"貌似有价值的任务"不容易被识别,我们能够找到诸多借口并为其赋予意义。

2.1.2 迎难而上，却难上加难

责任心比较重的人更容易通过“奋斗”来缓解压力，采用加班甚至熬夜的方式应对压力。这的确能够在短时间内解决一些问题，但时间不能过长，否则就会对身体产生不良影响，进而导致完成任务的效率降低，更难以保证任务完成效果，如图 2-3 所示。

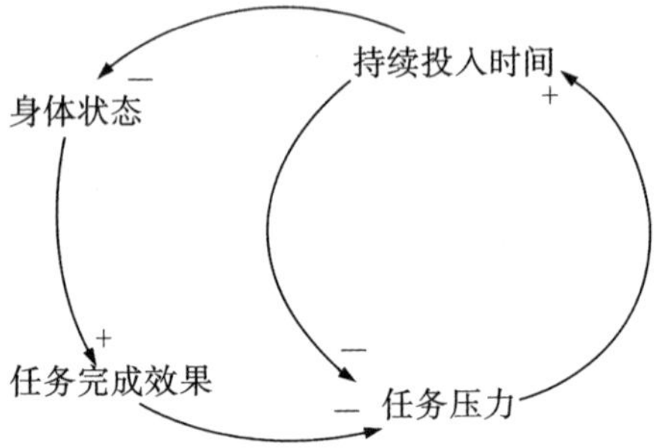

图 2-3 解决任务压力的透支策略

采用这种“透支”的方式，貌似更加努力，但实际危害更大。危害不仅仅体现为任务难以保质保量完成，还体现为因为身体透支导致情绪乃至心理问题。在此，我们不妨再深入思考一下，为什么人们倾向于选择透支策略来解决问题？解答这个问题之前要明确的是，当前社会、组织制造的压力，可能让部分人面临加班，这似乎成了职场“文化”。但是，这里的透支策略，不是针对这种被动加班的情况，而是自己主动选择的情况。

很多学习好、认真负责的人容易采用这种方式。这部分人在从小到大学习的过程中，遇到难题不是直接放过，而是仔细钻研，利用课余时间攻克难题，这种好态度、好习惯帮助他们树立了依靠自己克服困难的自信。遇到问题、任务、压力的时候，也更倾向于依靠自己，而不是寻求帮助；自己多方尝试，而不是整体布局规划；着急解决，而不喜欢等待。在学习的知识是固定的、题目答案是确定的、任务通过延长时间就能完成的特定情境下，这种方式显然是有效的，也是被鼓励的。但是，如果任务具有需要获得当前关于环境与任务的未知信息、需要协调外部资源等复杂特点，透支方式就危险了。

透支方式被采用的原因有很多，在此我们讨论一种容易被忽略的，即“心急”。其表现为不管现在做的事情有没有价值、是否需要提前收集信息和规划，都要盲目开始行动，仅仅是为了减轻压力。如果任务失败了，也更容易安慰自己或者找借口：我已经很努力地去做了，失败是由于运气不好或者本来任务分

配就不公平。

在阅读后续内容之前，大家不妨思考一下：在项目初期，很多任务是不确定的，可以先开展一些活动以收集信息，这种跟“心急”状态下开展工作的区别是什么？为什么我们在管理模型中总是能看到一些似乎矛盾的观点或结论？

2.1.3　审问慎思，大巧若拙

既然逃避和透支策略均不能从根本上减轻任务压力，那么真正有效的策略是什么？能够产生压力的任务通常是全新的，自己不知道如何规划完成路径、如何调动资源，甚至不知道有哪些可用资源。所以，应先分析自身和任务情况，明白任务应该如何完成、需要哪些资源（包括当前已有的和未来可获得的）。据此，设计任务完成计划，提高任务的规划性，进而提高各任务之间、任务内不同活动之间的协同效率，最终有效完成任务并减轻任务压力，如图 2-4 所示。

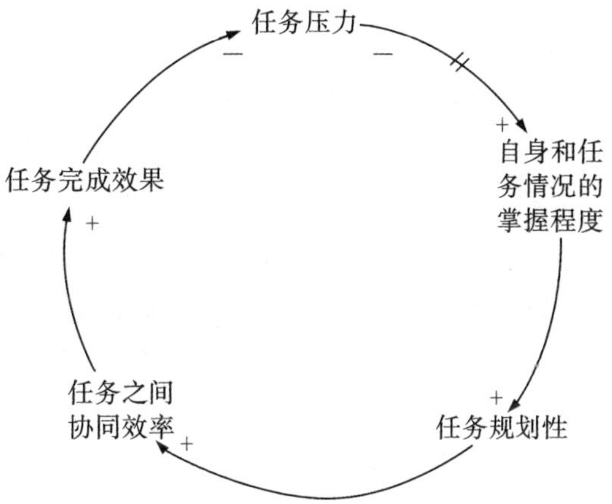

图 2-4　应对任务压力的系统策略

接下来，分别以学习和工作中的例子进行说明。

丰富多彩的学习生活中需要平衡学习和课外活动。假设一个学生在期末复习过程中需要完成难度较大的课程（例如高等数学），并同时协调社团工作。显然，在沉浸投入的课程复习和灵活机动的社团沟通这两个活动中来回“切换”会大大影响状态，怎么办？提高规划性的方式是早上早起（例如 6 点），然后学习到 8 点，这个时间段不易被人打扰，能够静下心来复习；经过两个小时的学习，大脑需要休息片刻，此时去吃饭并进行社团沟通，不仅可以让大脑得到放松，还能够在较为轻松的、不太费脑的沟通中使身体能量得到补充。之后再以精神饱满的状态开展复习。通过提高不同任务之间，或者单一任务中不同活动之间的规划性，提高其协同效率，进而保证任务的有效完成。

对于企业来说，完成项目不仅可以获得项目收益，还可以培养人才，此时需要兼顾人才培养和项目完成两个目标。如果侧重人才培养，就需要给予更多的试错机会，但是这对完成项目来说是不可靠的，可能造成项目延期和成本增加；如果总是让技术水平高的成熟员工来完成，新人就难以成长，且长期依赖成熟员工需付出更高的人力成本。这就造成了项目层面的短期生存与长期发展之间的矛盾，要解决这样的压力，就需要做系统的分析与设计。例如，让新人负责特定项目任务，前辈从中辅助。问题是，如何保证前辈能够且愿意辅助呢？这就需要给前辈安排相对宽松的任务，尽量避免其任务与新人任务的高负荷时间段的重叠，保证前辈薪酬与新人工作绩效关联，等等。不难发现，做好这些设置，就需要对项目具体任务、项目组织环境、项目团队氛围、企业发展规划等方面有充分的了解。

然而，上述学习和工作案例，其完成存在三个难点。第一，面对自己不了解的任务，如何掌握自身条件和任务情况呢？这就需要收集信息：可以在网络上搜寻，也可以找人咨询。尽管自己是咨询请教的一方，但却是整个过程的掌控者。如果不能够提出准确的问题，对方就只能依赖自己的猜想回答或者仅仅是介绍大概的个人经历。所以要做到"审问"，通俗地说，就是带着问题去讨论，这需要先对当前的自身条件和任务情况进行梳理，找出需要确认的信息点。第二，要意识到别人给的意见仅作为一个参考。我们作为做事的一方，不能完全依赖别人的建议。因为对方通常是在短时间内了解问题、听取我们的介绍，然后当场做出回答，这个回答也主要基于个人经历、经验，是不可能做到完全准确的。这需要我们自己"慎思"，用批判性思维去思考，让这些建议能够与任务结合，为我所用。第三，要提高任务之间的规划性，不仅需要考虑相关资源，还需要考虑任务内的不同活动之间的关系。这些难点体现在图 2-4 中，是用任务压力到自身和任务情况的掌握程度之间箭线上的双线来表示的。这在系统动力学中被称为"延迟"，表明从一个变量到另一个变量需要一定的时间。

2.1.4 舍本逐末，实立危而乐

我们将上面的三个模型进行整合，能够得到如图 2-5 所示的复杂模型。在有多条路径可选的时候，人们通常根据习惯选择当前"最舒服"的策略。不管是逃避策略还是透支策略，都是可以立刻执行且自身可全面控制的，而有效策略则需要时间来收集信息和做出规划。此时，人们更加倾向于选择前者，即能够临时缓解压力但是无法根本上解决问题的"症状解"。相应地，有效策略可以被称为"根本解"。

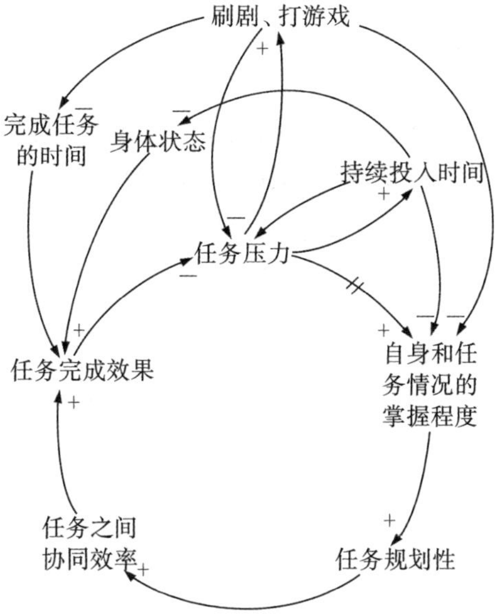

图 2-5　压力应对的结构性失败

在图 2-5 中，我们可以看到有从“症状解”到“根本解”的箭线，而且箭线上是减号，表明两者是负相关，这就说明采取“症状解”将会降低采用“根本解”的可能性。如果采用逃避策略，那就更没有时间去收集信息和进行规划：我们不可能在打游戏的时候去问队友该如何解决当前面临的压力。更麻烦的是，如果采用了透支策略，就易产生“不撞南墙不回头”的想法。试想，一个遇到问题就立刻盲目行动以减轻压力的人，如果发现自己一周的工作根本没有价值，对完成目标没有意义，是否能够承受和承认这种情况？显然很难。同时，在工作完成过程中，我们很难说一件事情是绝对没有价值的。例如，作为管理学专业的学生，在面临科研压力的时候，去企业参观或者给企业提供培训服务是不是有价值的？我们说参观可拓宽研究思路，培训可以为未来成为管理学老师打基础。但是这对于解决当前科研问题是没有助力的，也就是前面所说的“貌似有价值的事情”。所以，在容易给自己找到借口的时候，就更容易“安慰”自己，选择“症状解”。一旦选择了“症状解”，因其对“根本解”有副作用，导致我们没有办法选择“根本解”。什么时候才会有所改变呢？因没有采取“根本解”而失败，从而造成极大的痛苦和损失的时候才会有所改变。

我们对上述问题进行抽象，就能够得到如图 2-6 所示的因果回路图（舍本逐末模型）。其关键点有三个：第一，问题症状出现后，可以采用“症状解”和“根本解”，这是模型的三个关键变量；第二，“根本解”的采取有“延迟”，导致更容易采用“症状解”；第三，“症状解”对“根本解”有副作用。这就形成了一个令人绝望的舍本逐末结构，易被采用的“症状解”(末)不仅无法解决问题，反而阻碍“根本解”(本)的采用。在这种舍本逐末的结构下，不论是日常生活、学习中的小事，还是组织、社会乃至国家的管理大事，更容易出现结构性失败。

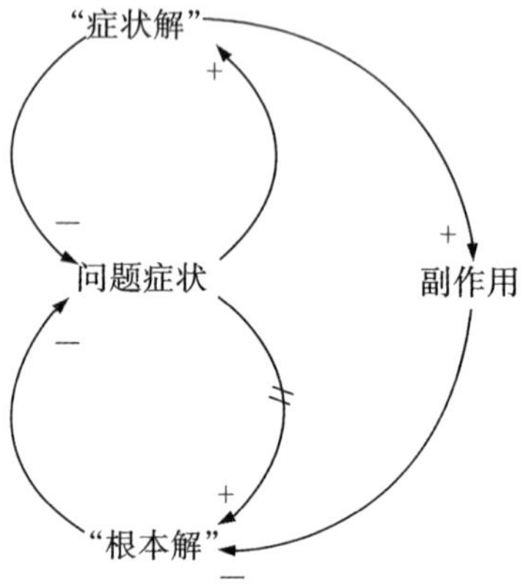

图 2-6 舍本逐末模型

2.2 事出反常的底层逻辑

在上一节的讨论中，我们看到了人如何在“温水煮青蛙”中一步一步走向系统结构所指向的失败。这种结构不是单纯的非黑即白的二元关系，而是在模糊、不确定和动态的过程中，系统形成的难以突破的陷阱。结构反映了事件背后的本质，是导致事件“必定”发生的底层逻辑。在面对直接的、具有冲击力的事件时，更需要透过表象看本质，相信“事出反常必有妖”。这部分直接引用《第五项修炼》中关于成长上限模型的例子，并在此基础上做系列拓展，理解反常背后的“妖”的出现逻辑。

2.2.1 成长上限，盈满则极亏

成长上限模型描述的是主体先成长后达到饱和或峰值，或兼有衰减振荡的系统行为模式。如图 2-7 所示，主体成长的情况有利于促进成长要素的增加，后者又反过来促进主体成长，形成一种不断加强、螺旋上升的正反馈模式。而抑制要素会在成长达到饱和或峰值时，逐渐积累和引发负面效应，使成长主体出现饱和、衰退甚至加速崩溃的现象。

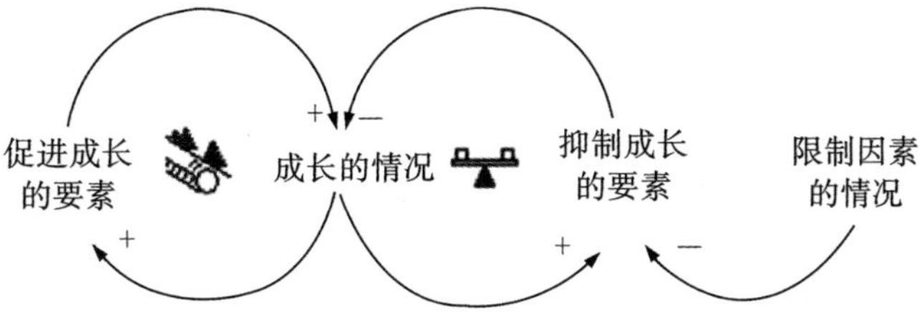

图 2-7　成长上限模型

如图 2-7 和图 2-8 所示，在公司成长过程中，会出现“促进”和“抑制”公司成长的两种要素。促进要素存在于左侧循环中，公司成长情况佳，则晋升机会多、士气高，动机和生产力增加，促进公司成长。然而当公司成长到一定阶段之后，市场饱和，没有进一步成长的空间，即图 2-8 中右侧的平衡循环。此时，曾经有效促进公司成长的增长循环反而可能加速公司的崩溃过程，且越“崩”越“快”。然而，并不是公司不成长就能维持现状，而是不进则退，且越退越快。

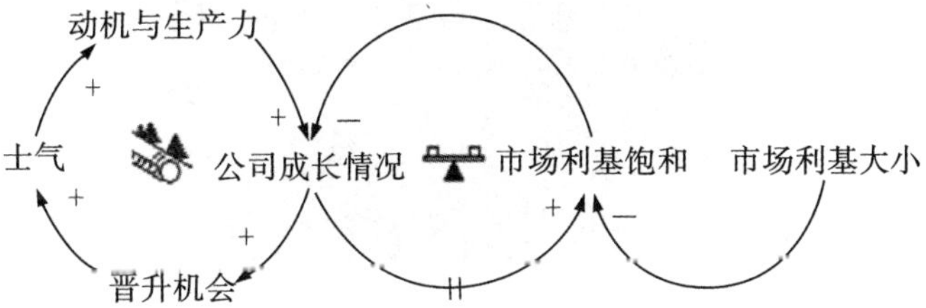

图 2-8　公司成长上限模型

2.2.2　江心补漏，势去不自由

然而，从公司成长到市场利基饱和是有“延迟”的。公司不会正好成长到满足市场需求的水平即停止，而是在达到这个水平之时，因难以及时获得市场的直接反馈而误以为还可以扩大规模。因此，在市场饱和的时候，公司往往已经成长到了一个超出市场规模的状态。公司规模不是以简单的人数来表征的，还包括厂房、设备、渠道等诸多内容，在此仅从人员数量的角度探讨该问题。

相对于公司已饱和的业务需求，可能会有大量“闲人”产生。这些“闲人”如果只是在公司里喝茶、看报，给公司造成的损失是多支付一笔工资、影响公平氛围。但是，“闲人”没有这么简单，“闲人”要证明自己“不闲”，易牵扯高层和其他部门的精力，从而造成更多的浪费。另外，越是创新型的、知识密集型的工作，越难衡量员工工作量的大小，很多工作随着时间推移也会发生工作量和难度上的变化。此时，进行裁员或者整合所谓的“闲人”去新的部门，往往难以服众、阻力很大。

可见，管理问题通常是不确定的、模糊的、动态变化的，很多策略只是貌似可行。这既是理论走向现实的难点，也是学生走向社会需要掌握的“经验”。而这些无法解决的问题，就成了公司的管理挑战，甚至影响公司的生存。

这里就牵扯“时机”的问题。时机在这里可以理解为运气和大势，我们可通过图2-9中的枝叶来讨论环境、时机、努力之间的关系。

图2-9 一株植物成长的“大势”

为了美观，主人要裁剪部分枝叶。主人偷懒，没有将树枝剪掉，而仅仅是摘掉了叶子。后来，部分枝叶新生出来，如图2-9方框中的枝叶，对于新生的叶子来说，没有被去除树枝是它成长的“机会”；而主人发现新生的叶子很好看，并将其所在的枝条和主干分离得远一些，这是新叶的“贵人运”，这些都不是新叶自己能掌控的。新叶随着天性“努力”生长，这是它自己能够掌控的。但如果叶子太大，令主人失去了“小小”的形状带来的乐趣，按照之前的设计叶子就会被剪掉，这就是外部环境不允许其“努力”成长。可见，时机是很重要的，需要考虑大势。成都武侯祠前的对联“能攻心则反侧自消，从古知兵非好战；不审势即宽严皆误，后来治蜀要深思”，也正体现了系统结构所蕴含的“大势”。

我们经常把企业变革作为一场战役，需要消灭的“敌人”似乎有很多，但武侯祠对联中也说“知兵非好战”。“兵仙”韩信的“背水一战”是系统运作的经典战役，但是背水一战之后的操作更是体现了其对大势的把握和系统的思考。《史记·淮阴侯列传》记载：

> 信与张耳以兵数万，欲东下井陉击赵。赵王、成安君陈馀闻汉且袭之也，聚兵井陉口，号称二十万。广武君李左车说成安君曰："……今井陉之道，车不得方轨，骑不得成列，行数百里，其势粮食必在其后。愿足下假臣奇兵三万人，从间道绝其辎重；足下深沟高垒，坚营勿与战。彼前不得斗，退不得还，吾奇兵绝其后，使野无所掠，不至十日，而两将之头可致于戏下。……"成安君，儒者也，常称义兵不用诈谋奇计，……广武君策不用。韩信使人间视，知其不用，还报，则大喜，乃敢引兵遂下。……汉兵夹击，大破虏赵军，斩成安君泜水上，禽赵王歇。

韩信和张耳带着几万士兵，远攻号称有二十万兵力的赵国，而且路途中还要经过狭窄的山谷。李左车这种攻击运粮线路和闭门不战的"非好战"策略，没有得到赵王、陈馀的认可，韩信得知此消息之后才敢冒险走井陉口。

尽管原文记载，陈馀称义兵不用诈谋奇计，但是从《史记·张耳陈馀列传》中能够发现陈馀并非迂腐之人，他不用李左车的计谋可能有更深层的原因，事后来看他的确不理智，兵败被杀。韩信对于李左车极为重视，下令不可杀且要生擒李左车。后来李左车为韩信出谋划策，更体现了"知兵非好战"。

> 于是信问广武君（指李左车）曰："仆欲北攻燕，东伐齐，何若而有功？"广武君曰：今将军涉西河，虏魏王，禽夏说阏与，一举而下井陉，不终朝破赵二十万众，诛成安君。名闻海内，威震天下，若此，将军之所长也。然而众劳卒罢，其实难用。今将军欲举倦罢之兵，顿之燕坚城之下，欲战恐久力不能拔，情见势屈，旷日粮竭，而弱燕不服，齐必距境以自彊也。燕齐相持而不下，则刘项之权未有所分也。若此者，将军所短也。

在此李左车指出了韩信的优势在于兵威正盛，劣势是兵将疲乏、难以为继，因而军队难以攻下燕国，随即更难以攻下齐国。在此需要补充说明一下当时的大环境：刘邦在被项羽以三万人打败之后，让韩信北伐以拉长项羽战线、拿下北方战场，而"背水一战"灭赵之后，拿下魏、齐两国是实现这一战略的最后一环。所以，韩信问李左车应该如何做。

> 韩信曰："然则何由？"广武君对曰："方今为将军计，莫如案甲休兵，镇赵抚其孤，百里之内，牛酒日至，以飨士大夫释兵，北首燕路，而后遣辩士奉咫尺之书，暴其所长于燕，燕必不敢不听从。燕已从，使喧言者东告齐，齐必从风而服，虽有智者，亦不知为齐计矣。如是，则天下事皆可图也。兵固有先声而后实者，此之谓也。"韩信曰："善。"从其策，发使使燕，燕从风而靡。

李左车说：如今为将军打算，不如按兵不动，安定赵国的社会秩序，抚恤阵亡将士的遗孤。方圆百里之内，每天送来的牛肉美酒，用以犒劳将士。摆出向北进攻燕国的姿态，而后派出说客，在燕国显示自己战略上的长处，燕国必不敢不听从。燕国顺从之后，再派说客往东劝降齐国。齐国就会闻风而降服。即使有聪明睿智的人，也不知该怎样替齐国谋划了。如果这样，那么，夺取天下的大事都可以谋求了。用兵本来就有先虚张声势而后采取实际行动的，我说的就是这种情况。

韩信以极为精妙和极具勇气的战术完成背水一战，作为“兵仙”没有炫技用兵，而是从战略大局出发，跳出自己擅长的领域，找专业的李左车进行战略规划，让战争服务于政治、谋划面向最终胜利。这本身就是“知兵非好战”，更具有战略眼光。这种战略规划，需要跳出依赖的路径、突破优势惯性，进一步思考核心价值或者说目的。

对于管理者来说，做这样的事情是很难的。企业还在快速增长的时候，就考虑“是否要达到顶点了”“现在是不是应该出手改革了”“什么时候是个好的时机”，这里面存在大量的不确定性，而且内部阻力极大。从这里我们也能发现，解决问题不是擅长什么就侧重什么，而是从整体看到底什么可带来真正的价值，消灭敌方的有生力量不是目的，目的是让对方投降。天然地去选择习惯的路径来发展组织或解决问题，这在变化的环境中不仅容易导致发展的失败，还容易错失解决问题的正确方法。

企业一旦错过了转型的时机，可能就要壮士断腕，付出比先前严重得多的代价；而抓住大势，明晰优劣，以长攻短，则能够力小而势大。我们在构建管理问题的系统模型时，借鉴波特五力模型、PEST 模型等进行战略分析，需要的不仅仅是收集特定的信息，更需要对各类信息进行整合，面向最终的决策者分析所谓的“势”是否存在。这不是一个简单的数学加减题目，要警惕“高血压和低体重的平均是身体健康”这种结论。围绕“势”这种大的系统问题分析时更要逻辑严谨，排比、比喻等修辞手法远没有用大家都能听懂的白话把问题定义清楚重要，所谓的“智能方法”“国际模式”等也不如对要素间关系的准确分析重要。

在现实中，不难发现，概念的借用、模糊化、偷换，的确为口才好的人提供了便利，决策者不能不小心这些，要注意是否收集了过多不准确的信息、是否对特定信息过于关注等。一个有效的讨论、报告，应小心“高深莫测”。从本节来看，“变革是一场战役”“韩信招降燕国是知兵非好战”“战争服务于政治”等说法，也会给人一种高深莫测的感觉，让人很容易不加证明和思考，就直接选择相信。没有思考、验证的相信，就是迷信；没有思考、验证的不相信，是迷不信。信或不信，可能不如“迷”产生的问题严重。破迷，需要更深、更广的思考，对系统结构进行迭代分析。

2.2.3　穷则思变，矫枉需过正

公司负责人寻求转型、拓展新市场时，这个“变”需要“矫枉过正”。其挑战不仅在事的维度上，更与人有关。

开拓新市场需要“试错”，要给开拓新市场的新人提供更加宽松的管理环境，并且为了提高其积极性以应对突发、不确定性事件，须给予更好的激励条件。此时，从事先前业务的老员工会感到不公平，特别是考虑到自己对企业发展的贡献和未来难以获得个人发展，难免会产生不平衡的心理。老员工中的高层可能对负责人说：

“公司之前是我们一起努力建起来的，当初大家跟着您跑业务、改图纸，一个个螺丝都是自己拧上去的，为什么要把我们之前攒下的家底给新人糟蹋了？”

“就算是糟蹋点钱，我们也认了，但是得公平吧？当初给公司贡献大的兄弟姐妹们，为什么不如新人的晋升条件好？新人成了香饽饽，出了事没有惩罚，有点功劳就升职。”

“我是无所谓了，这么多年也挣钱了，但是跟着咱们的年轻人，当初进公司就是为了能够有个好发展，现在没有什么机会，年终奖也少，我对不起他们啊。”

可见老员工，特别是相关的高层，他们不仅需要考虑自己的利益和权利，同时也被下属“裹挟”，需要解决自己所在部门或者事业部相关人员的福利和晋升问题。企业负责人则需要平衡这些问题，但这也是个两难的过程。一方面，如果对于新业务的支持不足，则新业务无法有效拓展；另一方面，如果对老员工安排不到位，则容易导致企业凝聚力不强。在我们的常规认知中，应该平衡好两方的关系，但通常情况下这是不可能的，无论从哪一方的立场来看，任何处理方式都有不公平、不平衡之处，一方认为矫枉“过正”，站在另一方视角可能就变成了矫枉“不足”。所以，组织中的问题有时并非“阴谋诡计”，需站在不同的角度和不同的系统层次来分析。

2.3　“越挣越穷”背后的数据分析

前文用到的因果回路图是系统动力学的工具之一，是表现变量之间正相

关、负相关关系的系统结构，但是它不探究程度问题。然而，在问题分析中，抛开“度”将陷入决策“陷阱”，在这里我们将首先分析一个简单的存款问题；其次逐渐深化，一方面展示如何通过能够表征“度”的流量存量图进行建模，另一方面理解数据变化过程和特点；最后根据结果分析挖出决策中的“陷阱”。

2.3.1 Vensim 软件

Vensim 是一款可视化的模型工具，使用该软件可以对动力学系统模型进行概念化、模拟、分析和优化（见图 2-10）。Vensim 用箭头来连接变量，系统变量之间的关系作为因果连接而得到确立，方程编辑器可以帮助建立完整的模拟模型。通过建立过程、检查因果关系、使用变量以及包含变量的反馈回路，我们可以分析模型。当建立起一个可模拟的模型后，Vensim 可以从全局角度来研究模型的行为。Vensim 提供了对所建模型的多种分析方法，可以对模型进行结构分析和数据集分析。结构分析包括原因树分析、结果树分析和反馈回路分析，数据集分析包括变量随时间变化的数据值及曲线图分析。此外，Vensim 还可以实现对模型的真实性检验，以判断模型的合理性，从而相应调整模型的参数或结构。在不断推出新版本和适配 Windows、macOS 的过程中，Vensim 软件有不同的版本，尽管变量的图标会发生变化，但其计算逻辑始终不变。

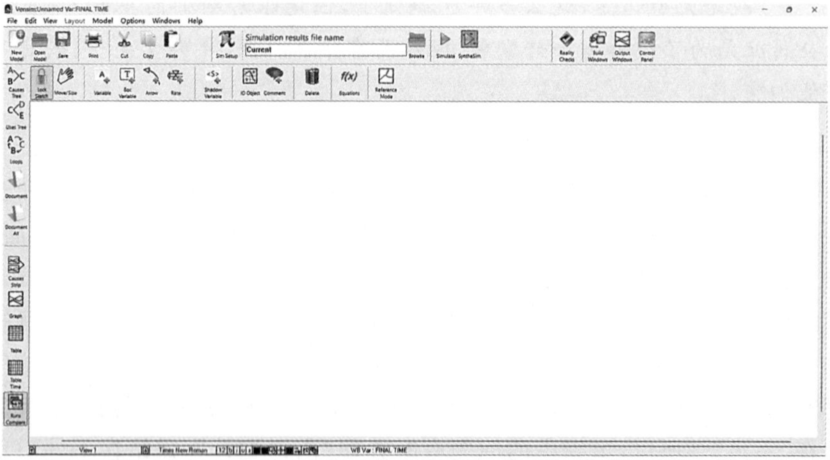

图 2-10 Vensim 软件操作页面

Vensim 中的主要变量类型、含义及图示如表 2-1 所示。

表 2-1　Vensim 变量

变量类型	变量含义	Vensim 图示
积累变量	描述系统状态的量，这些变量通常会随着时间的推移不断变化，能够反映系统的数量以及特征。此类变量也被称为状态变量、库存、贮存或位	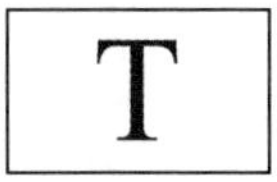
速率变量	速率与积累相对应，是引起累积变化的变量，例如引起水池水位变化的“进水速率”“出水速率”。积累是某时刻变量的瞬时值，速率是单位时间内变量的数值改变量	
“源”和“漏”	“源”和“漏”表示系统边界外部要素的集合，也称为系统的环境，它们代表了输入输出状态的一切物质。“源”与系统的起始有关，“漏”与系统的结束有关。例如，研究生物种群数量变化问题时，最初的生物来源于“源”，死亡的生物“流入”“漏”中。“源”和“漏”在流量存量图中使用云状的符号来表示	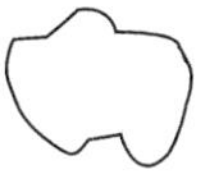
其他变量	速率直接导致了系统动力学模型的变化，在变化的过程中需要用其他变量来计算速率。其中，受到系统速率和累积变量影响的变量称为“辅助变量”，不随时间发生变化的变量称为“常数”，随时间变化且由系统外部要素引起变化的变量称为“外生变量”。常数和外生变量由系统外部要素决定，代表了系统的环境或者基本规律。流量存量图中通常使用圆圈来表示辅助变量、常数、外生变量	

在识别相关变量之后，通过变量逻辑关系分析确定变量间的数理关系。数理关系通过变量方程来表示，例如积累变量方程、速率方程、辅助方程等，三者分别用于求解累积、速率、辅助变量的数值。另外，在模型中部分变量之间存在非线性关系，这些关系可通过“表函数”等予以表达。

1.Vensim 软件工具栏

Vensim 软件工具栏主要功能如表 2-2 所示。

表 2-2 Vensim 软件工具栏主要功能

Vensim 图示	名称	功能
	Lock（锁定）	锁定图形后，鼠标可以选择图形对象和工作台变量，但是不能移动该对象
	Move/Size（移动）	用于对图形对象（变量、箭头等）进行选取、移动和大小调整
	Variable（变量）	用于创建非状态变量的变量（例如常量、辅助变量、数据等）
	Level（存量）	用于表示模型中的存量
	Arrow（箭头）	用于创建表示因果关系的连接箭头
	Rate（速率）	用于创建速率变量。速率变量由互相垂直的箭头、开关以及必要情况下表示源（sources）和漏（sinks）的云组成
	Shadow Variable（重复变量）	用于给模型添加一个已存在的模型变量作为辅助变量
	Input Output Object Settings（输入输出对象设置）	往流图中添加输入滑动条，以及输出图像和表格
	Sketch Comment（注释）	用于给入树和流图添加注解和图片
	Delete（删除）	用于删除入树或流图中的变量、线条和注解等
	Equations（方程）	用方程编辑器创建和编辑模型方程

2.Vensim 软件分析工具

在 Vensim 软件中，结构分析工具如表 2-3 所示。

表 2-3　Vensim 软件结构分析工具

Vensim 图示	名称	功能
	Causes Tree(原因树)	创建一个树状图,对于选定的工作台变量,列出作用于其上的各层(原因)变量
	Uses' Tree(结果树)	创建一个树状图,对于选定的工作台变量,列出其作用的各层(结果)变量
	Loops (反馈回路)	对于选定的工作台变量,列出通过该变量的所有反馈回路
	Documents(模型文档)	给出关于选定工作台变量的方程、定义、单位、参数和取值等的详细信息文档

在 Vensim 软件中,数据分析工具如表 2-4 所示。

表 2-4　Vensim 软件数据分析工具

Vensim 图示	名称	功能
	Causes Strip Graph(原因图)	给出选定工作台变量及其第一级原因变量的 Strip 图,显示变量与其有直接关系的结果图,以方便追溯因果关系。在模型中选择一变量为当前工作台变量,点击原因图分析按钮,可以看到该变量随时间变化的曲线,以及对被选择变量有影响的其他变量随时间变化的曲线
	Graph (分析图)	给出选定工作台变量随时间变化的 Strip 图
	Table (横向数据表)	给出选定工作台变量随时间变化的数据表格

续表

Vensim 图示	名称	功能
	Table Time Down (列向数据表格)	所选变量的值按照时间间隔顺序垂直排列
	Runs Compare (运行比较)	多次运行同一模型,如果只是改变其参数,将显示和列举各次运行的参数比较

3.Vensim 软件的模拟工具

在 Vensim 软件中,模拟工具如表 2-5 所示。

表 2-5　Vensim 软件模拟工具

Vensim 图示	名称	功能
	Simulate(模拟)	对所建立的模型进行模拟
	Synthesis Simulate(合成模拟)	在该模式中,每一个常量都会有一个滑动条,可以通过滑动条调节该变量的值,即时进行实验

2.3.2　仿真过程与步长

对于仿真,很难给出一个严格的步骤,其主要取决于对问题的理解、建模人员的洞察以及掌握的知识。用 Vensim 进行系统仿真可以按照以下步骤进行。

(1)问题界定,以便模型满足实际要求。

(2)系统分析,以便确定模型的基础结构。

(3)确定系统边界、假设,是建模过程中的关键步骤,可以明确系统范围,确保建模工作的有效性、可靠性和可行性。

(4)系统抽象、建模(表达),确定系统中主要因素(变量)及其相互关系(结构关系和函数关系),并将其用数学语言表达。

(5)选择仿真软件或工具,采用合适的工具呈现。

(6)量化,用数量表示系统中的因果关系。

(7)运行和结果分析，对模型进行实验研究，进行真实性检验，以便模型符合实际系统。

在仿真过程中，有一个看似简单却难以深入理解的概念，就是模型建立与分析的基础，即步长(Step)。在对一个仿真步长内的系统行为进行界定之后，才能够让软件去重复这个过程，从而模拟整个系统的动态性、结构性行为。以存款和利息的交互过程为例，其公式为

存款＝存款＋利息

利息＝存款×利率

那么在模拟过程中，是先计算利息还是存款？理解这个问题需要按照步长区分期初存款和期末存款，即

期末存款＝期初存款＋当期利息

当期利息＝期初存款×利率

从上面的公式中也可以看出准确定义概念的重要性。从仿真步长的计算流程来看，应优先计算当期利息，上一个周期的期末存款即本周期的期初存款，由此计算当期利息，而后期初存款加上当期利息便得到了当期期末存款。

那么紧接着又有两个问题。第一，从当前周期向前推，经过$(t-1)$期、$(t-2)$期、$(t-3)$期……能得到什么呢？这是模型的初始状态，或者说仿真的开始，因此存款有个初始值，而所有变量的初始值表征了模型的初始状态，更准确来说是模型的静态状态。第二，从当前周期向后推，模型什么时候终止呢？终止的逻辑非常多，并非设定仿真100个周期，就在100的时候结束。因为模型存在不确定性，这里的“终止”，还包括模型需要运行多久。该问题将在蒙特卡洛模拟部分进行探讨。

在理解和分析步长之后，不难发现步长在建模仿真中的重要性。关键是确定步长的期初和期末两个点，而不是步长中间的那条线。期初和期末会发生变量的数值变化，而步长周期内是没有数据变化的。这种反常识、反常规的结论，是问题分析和模型抽象的基本逻辑。理解这个逻辑，便于界定系统范围，准确分析仿真周期内发生的变化。例如，中午送来货物，应该如何分析库存数量的变化呢？如果将仿真周期设为一天，则可直接归为一天末端时库存数量的增加；如果中午送来的货物可以进入下午的生产过程，就需要将步长细分成半天。所以，“中午收货”这个问题能否直接省略、是否应该体现在模型中，体现了问题的范围，跟步长密切相关。换言之，确定的步长体现了问题分析和仿真建模的角度与边界。

2.3.3 “躺平”决策的数据分析

根据上文内容，单纯来看存款和利息的关系，可以形成如图 2-11 所示的模型。

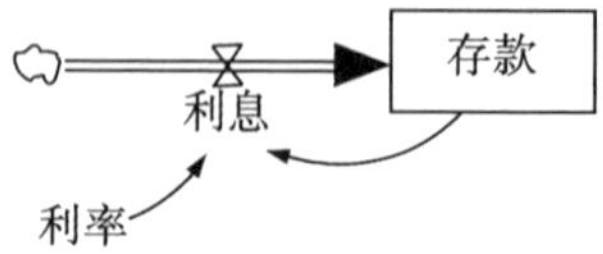

图 2-11 存款、利息流量存量图

其中，利息自然“流淌”到存款之中，显然存款是一个存量，流量到存量之间是物理意义上的累加，不存在相乘等更加复杂的函数关系。这种直接的“加法”关系，便于分析问题和构建模型，识别模型中的存量和流量，特别是匹配的存量和流量集合。可见，存量通常也是数据分析中需要观测的主要变量。

模型中利息直接计入存款，而存款又反过来影响利息。Vensim 软件在计算时，根据当前仿真周期期初存款和利率来计算利息，然后在期末以期初存款加上利息得到期末存款。

在此，将利率设置为 2%，初始存款为 2000 元，那么存款在 100 个周期中是如何变化的？这可以通过点击模拟(Simulate)和图形(Graph)按钮得到，如图 2-12 所示。显然，这时存款作为因变量，是一个随着自变量时间变化的指数函数。

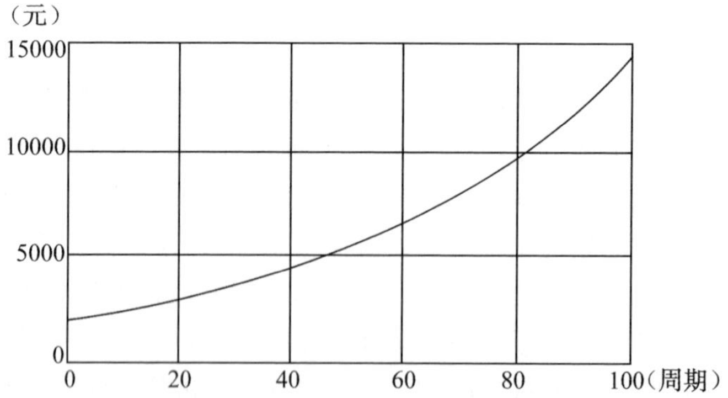

图 2-12 存款在仿真周期内的变化

为了便于计算，我们不完全按照现实情况进行数据设置，例如常规的年利率在 2%到 3%，我们直接将月利率设置为 1%到 5%。“外部”的数据设置，部分决定了模型是在什么样的情境下构建和运行的，数据的设置不仅是科学，也是一门需要兼顾具体现实与抽象模拟、客观数据与主观衡量、反映现实与聚焦问题的艺术。

模型构建依赖“假设”,“假设”体现了模型构建的情境。有些假设是不言而喻的,而有些假设是由探讨的问题、问题的边界决定的。利息等于期初存款乘以利率,这个就是基本的、公认的、科学的假设,不需要在模型中进行说明。但是分析“存款过多则影响工作积极性”这一问题时,可能的假设以及对应的设置方式就有很多。例如,工作积极性是随着存款的增加线性降低吗?还是存款达到一个区间之后,就对应一种工作积极性的取值?抑或存款高于一个数值后就完全失去工作积极性,即我们通俗所说的“躺平”?这就是不同的假设,决定了模型的构建逻辑。哪一种假设是合理的呢?如果要完全反映一个人的想法,就需要较为精细的统计和分析,这跟问题的研究深度有关。如果任何一种方法都不能达到所要探讨的精细程度,则属于模型的边界或者有限性问题。可见,因为数据收集难度、方法或工具限制等,对问题的探究有深度和范围的局限,既需要明晰建立的模型能够做什么,也需要清楚其不能够做什么,否则容易夸大功能和忽略细节。

因为我们只想体现出存款对工作积极性的影响,所以在此采用上述第三种假设。由此,我们引入一个函数:IF THEN ELSE({cond},{ontrue},{onfalse})。如果(IF)满足特定条件(cond),则(THEN)函数值为 onture 位置处的定义值,否则(ELSE)函数取值为 onfalse 处的定义值。我们设置一个名为“不工作标准”的变量,由此可以将函数设置为

IF THEN ELSE(存款>=不工作标准,0,1)

即存款达到“不工作标准”时,则失去了工作的动力,取值为 0,否则为 1。在设置具体的函数之前,我们先画出整体结构,如图 2-13 所示。

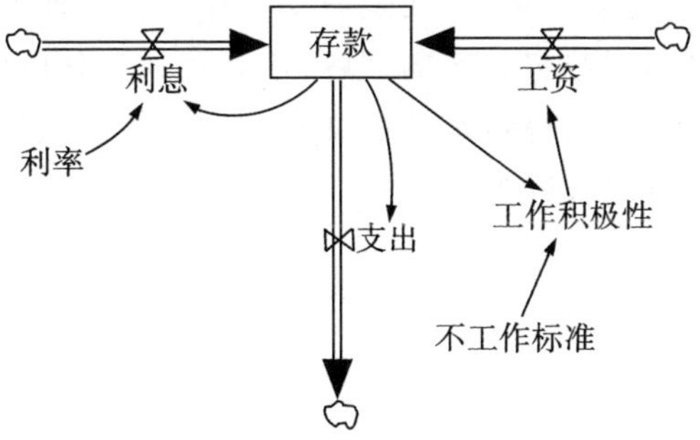

图 2-13　整体结构

据此可通过点击方程(Equations)按钮设置相关公式:

利息＝利率×存款

利率＝0.02

存款＝INTEG(利息＋收入－支出)

存款的 Initial Value＝2000

工作积极性＝ IF THEN ELSE(存款＞＝不工作标准,0,1)

支出＝MIN(存款, 600)

不工作标准＝20000

这里有三个地方需要特别说明。第一,存款其实不需要输入“利息＋工资－支出”,因为 Vensim 软件通过模型结构自动识别了该内容,其中 INTEG(利息＋收入－支出)的含义是存款＝存款＋(利息＋收入－支出)。其实,从因变量(Causes Variables)函数框中也能看到,存款也是自己的因变量,原因就是期末存款是通过期初存款加上当期存款的变化得来的。

第二,存款有个 Initial Value,这是存量的基本特征,也是对系统静态状态的表示。如果没有最开始的 2000 元存款,就无法进行后续利息运算和增加存款。当然,存款初始值为“0”,也是一种状态,而不是说“0”就代表“没有状态”。

第三,支出的取值是常数“600”与“存款”之间的较小值,同时在图 2-13 中有一条从存款到支出的箭线。如果没有这条箭线,Vensim 软件将会报错,这也是一个反向检验建模思路的过程。

我们在此反复说到一个词,叫作“静态状态”。一般情况下,与之相对应的词是“动态状态”。动态状态可以有很多的定义,例如存款随着时间的变化,表征存款这个“状态”如何随着时间“动态”变化。而这里的“静态”对应的是“趋势”状态,这些状态的结构化集成(通过状态转移函数表达)表征了系统模型是如何发生变化的。为何要关注趋势状态?这是因为,建模分析并不是对模型最终结果进行观测和汇报就结束了,而是需要解释产生这种系统行为的原因,只有结合模型结果,通过对趋势状态的理解,才能够深入分析模型背后的管理学意义。通过运行模型,可以得到如图 2-14 所示的曲线,这也是静态状态和趋势状态的“动态”表现,即系统行为。

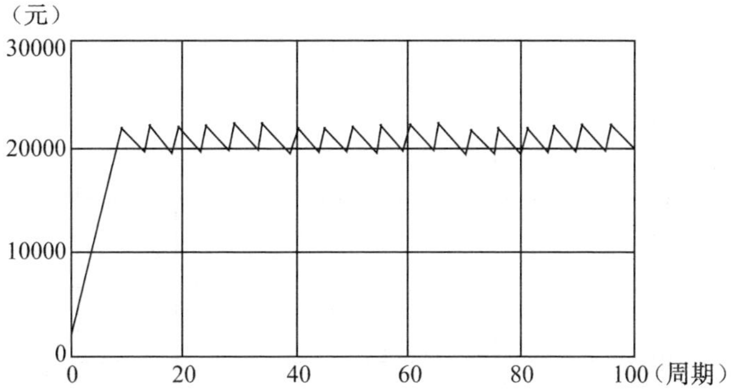

图 2-14 存款在仿真周期内的变化(不工作标准=20000 元)

图 2-14 表明,存款在整个周期内都是大于 0 的,而且随着时间的推移基本维持在“不工作标准”2 万元之上;当存款小于“不工作标准”的时候则又开始工作。显然,单次工作的工资 3000 元能够覆盖 5 天(每天 600 元)的支出,而利息的产生也会增加休息的时间。仅仅通过图 2-14 的整体趋势变化而忽略具体数值就能判断出:(1)存款有相对规律的波动,表明工资在引起存款变化方面(增加或减少,而不是变化快慢,即是方向问题而不是速率大小问题)发挥主导作用;(2)结合第一条分析,利息不足以完全覆盖支出;(3)设置的“不工作标准”不足以达到“躺平”的要求。此外,大家可以进一步思考两个问题:第一,在存款增长或者下降的过程中,图形是直线还是折线?第二,如果是折线,增长或者下降的速率是越来越大还是越来越小?

接下来的问题是:如何实现“躺平”?答案是利息覆盖支出。因此“躺平”时存款应为支出(600)/利率(2%),也就是 3 万元,据此将“不工作标准”设定为 3 万元。不同于图 2-14 中存款随着时间波动,此时存款将在达到 3 万元之后,通过利息抵销支出而保持稳定。但是在运行模型之后,结果却并非如此,如图 2-15所示。

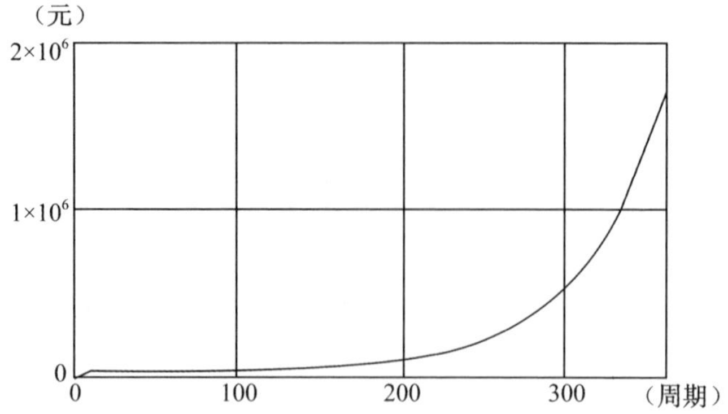

图 2-15　存款在仿真周期内的变化（不工作标准＝30000 元）

从图 2-15 中可以发现，达到 3 万元之后存款继续增长，原因是什么呢？点击 Table Time 按钮，可以看到具体数值，如图 2-16 所示。存款没有 3 万元这个取值，而是从接近 3 万元的 28717.3 元直接变成 31691.7 元。随后尽管不工作了，但利息高于支出，存款额逐渐增长。

Table Time Down

Time (Month	"存款" Runs:	存款
0	current	2000
1		4440
2		6928.8
3		9467.38
4		12056.7
5		14697.9
6		17391.8
7		20139.7
8		22942.4
9		25801.3
10		28717.3
11		31691.7
12		31725.5
13		31760
14		31795.2
15		31831.1
16		31867.7

图 2-16　存款在前 16 个周期内的数值（不工作标准＝30000 元）

在课堂上，不论是对数据分析方法和工具较为熟悉的本科生、全日制研究生，还是了解管理实践和企业决策的非全日制研究生及企业培训人员，甚至是对研究和数据较为敏感的博士生，鲜有人能够直接发现这个问题。这是因为从一开始，学生们往往陷入一个复杂的偷换概念逻辑陷阱。

在这一模型中，真正产生利息的是存款，但被偷换成了“不工作标准”这个变量。从变量关系上看,“不工作标准”仅对存款产生影响,但它本质上并不是存款本身。在模型中,“不工作标准”是一个决策变量,在当前设定的情境下,它对存款的影响较为显著,因此容易造成混淆。

如果无法在初始阶段意识到这一问题,还可以通过动态分析方法来解决。在“不工作标准”达到某一阈值之前,存款的变化由固定的工资、支出(工资减去支出为正)和变动的利息共同决定。这表明,模型中工资的计算并非通过某种固定公式(如“工资 = 3 万元 − 利息 + 支出”)直接设定,而是根据动态关系逐步变化的。对于这一动态过程,我们需要具备一定的动态思考能力,借助模型运行的动态变化过程,可以更清晰地观察变量之间的关系。

当模型运行一段时间后,存款的增长(超过 3 万元之后逐渐放缓)可以清晰地揭示问题所在。这一过程体现了仿真分析的价值:通过动态模拟,可以为难以直观分析的问题提供更深刻的理解途径。在面对复杂现象时,与其纠结于某些细节,不如尝试通过动态仿真来获取更多信息、识别不确定性较高的关键环节,从而进一步推动对问题的深入思考。

2.3.4 情境是有“度”变量的结构化表达

在先前设计模型的时候,支出与存款多少有关,不能超过目前的存款数量。但紧接着就有了新的问题:支出也可与工资有关,随着工资的变化也发生改变。在先前模型中,工作的时候工资是固定的,而不工作的时候仅保证支出与存款相关就行了。这种设置对不对呢?我们认为其思考方式是有问题的。建模需要先明确情境,然后根据分析问题的目的提出模型假设,而且应尽量避免复杂的解释说明。在先前模型中,“支出”不是一个关键变量,只是用来促使存款数量减少,而我们的问题是探究“不工作标准”如何导致存款发生变化,所以在不考虑欠款的情况下,让“支出”不大于存款即可。在此,不需要排除工资对支出的影响之后,选择一个“支出随着存款增加而增大”的假设。

在设计新的问题和模型的时候,一个朴素的出发点是,通过模型能够对诸多问题有全新的认识,能够通过量化分析理解问题的深层规律。从模型分析的角度来看,就是突破当前问题的边界,即打破假设;不仅仅了解自变量 X 与因变量 Y 之间的正负相关关系,更要明确 X 在特定取值范围内 Y 表现出来的行为。而这个特定的值就是本节标题中所强调的“度”。

标题中“结构化表达”不好理解,在此进行讨论和说明。系统是由相互关联的要素组成的,要素既可以是组成有机生物的碳、氢、氧、氮等基本元素,也可以是组成人这个大系统的呼吸系统、血液循环系统等。我们构建的模型,其实也可以从变量的角度来拆解，例如最简单的“挣钱”模型就包含存款、利率和利息三个变量。要素之间的关系可通过变量之间的数学公式来表达，形成特定的结构，因此称之为变量之间的结构化表达。接下来的问题是，为何叫作有“度”变量？指的就是变量取特定数值或者在特定范围内取值，而这些变量的结构化表达可以表示情境。

为何在此强调情境呢？因为管理中的诸多规律、观点，以及所谓的“锦囊妙计”“真知灼见”，有没有价值和是否正确，需要“看情况”而定。在管理中表达观点很容易，因为这是基于自己理解的、知道的情境，而意识到有不同情境的存在，或者特殊情境的存在，并能够基于情境进行分析，则非常难得。而本节的核心目的，就是一起了解“情境”是什么、“情境”为什么重要。

在此提出一个假设：人长时间不工作就会丧失工作能力。在模型中如何体现呢？比如，设置一个变量“不工作时间”，然后进行累积，一旦达到一定数量就对人的工作能力产生影响。这看起来是正确的，但是通常我们认为只有长时间“连续”不工作才会导致工作能力的丧失。因此从这个角度来看，该变量应该叫作“连续不工作时间”，即如果在不工作的时间内，又重新去工作了，则这个“连续不工作时间”变量需要清零。由此，我们选择了三个变量：当期未工作、清零、工作能力。

在先前的结构中，我们有一个直接逻辑：工作积极性为 0，则工资为 0。之所以如此设置，是因为变量较少且整体逻辑简单，模型能够被理解。但当增加了“当期未工作”和“清零”两个变量之后，这两个变量的取值均需要判断当前是否工作，因此需要增加“当期是否工作”这一变量。同时，还有一个连续不工作时间影响哪个变量的问题。连续不工作时间影响的不是工作积极性，而是工资，这在逻辑上说得通，但仍显牵强。所以，当增加“是否工作”“工作能力”两个变量之后，整体逻辑更加顺畅、模型更易于理解。可见，能否准确定义概念极为重要，这也是建模过程中容易被忽略的逻辑是否合理、模型可读性强弱的关键。由此，根据新定义的变量及其关系得到新的“挣钱”模型结构，如图 2-17 所示。

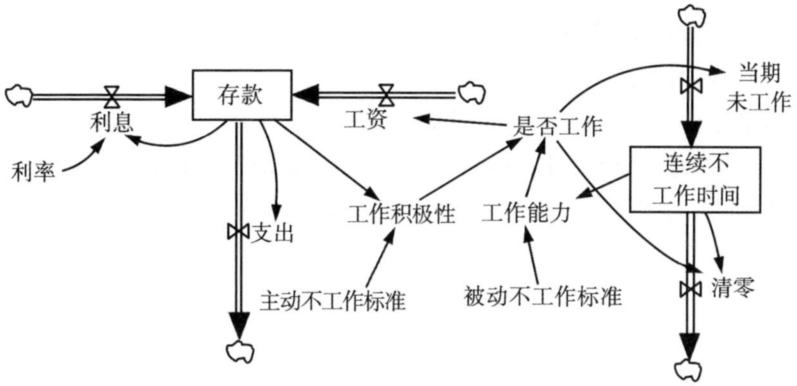

图 2-17　挣钱模型

在新的结构中，将“不工作标准”改为“主动不工作标准”，而且增加了一个“被动不工作标准”。其实，这里规定“标准”，可以直接使用“标准 1”“标准 2”，但是通过“主动”和“被动”两个词语对“标准”进行区分，能够更好地理解“工作积极性”和“工作能力”设置的逻辑，也分别体现了左右两个模块中存款和连续不工作时间的影响。相关变量公式如下：

工作积极性：IF THEN ELSE(存款>=主动不工作标准,0,1)

工作能力：IF THEN ELSE(连续不工作时间>=被动不工作标准,0,1)

主动不工作标准：20000

被动不工作标准：18

是否工作：工作积极性×工作能力

当期未工作：1－是否工作

连续不工作时间：INTEG(当期未工作－清零) Initial Value：0

清零：IF THEN ELSE(是否工作=1，连续不工作时间,0)

工资：3000×是否工作

建模过程中发现 Vensim 软件有一个很有用的功能：把“不工作标准”改为“主动不工作标准”之后，“工作积极性”的公式随之自动改变。这也是使用工具的好处：在给定特定结构(例如模型中对变量的设置窗口)之后，软件整体更加可靠和“智能”。

另外，需再次强调虚拟变量。“当期未工作”的设置是“1－是否工作”，我们代入“是否工作”的数值尝试一下，就能理解这个公式的含义。而公式也可以设置为更容易理解的 IF THEN ELSE(当期是否工作=1，0，1)，即若当期工作了("当期是否工作"为1),则"当期未工作"为0,否则为1。此时,"0"或者"1"没有数学含义。但是在"当期未工作"的数值累积为"连续不工作时间"时,"当期未工作"的数值"1"或"0"就具有了数学含义。

此时模型仿真结果如图2-18所示。可见存款波动与图2-14一致,原因在于"连续不工作时间"始终没有达到"被动不工作标准"。由图2-19也能够看出来:"工作能力"始终为1,而"连续不工作时间"不可能达到"被动不工作标准"18。

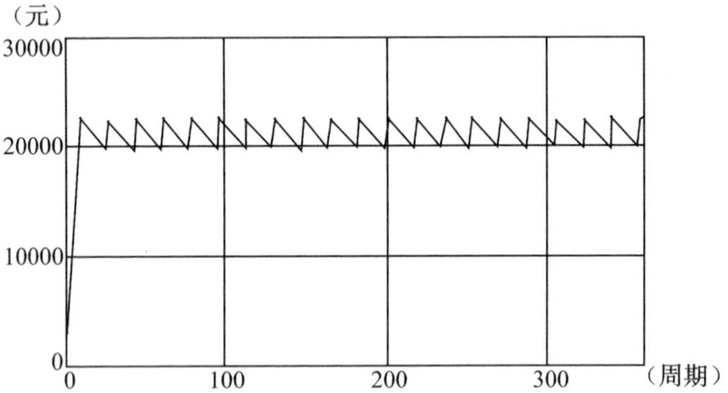

图2-18　存款在仿真周期内的变化(主动不工作标准=20000元)

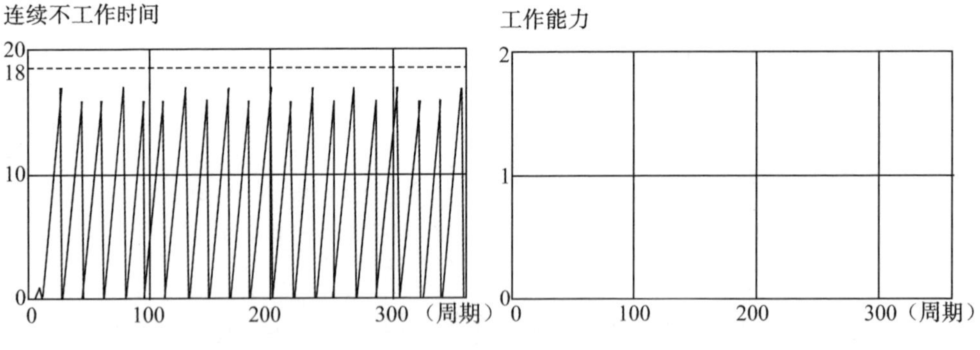

图2-19　连续不工作时间和工作能力(主动不工作标准=20000元)

假设模型分析的对象会继续努力,将"主动不工作标准"定为22000元,存款变化则如图2-20所示。

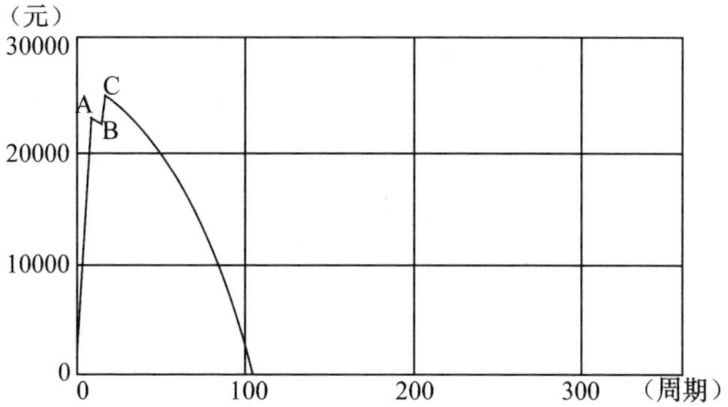

图 2-20　存款在仿真周期内的变化(主动不工作标准＝22000 元)

由图 2-20 可知,存款数在整个周期中有两个波动。第一次下降到“主动不工作标准”之后,因为“连续未工作时间”还没有达到“被动不工作标准”,所以重新工作,获得工资之后上涨一次达到 C 点。但是,当存款从 C 点开始下降,直到存款金额低于设置的“主动不工作标准”,即需要再次“主动工作”时,由于“无工作时间”过长,人员的实际工作能力已经低于行业要求,导致人员成为被动失业人员,此时工资图像则呈现一直下降的状态。

针对这个问题,我们需要讨论三个方面。第一,对于存款数的上升和下降,各个变量发挥作用的实际机制是什么;第二,两次下降的结果不同,是什么运行机制起到了决定性作用;第三,上述分析结论的数据证据应如何提供。

在存款数上升到 A 点的过程中,工资 3000 元是增长的主力,利息也能促进存款的增加,且随着存款增加,利息越来越多,同时支出是固定的,所以上升到 A 的过程中的线是折线,且是一条上升越来越快、越来越“竖”的折线。在 A 点到 B 点的过程中,此时没有收入,存款越来越少,利息也越来越少,支出不变,所以 A 到 B 是一条下降越来越快、越来越“竖”的折线。

A 点开始下降和 C 点开始下降是有区别的,区别在于 A 与 C 存款数的差异,因为 C 点存款较多,所以下降时间更长,超过了“被动不工作标准”18。我们可以点击 Table Time 按钮,观察存款具体数值的变化。存款在 A 点和 C 点取值分别为 22942.4 和 24730.9;采用相同的方法能够看到“连续不工作时间”的数值,A 到 B 是 7(TIME＝15),存款从 B 点下降到“主动不工作标准”(21854.2)的时间点(TIME)是 38,此时连续不工作时间是 22(大于 18)。对此,读者可以通过 Vensim 软件进行检验。

上述三个问题的本质是:(1)模型核心机制,在本案例中表现为存款金额受“主动”和“被动”工作能力的影响;(2)本案例中问题产生的关键原因在于,存款的不断下降在于“不工作时间”过长，导致工作能力下降；(3)佐证机制或展示原因的“行为”数据是存款的数值变化或者“不工作时间”的界定。在模型分析中，既可以从问题一到问题三逐个分析，也可以先看数据进而向前推断。不同的人有不同的思考习惯，参与建模的人和使用模型的人可能也有不同的分析方式。从系统思维训练的角度来看，建议大家在建立或阅读模型之后，推测和分析模型的系统行为，然后通过数据进行验证。在研究中，普遍关注的是模型最终的结果，但是对于为什么产生这样的结果、结果是否合理等方面的分析较为薄弱，通过数据解释机制和原因需要比建模更强的逻辑能力。

我们可以不断去尝试关键的临界点是什么，或者取什么值的时候才是“躺平”的“可靠标准”。接着去尝试 23000，24000，…，此时可以使用 SymtheSim 功能，结果如图 2-21 所示。

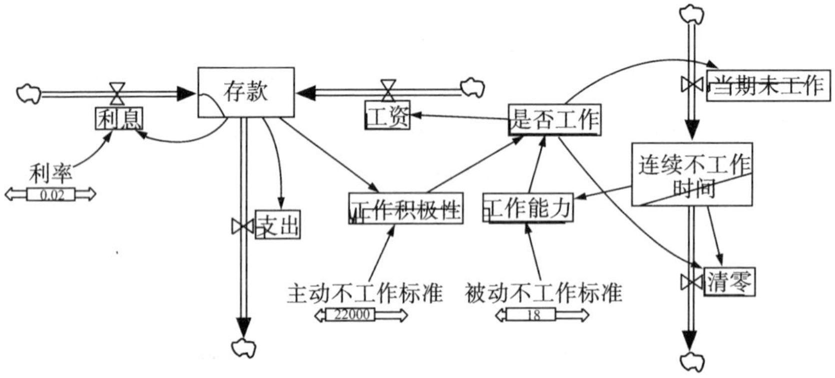

图 2-21　存款在仿真周期内的变化(主动不工作标准＝22000 元)

由图 2-21 可以看到，在每个变量对应的方块中出现了函数图形，如“存款”变量中的先上升后下降的函数曲线，这些图形表示了变量在仿真周期内的变化。如果感觉拖动不好控制，可以左击 Slider，直接输入变量的数值。为了更好地分析，可左击 Slider 后，设置其最小值和最大值。当“主动不工作标准”设置为 29000 的时候，存款持续增加。需要进一步讨论两个问题：第一，“财务自由”和“没钱花”的临界值各是多少，可再次尝试 29850，不断缩小取值空间，得到最终结果。第二，在先前分析中，已经知道“主动不工作标准”应设置为 30000，为何此处只需要设为 29000 就可以呢？原因在于，尽管“主动不工作标准”仅仅是 29000，但是会约束着存款数超过 30000。而在阶段 10 的存款数是 28717.3，在阶段 11 达到了 31691.7(见图 2-16)。这个数据同样为问题的分析提供了另一个思路：通过观察具体的数值发现，只要将“主动不工作标准”设定为大于

28717.3 的数值(例如 28717.4),就能够保证存款数持续增加。

针对"主动不工作标准"的灵敏度分析来看,一开始的标准 20000 元或者稍高一点的 21000 元都实现了挣钱的目标,但未实现"躺平",但是 22000 元的标准将导致后期没钱,即所谓的"越挣越穷",这就是"度"的体现。现实中,找一条精妙的解决问题的路线,往往也是从不同的结构化的"度"上寻找平衡。例如,在判断如何"躺平"时,容易知道设置值大于 28717.3 即可,但是小于这个数也是可以的,只不过有一个存款数降低到不持续增加的过程,而对这个过程的识别可能恰恰是我们突破的关键。

应注意,问题定义、边界分析、假设设置需要反复讨论。结合前面的内容可以发现,这三个概念密切相关,甚至可以互相替代。建立模型通常需要我们基于自己的认知提出假设,对于假设是否正确、是否有遗漏、是否过大等问题的解决,难以一蹴而就,需要反复讨论直至明晰。

2.4 管理决策中的"缘木求鱼"

采购、生产、销售是生产企业经营的基本过程,在此针对单一产品进行建模分析,如图 2-22 所示。基本路径为:通过采购获得原材料,原材料经过生产过程变成成品,成品最后进入市场销售出去。由此产生三个问题:第一,我们应该如何控制整个过程,即采用什么模式。模式规定了采购或生产的数量、时间等问题。第二,整个过程评价的标准是什么,是保证库存量少,还是保证不缺货,抑或保证库存成本和缺货损失整体最低。第三,面对不确定性例如市场需求波动,应如何处理。该部分将逐步分析这些问题,据此理解企业决策、联合决策的实质,并为掌握后续的优化和蒙特卡洛模拟提供"楔子"。

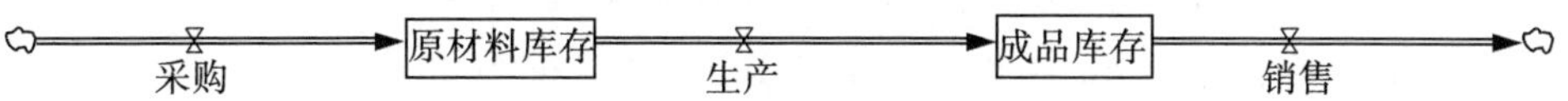

图 2-22 企业经营决策存量流量图 1

2.4.1 拉式生产模式的管理决策

在图 2-22 中,首先明确了模型的流量和存量,这是进行动力学分析的关键。在生产企业运营过程中,通常认为采购、生产、销售是三个主要环节,而将其与模型中"显眼"的存量关联在一起。如果不能准确界定存量和流量,则其他变量的设置也缺乏参照。对这个问题的解决,可以通过分析哪些变量具有物理累加性实现。物理累加性指变量数值可随着时间变化由其他变量直接相加或相减得到，值得注意的是，具有物理累加性变量的计算公式中往往没有乘除及更复杂的计算。

对于采购、生产和销售的控制有不同的策略、方法和模式，我们采用常规的拉式模式，其实这也是朴素的生产控制逻辑，即库存太少的时候再采购原材料或安排生产。进而形成如图 2-23 所示的模型。

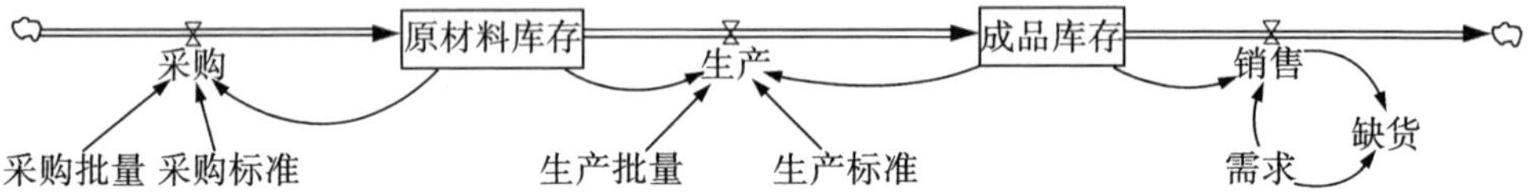

图 2-23　企业经营决策存量流量图 2

当原材料库存太少的时候，从供应商处采购原材料，采购的数量是“采购批量”，而“太少”的标准定义为采购标准，即库存低于“太少”的数值时则进行采购，故采购的公式为

IF THEN ELSE(原材料库存＜采购标准，采购批量,0)

由于加工的数量不能超过原材料库存，因此加工的数量为 MIN(原材料库存，加工批量)，故加工的公式为

IF THEN ELSE(成品库存＜加工标准，MIN(加工批量，原材料库存),0)

其他变量的设计或参数如下：

采购批量:200

采购标准:400

加工批量:200

加工标准:400

原材料库存:Equations＝采购－加工 Initial Value＝600

成品库存:Equations＝加工－销售 Initial Value＝600

需求:200

销售:MIN(成品库存，需求)

缺货:需求－销售

其中，采购数、加工数、需求数均为 200，且初始的原材料库存、成品库存都是 600，则整个模型平稳运行，不会有缺货。

图 2-24 和图 2-25 表明，原材料库存、成品库存在初期下降之后，随着时间的推移不再发生变化。“不再发生变化”意味着“流进”和“流出”的数量一致，但是这里为什么没有一个到达“600”的过程呢？当成品库存为 400 的时候，加工

200，销售 200，数量变化为 400＋200－200，其中存在一个 600 的时刻。该问题在前文中强调过：仿真过程不考虑中间过程，而是仅考虑周期开始和结束的两个“时刻”。“600”是中间发生的情况，不予考虑，否则需要将仿真周期减半。在此，也应该注意过程的多样性：上述过程既可以是 400＋200 而到了 600，也可以是 400－200 到了 200，而这会影响过程分析，特别是在临界点附近的情况分析。

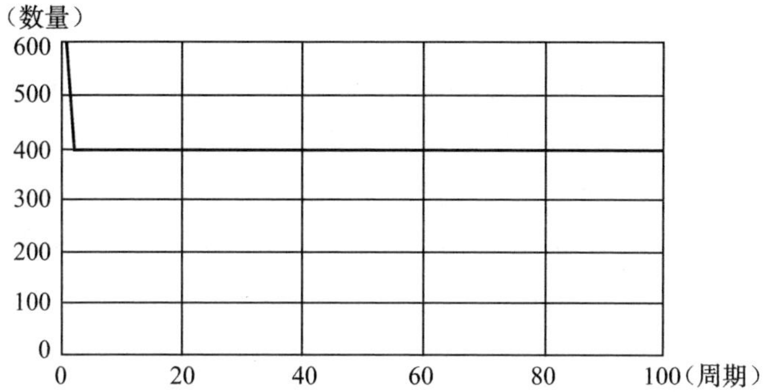

图 2-24　原材料库存(需求固定)

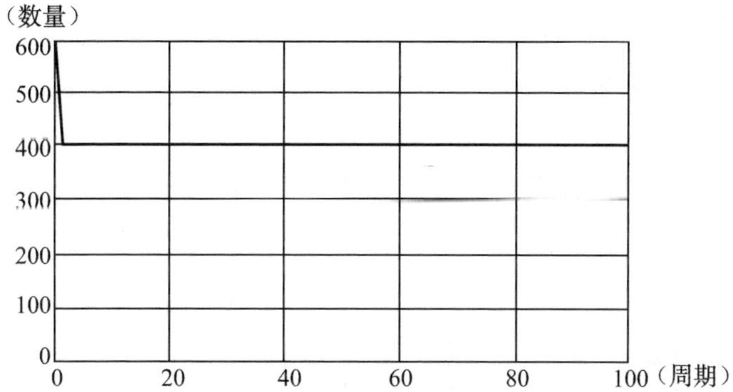

图 2-25　成品库存(需求固定)

另外，从图 2-24 和图 2-25 中也可看出，成品库存在一开始就直线下降，而原材料库存在一开始没有下降，这是因为成品库存降到 400 之后，才开始了加工过程，此时原材料库存开始降低。这跟成品库存的初始值和加工标准有关。当然，原材料库存如果一开始就小于采购标准，原材料库存也会变化。可见，解释一个现象，既有直接的、产生影响的逻辑，也有潜在的、没有发生作用的逻辑，后者对于理解和建立系统思维是有帮助的。

2.4.2 应对不确定性的决策代价

在企业经营过程中，采购、生产、销售都存在不确定性：供应商供货可能不及时、生产的合格品数量可能不足、机器可能出现故障、需求可能存在波动。库存能够应对不确定性，但是库存形成之时，就占用了资金、影响了现金流，这对企业的影响甚至超过库存成本本身。为此，我们将模型中的“需求固定”改为“需求波动”，选用正态分布函数。

需求：Equations = RANDOM NORMAL(50, 350, 200, 50, 1)

需求服从正态分布，括号中数值含义依次为最小值 50、最大值 350、均值 200、标准差 50、随机数种子的序号为 1。正态分布函数不是凭空出现的，而是根据一串随机数生成的。如果在 Excel 表的一列中输入“=Rand()”，则产生一列随机数。Vensim 软件提前存储了类似的随机数串，为根据规则生成服从特定分布的随机数提供“种子”。

随机的需求以 200 为均值，50 为标准差，近七成(68.28%)的概率在 150 到 250 之间，而以 95.44%的概率在 100 到 300 之间，比较集中。从直观感受来看，波动有高有低，且与之前设定的“使系统流畅的”200 的均值相符；有时需求高(例如 300)，有时需求低(例如 100)，整体上来看还是按照 200 的设置来运行。然而，现实情况却是缺货较为严重，如图 2-26 所示。

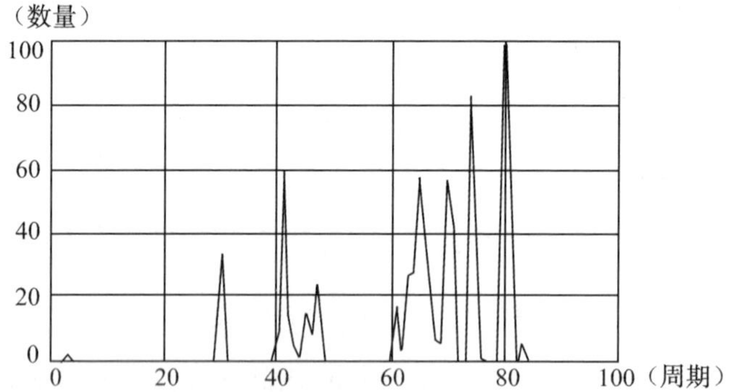

图 2-26 缺货(需求波动)

先前能够正常运行的、无缺货的模型，在需求波动的时候产生缺货问题，该问题也跟拉式生产的逻辑有关。当成品库存较少时，企业会选择进行加工，而成品库存的变化由需求和生产决定。因此，当市场需求较少时，成品库存变化较少，进而激发的生产较少；反过来，当需求过大时，由于库存有限，可能导致市场供应不足。此时库存如图 2-27 所示。

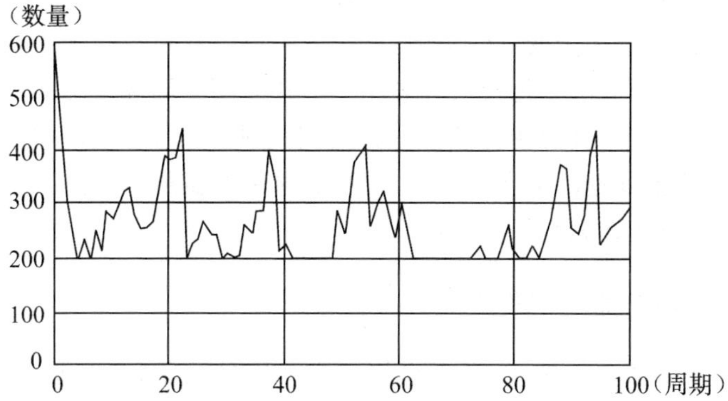

图 2-27　成品库存(需求波动)

图 2-27 有一个令人费解的地方：为什么有缺货存在，但是成品库存数值却没有到 0 呢？这还是跟之前强调的模型不看“时间段”而是“时刻”有关。例如，当库存为 200、需求为 300 时，只能销售 200；同时开始加工而使库存在期末增加 200，最终结果是 200－200(销售量而不是需求量)＋200，结果还是 200。通过单击 Table Time 可观察需求、缺货、销售、成品库存的数据，验证上述解释。

根据拉式的控制逻辑，缺货是因为生产或采购标准太低了。可以点击 SyntheSim 按钮，然后对加工标准进行灵敏度分析。当加工标准调整到 500 的时候，缺货有所减少；加工标准调整为 600 时，仍存在缺货；加工标准调整为 800 时，偶尔才出现缺货；直到将加工标准调整为 1000 时，缺货为 0。而此时加工始终为 200，意味着整个过程中生产就没有停止过。

针对加工标准为 1000 的情况，改变需求的波动性(增大方差至 100)，将会导致无论如何调整加工标准，缺货都是存在的。在这种情况下，尽管随机函数的最大值和最小值没有发生改变，不会出现极大的需求(最大 350)，但是波动性的增加导致连续出现较大值的概率增加，需要更大的库存量以应对缺货。

如果库存的补充能力较强，例如生产速度快、补货量(批量)大，则能够应对缺货，所以我们调整加工批量。当加工标准、加工批量、采购标准分别为 800、400、800 的时候，能够消除缺货的情况。在调整的过程中发现，如果仅调整加工标准和加工批量，则无法消除缺货，且原材料库存到了一个较低的水平，加工次数较少，猜测可能是原材料数量不够导致的。所以可尝试提高原材料库存的采购标准，当其调整为 800 时，能够消除缺货且加工次数明显增加。在这里为何使用“猜测”一词？因为加工次数少也可能是成品库存没有低于加工标准导致的。如果观测数据发现成品库存降低到加工标准及其以下的次数多于加工的次数，而出现原材料库存低于加工标准的情况，才能不说“猜测”而说“推断”。

由此可见，通过多个变量的协调，可以解决单一变量调整无法解决的问题，也可避免单一变量数值变化较大的情况。这就需要不同变量之间，特别是关键变量之间形成配合。我们逆向思考一下：如果企业在改进过程中过度关注一个方面，而没有看到其他决策变量，这个时候对单一变量持续、深度的优化就可能会收效甚微甚至贻害无穷。

2.4.3 管理决策中的衡量

到底应该完全消除缺货，还是允许存在一定的缺货，同时避免对企业当前的经营造成太多的压力？此时，需要建模来对系统进行整体评价，综合考虑不同方面。

那么如何衡量缺货问题呢？缺货是没有直接损失的，衡量的方式和角度很关键。一般的思路是：该卖出的货物没有卖出，则是该挣的钱没有挣到→顾客当下会去找我的竞争对手→我可能流失顾客，导致未来需求减少→我的对手可能有更好的成长，我未来压力会增大。上述问题是否被考虑到、对这些问题严重程度的评估，本质是对缺货危害的衡量，故引入变量“缺货损失”，同时考虑库存成本，形成如图 2-28 所示的模型。

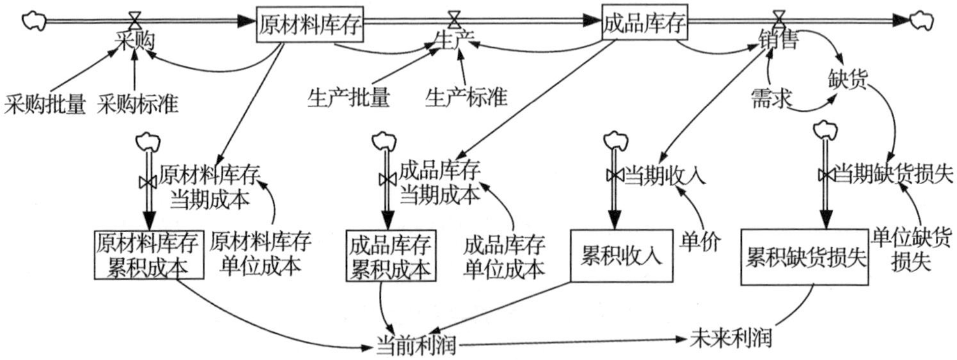

图 2-28　企业经营决策存量流量图 3

在此主要关注库存成本，原材料本身的采购成本、生产加工过程中的人工成本、机器折旧、燃料动力费等不再考虑，也可以认为当前的“单价”是减去上述成本之后的。利润等于营业收入减去成本，但是模型为什么有一个“当前利润”，又有一个“未来利润”？“未来利润”是“当前利润”减去“累积缺货损失”而得到的，即在此主要考虑缺货引发的竞争对手成长、自身顾客流失及未来市场压缩。此处的“当前利润”和“未来利润”，类似前文所讨论的“主动不工作标准”

“被动不工作标准”，变量之间的差异应明确，这体现了对问题本质的把握和分类的角度。各个变量设置如下：

原材料库存当期成本：原材料库存×原材料库存单位成本

原材料库存累积成本：Equations＝INTEG（原材料库存当期成本）Initial Value＝0

原材料库存单位成本：2

成品库存当期成本：成品库存×成品库存单位成本

成品库存累积成本：Equations＝INTEG（成品库存当期成本）Initial Value＝0

成品库存单位成本：4

当期收入：单价×销售

累积收入：Equations＝INTEG（当期收入）Initial Value＝0

单价：20

当期缺货损失：单位缺货损失×缺货

累积缺货损失：Equations＝INTEG（当期缺货损失）Initial Value＝0

单位缺货损失：10

其中，还需要理解关于库存的两个问题。第一，单位库存成本难以衡量，在此为分析做了简化。一方面，库存成本与折旧有关，而折旧有加速折旧等不同方式，显然这些对单位成本的影响很大；另一方面，库存成本通常在一定量内是相同的，例如一个托盘、一个货架所包含的库存数量。第二，仅从通过模型设计而假设数据的角度来看，即使是很小的库存单位成本的增加也会影响巨大，因为一种原材料或者成品在仓库中可能存储多个周期，这会有一个成本的“累积”效果。

通过分析能够发现，完全规避缺货并不现实，这就容易导致极大的库存成本。同时，如果对原材料库存单位成本和成品库存单位成本进行灵敏度分析，会发现其对“当前利润”和“未来利润”均具有较大的影响。如前所述，仅仅是折旧方式的不同，都会引起这些变量的变化，那么站在企业整体发展的角度进行准确衡量，难度可想而知。这是企业决策准确的关键。

2.4.4　管理决策的智能与智“障”

在上文分析整个模型的时候，对决策变量的分析与设置主要根据企业的常规决策过程而定，即分析当前模型中的主要运行逻辑和关键变量，根据产生问题的可能原因选择变量（例如一开始应对缺货时选择调整生产标准）。经验充足的管理者能够对模型进行有效分析，但是如果管理者经验不足或者结构过于复杂，则需要决策支持。

仅以上述模型为例，采购批量、采购标准、生产批量、生产标准如果各有100种可能的取值，则组合数量有 100^4 之多。而在更加复杂的模型中，决策变量的数量和可能的取值会更多，组合也更多。企业若过于追求智能化，想要处理全部可能出现的情况，这种思维模式对于企业管理实际效果的改进是不利的，反而会对企业的管理决策造成障碍。这也就是智"障"的含义。由此，需要借助优化算法进行求解，如何通过决策变量来优化策略、如何设计优化目标并明确求解方式是其中的关键。这方面表现较好的优化算法包括遗传算法、模拟退火算法、贪婪算法等。不同方法的逻辑不同，但是核心均是优化策略的自动生成、自动评价与选择，该内容将在本教材系统优化部分进行介绍。

2.5 系统动力学在项目任务分析中的应用

该部分从系统动力学的基本模型入手，逐步对模型进行细化和深入，从而形成具有先后关系的系列基本模型。然后，分析模型构建和运行中启动与终止、模型复杂化、不确定性分析等关键问题。在此主要介绍相关的拓展思路，不再分析具体的变量和公式设置。

2.5.1 项目任务基本模型

系统动力学在项目中的应用，以任务完成过程为基本模型，如图2-29所示。

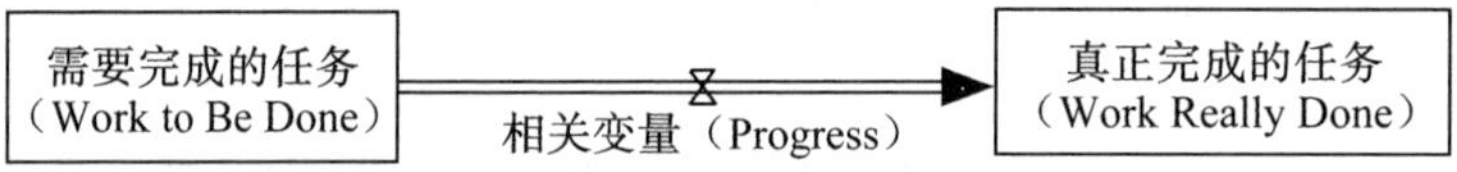

图2-29 项目系统动力学基本模型A

系统动力学在项目方面的研究，主要围绕"任务"建立基本的模型。在上述模型中，首先是确定需要完成的任务(Work to Be Done，WBD)，WBD数值在项目初始阶段确定。项目过程中的相关变量通过Progress(简称"P")来表示。在模型运行过程中，WBD随着P值变化在单位时间内逐渐减少。假设P值为固定的10，则WBD在每个仿真周期内(如周、月)减少10。

与WBD不断减少类似，完成的任务将随着P值变化逐渐增加。完成的任务包括真正完成而不需要返工的任务(Work Really Done，WRD)和需要返工的任务。如果不考虑返工问题，则WBD的减少量与WRD的增加量对应，都与P值相同。但是，受项目独特性、临时性的影响，参与项目的利益相关方难以与

“临时的”合作伙伴一次性完成“独特的”项目任务。因此，将“返工”加入项目过程是对项目特点的有效反映，如图 2-30 所示。

在项目中加入“返工”要素之后，WBD 的减少量不再等于 WRD 的增加量。如果设定部分 P 值流入 WRD，例如 P 值的 80%累加进入 WRD，表明项目任务的合格率是 80%；那么此时就有 20%的任务量需要返工，进入返工循环之中。返工循环包括未被发现的返工（Undiscovered Rework，UR）和发现的返工（Known Rework，KR），此时 UR 按照 P 值的 20%增加。UR 和 KR 之间通过“返工发现的速率”（Rework Discovery，RD）连接。RD 越大，则发现 UR 的速率越快。被发现的任务再直接进入需要完成的任务 WBD 中。

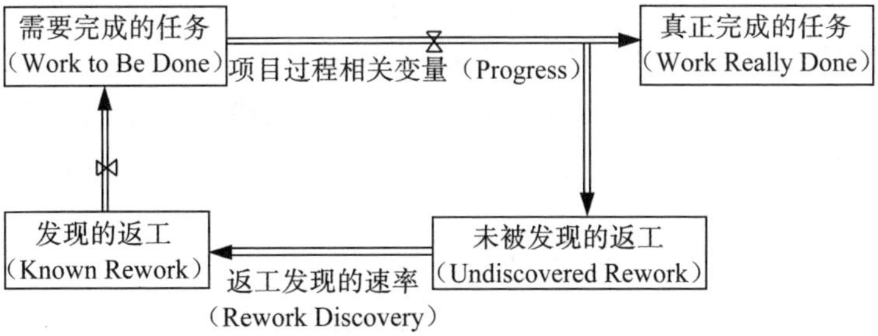

图 2-30　项目系统动力学基本模型 B

前文提到了项目的独特性、临时性，这些特件导致项目范围在任务完成过程中发生变化，即项目变更。项目变更改变了项目需要完成的任务，表现为模型中 WBD 的数值不仅受到过程变量 P 和返工循环变量的影响，同时也受到项目模型系统外部变量的影响。此时，可在模型中增加体现项目变更的变量（Project Change，PC），如图 2-31 所示。

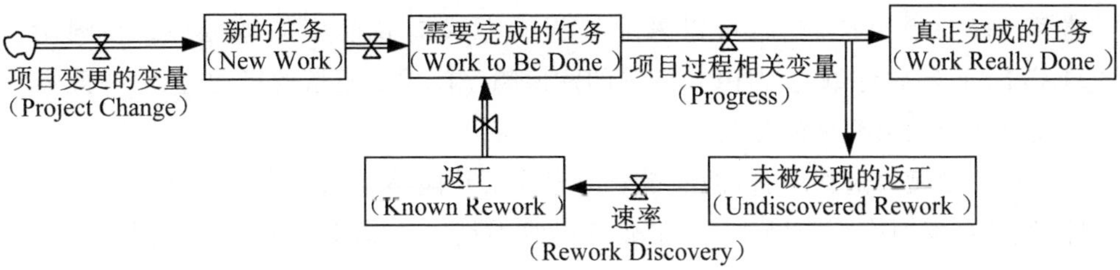

图 2-31　项目系统动力学基本模型 C

其中，云状的图形表示项目系统动力学模型的外部，但是此处不能将其单纯地称为“项目系统外部”。模型外部与模型内部已包含的要素相对应，而项目系统外部则是指项目所处的经济、政治、社会等外部环境。项目内部也可能从模型外部对模型产生影响，例如由项目前期设计不良导致项目后期发现新的任务需要完成，这种情况与项目外部条件无关。通常情况下，项目范围的变化主要与项目外部环境相关，国家政策的变化可能导致项目范围发生改变，例如国家对于工程建筑项目的环保要求变高，导致项目任务的增加。此时，项目变更将会导致新的任务（New Work，NW），新的项目任务进一步增加了 WBD 的数量。

但是，项目变更也可能引起项目任务量的减少，因此 PC 的值可以为负值，此时 NW 值受 PC 值的影响而减少，也可能减少为负值。当 PC 和 NW 的数值为负值时，可能引起 WBD 较为特殊的变化，即 WBD 突然发生数量的减少。这种情况在项目一般过程中影响不大，但是在项目临近结束时可能直接引起项目终止，在建模和分析过程中应格外注意。

返工循环和项目范围变化充分体现了项目的独特性和临时性，同时为了更加准确地反映项目的不确定性，还要在模型相关位置加入对应的随机变量。

2.5.2 模型启动与终止问题

在模型运行过程中，模型启动是“从静到动”的过程，终止是“从动到静”的过程，这种临界状态的切换过程虽然在整个系统演化过程中占据的时间较少，但是对整个过程具有潜在的、重要的影响。

系统动力学模型具有反馈循环，在模型运行过程中各变量根据逻辑关系交互影响。但是，在项目启动阶段，变量赋值的先后顺序将会受到影响，而且有时这些影响可能引起仿真结果的重大变化。在现有的系统动力学仿真软件 Vensim 中，模型启动中变量的初始赋值过程按照变量的影响关系完成。Vensim 软件在降低系统建模、分析的复杂性并提高其可靠性的同时，也影响了建模过程的敏捷性，此时可以采取编程的方式提高模型的敏捷性。在利用 MATLAB 等软件编写程序时，变量的赋值顺序体现了模型的启动过程，在此需要注意变量赋值顺序的先后。

在变量赋值过程中，借助变量登记表等工具能够有效提高模型启动的可靠性，但是在模型终止问题中，上述准备仍然不足。还需要解决的关键问题是模型终止的形式，这与模型的分析方式有关。

例如，规定项目在 1000 个单位仿真时间内结束，此时项目可能提前结束，也可能剩余一部分继续工作。针对前者，需要设定变量的范围或者状态转移方程的运算条件，否则将产生任务量为负值的不合理情况。另外，也可以将任务全部完成或者剩余相应的比例作为项目结束的标志，此时可以得出项目完成时间的分布。

无论采用何种终止形式，都需要对相应的变量进行处理，特别是一些过程变量。如果直接根据项目时间对模型进行分析，项目终止时，即最后一个单位仿真时间结束时，剩余的项目任务不仅包括 WBD，还包括 UR。WBD 的数值还与 KR 有关，即在最后一个单位仿真时间内，KR 将数值转移到 WBD 中（KR 与 WBD 之间没有延迟的情况下），同时，剩余的项目任务还应该包括 UR 的数值。如果 KR 值不为 0（KR 与 WBD 之间存在延迟），也需要将 KR 值加入剩余的项目任务中。

如果将“任务量减少到 0”作为模型终止条件，则需要确定在最后一个单位仿真时间内，任务量减少为 0 时，其他相关变量的变化。另外，返工循环导致模型中可能一直存在未完成的任务，如果将“任务量减少到 0”作为模型结束的标志，可能导致模型额外运行较多的时间，此时可以设置“项目任务量小于特定值”作为模型结束的标志。

2.5.3 基本模型的逐步升级

模型中考虑的变量越多、对过程的描述越详细，则模型的复杂程度越高。在模型构建的过程中应该做到“举重若轻”，既不要为了将模型复杂化而提高研究深度，也不要在没有思考清楚之前就直接拼凑模型。模型的复杂化应针对特定的研究问题，是研究需要产生了模型复杂化的需求。因此确定系统边界是一个基本问题，需要思考哪些因素应在模型中被考虑，哪些过程应该进行更加具体的描述等问题。

例如，在基本模型中，没有在 KR 和 WBD 之间设置具体的流量变量，这相当于假设被发现的需要返工的任务 KR 直接转移到 WBD 中。这种情况符合一般项目的情境，但是在具有时间不确定、任务不确定等特征的复杂项目中，需要返工的任务不一定全部都要返工。此时，KR 仅有部分数值转移到 WBD 中，故需要设计专门的变量来体现该特点。因此，模型复杂化应契合具体的研究问题和情境，而不是直接将模型复杂化以提高研究深度。

通过上述分析可知，模型复杂化不是将模型变得难懂，而是使模型更加契合研究问题。基本模型复杂化的过程是一个根据具体问题调整模型的过程，具体包括基本模型内部变量挖掘和外部变量添加两种情况。

1.基本模型内部变量挖掘

上文分析了 KR 和 WBD 之间加入流量变量的情况，就是一个挖掘内部变量的过程。除了这种挖掘隐藏在基本模型之中的变量的情况，还包括增加延迟变量或者增加已有变量延迟属性的情况。

RD作为关联UR和KR的流量变量，在没有延迟的情况下，RD与阶段中UR的数值相等，即假设需要返工的任务能够立刻被发现，单位仿真时间段内未被发现的需要返工的任务UR全部转化为被发现的需要返工的任务KR。但是，这种情况在项目中实现的难度较大。针对该问题有两种基本处理方式：一是设置RD的最大值为固定值，即假设项目发现需要返工任务的能力是固定的，如果UR的值超过了RD的最大值，则有部分任务不会被及时发现；二是让RD值等于UR的部分值，如UR的80%，相当于假设项目根据完工任务量的多少安排任务的检查强度，从而发现相应比例的需要返工的任务。另外，还可以借助阶梯函数、随机函数整合上述两种形式，从而提出更加复杂的形式。例如，在一定任务数量内发现全部的返工任务，超过这个数量的部分将按照一定比例转化为需要返工的任务。上述处理将每个阶段RD数值复杂化，使UR与KR之间的关系更加复杂。

同时，根据单位仿真时间的设定，单位时间内未必能够直接开展项目检查工作。假设项目仿真时间单位是“日”，而任务质量检查的时间单位是“周”，则可能存在延迟发现返工任务的情况。同样，如果按照关键节点检查任务，例如某两个关键节点相差5天而仿真时间是1天，那么单位时间内就无法进行检查和及时发现需要返工的任务。此时，返工任务的发现存在延迟。

另外，项目中返工检查的延迟比一般制造业返工检查的延迟更加复杂。在一般制造业的重复生产过程中，可能按照固定时间进行产品质量检查，而且检查的时间往往与特定的任务单元相一致。例如，按照批次进行检查的形式（包括单批次单一检查和多批次统一检查等）中，可以按照每批生产时间的倍数来设定仿真时间，此时任务完成量（基于产品批次的完成量）与任务检查时间一致。但是，在项目情境中，按照节点（里程碑）检查任务的情况更加普遍，因此直接按照固定时间间隔和任务量间隔来确定检查时刻的方式并不适应项目特点，需要根据项目节点来确定检查的时间。此时，RD值具有了更加复杂的延迟属性，RD对应的状态转移方程将在特定项目节点对应的时刻被运行，从而通过UR求得RD的数值。

2.基本模型外部变量添加

增加基本模型的外部变量也是为了适应特定的研究问题和情境。例如在分析项目成本问题时，需要在基本模型中增加表征成本的变量；在探究组织对项目过程的影响时，需要加入表征组织有效性的变量。

还有一种特殊的模型外部变量添加情况，即多个基本模型共同存在的情况。例如，在对多个项目进行综合分析的过程中，这些项目可能是一个更大的项目的不同部分，不同项目间不存在逻辑的先后顺序，但是所有的项目都完成才表示更大的项目完成。为了对不同的子项目进行管控，需要针对各个项目建立基本模型。另外，项目间不存在逻辑关系，但是项目的完成过程可能存在资源冲突，此时需要再额外添加与“资源”相关的变量。

总之，无论是直接在基本模型中深入挖掘变量，还是在基本模型的基础上增加外部变量，都需要针对研究问题和具体情境来设定。相关研究对于推动系统动力学在项目中的应用具有巨大作用，但是如果仅仅将系统动力学作为一个分析方法或者是提高论文数理化程度的工具，而未有效结合项目特点以及更加具体的研究情境，如协同创新项目中多主体协同难度大、重大项目的政府政策干预效果明显等，将影响系统动力学模型边界确定的准确性，进而影响模型构建的准确性。

3.向组织维度的拓展

在挖掘内部变量和添加外部变量的过程中，能否涉及组织维度的变量呢？当前，已存在通过系统动力学方法来解决项目组织问题的研究，但其主要通过相关变量来代表组织的特定方面，如团队氛围、协作效率等。这种方式存在以下三个难点：

第一，变量量化难度大。当前，采用设置变量数值的方式，例如团队协作效率从1到5，难以量化具体情境中变量的数值。通过专家判断时，专家的判断标准也往往不同。在此，笔者不是否认相关方法的有效性，而是在这种情境中假设变量数值的难度较大，因为这些变量不是对实际情况的直接反映。例如，在确定互联网上两点之间的连接强度时，可以通过两点之间数据包交互的数量（硬性指标）来直接判断；但是组织维度相关变量的量化涉及人员节点属性和人员间关系属性等诸多方面，而且这些方面往往通过“软性”指标来表示，故难以直接判断相关变量的数值。

第二，变量间关系设置难度大。在数学计算过程中，1与2的差别等同于2与3的差别，这是数学计算过程中的加、减、乘、除、幂运算等过程的基本前提。但是，在组织问题中，往往采用直接判断组织整体状态，然后将状态与特定的数值相对应的方式；代表不同状态的0和1是虚拟变量，用来表示不同程度的1、2、3、4、5等数值只能表示“优劣”，但是无法准确表示“优劣的程度”。该问题得不到有效的解决，就无法进行相应的数理逻辑设计。因此，在直接衡量组织整体状态的方式中，难以直接判断不同状态间的差异程度。该问题正是变量赋值和公式设定中的重大挑战。

第三，无法有效分析组织内节点和关系的属性问题。组织问题分析的根本还是要落脚到具体的节点和节点间关系之上。如果仅仅是表达组织的整体状态，而不知道组织中具体的情况，则无法明确哪些节点需要调整、哪些关系需要优化等具体问题。

2.5.4 模型的不确定性问题

项目系统受到内外部随机因素的影响，因此需要在模型中加入对不确定性问题的分析。系统动力学模型中不确定性问题主要体现在流量的设定上，虽然有些研究在设计存量的状态转移方程时，在存量的累积变化中对不确定性进行了相关处理，但这些处理的本质还是流量的改变。另外，流量的不确定性更能够体现系统的变化过程。如果是存量随着时间而自动变化的情况，例如库存的自然损耗，可能有的学者会将该情况作为存量（产品库存量）的自动变化情况而在新的阶段让库存量按照上一阶段的数量来产生自然损耗。表面上，这里没有用到流量，而是存量的自然变化。但是，实际上这里隐藏了一个变量，即单位时间产品的自然损耗量。在模型中应该加入该存量，从而让模型更加准确地反映现实情况和模型构建目的。因此，在模型构建过程中，应尽量让模型中的存量只进行累加，而将不确定性等内容体现在流量上。

在上文的分析过程中，WBD 按照一定的 P 值逐渐减少，WRD 和 UR 按照 P 值的比例增加，如 WRD 在单位时间内增加了 P 值的 80%，则 UR 在单位时间内增加 P 值的 20%。虽然在这种情况中体现了 P 的变化，但这仍然是一种确定性的问题。针对 P 的不确定性问题可进行如下处理：

第一，按照概率产生“非黑即白”的不确定性变化，即 P 值要么全部加在 WRD 中，要么全部加在 UR 中。这种情况相当于假设单位时间完成的任务整体性较强，要么直接完成全部任务，要么整体返工。

第二，按照概率产生“灰色”的不确定性变化，即 P 值的一部分累加到 WRD 中，另一部分累加到 UR 中。在这种情况下，相当于假设单位时间完成的任务具有离散性，后续任务没有完成不会影响到之前的任务。因此，一部分任务可能直接被完成，而另一部分任务需要返工。

在上述不确定的形式中，需要选择相应的随机方式。在“非黑即白”的形式中，可以通过简单随机函数或者服从特定分布的概率密度函数得到 P 值取 0 或者 1 的概率。此时，假设“0”表示“没有返工”，则 P 值全部累加进入 WRD；“1”表示“全部返工”，则 P 值全部累加进入 UR。在“灰色”形式中，可以按照离散的质量函数或者连续的密度函数来取值，从而得出 P 值累加进入 WRD 和 UR 的比例。

在具有不确定性要素的系统中，模型重复运行的结果不统一。但是，每次运行的结果不同不代表不能得到可用来分析的稳定的模型结果。当模型运行的次数足够多之后，每次运行的结果能够形成特定的分布，此时分布的类型和关键参数可以作为分析对象。当重复次数足够多之后，分布的类型是固定的；均值、标准差等关键变量趋于稳定。此时，从不确定的系统中也可得出稳定的结果。

习题

1.我们压力太大时是需要放松的，这也是一种逃避，让自己从巨大压力的状态中喘口气。显然，这种方式是合理的，其与本章讨论的“逃避”策略有什么区别？我们在今后的学习、生活、工作中应该如何决策？

2.请结合自己的经历谈一谈对“舍本逐末”模型的理解。

3.系统动力学中还有“饮鸩止渴”等模型，请自行搜索并概括这些模型的特点。

4.在“挣钱”模型中，如果存款的初始值过大会产生什么影响？请设置一种基于“度”的情境，让人生的状况随着存款的增加产生复杂的结果，即既不是存款越多越好，也不是越少越好。

5.在企业运营决策模型中，添加订货提前期、产品不合格率等内容，并进行企业决策的灵敏度分析。

【参考文献】

[1]王磊，丁荣贵，孙涛.项目治理风险的网络动力分析[M]. 济南：山东大学出版社，2018.

[2]丁荣贵.项目管理：项目思维与管理关键[M]. 北京：机械工业出版社，2014.

[3]Swanson J. Business Dynamics：Systems Thinking and Modeling for a Complex World[M]. Irwin/McGraw-Hill，2000.

第3章　系统评价系列方法

系统评价应准确、简约。然而，无论是指标选择还是指标量化，均存在主观性，如何保证准确性？评价方法往往涉及复杂的数学计算，烦琐的计算不仅容易打乱评价信息的输入节奏，还因其过于烦琐和过度“理论化”而被舍弃。评价方法没有最优，能够提高主观信息准确性的方法必然增加信息收集成本或者干扰收集节奏。我们应了解每个方法的核心价值和注意事项，不仅应了解其基本原理，还应在科研和实践中巧妙地应用，做到“精于心、简于形”。为此，本章在内容设计上有两大特色：第一，使用“方法引出方法”的方式展开整章内容，即在学习一个方法之后，通过分析其不足来引出能够有效解决该问题的其他方法，让不同方法之间互成楔子；第二，使用同一案例贯穿所有方法的计算过程，使读者既能快速展开新方法的学习，也能对不同方法的原理和特点有更深刻的对比理解。

本章案例是对三个产学研项目的评价，三个项目的基本情况如下：

• 项目A技术先进、工艺复杂，由当地工业技术研究院（简称“工研院”，提供技术开发服务的组织）联合大学进行技术开发，政府提供政策支持。企业采用独立生产的方式，供应商提供原材料和零部件。

• 项目B在已有产品的基础上按照客户需求进行改进，由长期合作的研发机构进行技术设计，其中关键功能模块的设计工作外包给其他单位。同时企业将部分生产过程外包，供应商提供原材料和零部件。

• 项目C的技术开发工作由大学和研发机构完成，研发机构负责工艺设计和原型试制，大学提供智力支持。企业单独进行产品生产工作，供应商提供原材料和零部件。

3.1　系统评价概述

系统评价是系统工程中的一个基本处理方法，也是系统分析中一个非常重要的环节。系统评价是根据评价目的，设置评价指标，确定指标权重，并最终得到被评价对象综合得分的过程。

3.1.1　系统评价的作用

评价给定了待评价对象的综合得分。不管是对多个备选产品开发项目"优中选优"，还是对员工进行评价以发放薪酬，都是评价的直接作用。然而，在管理中评价是"指挥棒"，不是为了评价而评价、为了"秋后算账"而评价，而是为了管理而评价。特别是人员评价和过程评价中，评价应面向改进，这不仅需要在结果指标之外添加过程指标，还应在评价中体现成长性的内容，例如经验积累、管理环节改进、组织过程文档升级等。这都给评价指标选择、评价信息收集和评价公正性带来冲击，管理者需要根据当前的企业管理水平和待评价对象，选择合适的指标，在"为改进"和"为结果"之间、评价效果和评价成本之间权衡。评价成本还包括给组织带来的冲击，因为评价涉及个人利益和资源分配，而大家所处位置和评价角度不同，由评价产生不信任、不公平感甚至直接的矛盾与冲突，是管理者不可忽视的风险类成本。

另外，还应注意不要过度放大评价的作用。通过评价得出多个项目的优先级之后，如何使用这个结果甚至比结果本身更加重要。一种朴素的认识是项目之间产生资源冲突的时候，先满足优先级高的项目需求。但是所有资源都如此处理吗？持续满足优先级最高的项目吗？在优先级评价中，排名第一、第二、第三的项目得分分别为 9 分、8.9 分、6 分，不同的分差需要考虑吗？8.9 分仅比 9 分少 0.1 分，这个差距是可以忽略的吗？要回答这些问题，需要整体考虑项目之间的排他性。第一，如果企业资源充足，排名第一、第二的项目都能得到满足，就无须思考这些问题，两个项目之间不是"你死我活"的逻辑；第二，如果两个项目不做好，企业就难以生存，那也没有必要对项目进行分级。所以，通过评价界定项目优先级，本身有一个基本的应用情境。相应地，如果使用这个结果，也需要结合具体情境。

项目分级需要有相应的情境，这个情境由企业内部的资源和任务特征，以及外部的顾客需求（转换成诸如项目工期等硬约束）、供应商条件等组成。其中，有的资源是可以重复利用的，优先级高的项目先使用，但是应规定其使用时间段，以及交付给低优先级项目的资源质量，这需要企业项目管理制度的支撑。如果资源是消耗型的，此时资源完全用于满足高优先级项目，还是按照一定的规则进行分配，也是基于具体情境进行分析。所以，优先级的判定结果仅仅是企业决策的支持信息，而不是绝对的准则，而真正地解决问题也是评价方法从理论走向实践的关键。反过来看，现实中难以应用科学的方法，不是方法可用性差，而是缺乏特定情境下应用方法的配套机制。

为了更好地理解方法应用情境及机制设计问题，我们以工作和生活中常见的面试或竞赛为例进行探讨。多个专家对学生或者参赛者打分，各个专家的打分被平均或者去掉最大值、最小值之后求平均。但是有一个问题：有的专家习惯于密集打分，例如对三个对象的打分是 89 分、87 分、85 分；有的专家倾向于稀疏打分，例如 70 分、80 分、90 分。在进行平均的时候，前者的结果意义不大。换言之，前者作为评审专家，其评价结果对最终结果影响很小，显然（89 分，70 分）的均值远小于（85 分，90 分）的均值。但是，在专家培训和评价机制设计中，这些内容通常是被忽略的。

那么我们可以提出一种标准化处理方式：每个专家的打分都控制在 0 到 1 分，然后再求解均值。这种方式似乎解决了问题，但是显然每个专家的最小值、最大值又开始起到关键作用。评价中若不处理这些问题，往往是需要假设专家的打分都会集中在相似的区间内、均值类似，然后通过多个专家结果的均值抹除不确定性。这个“抹除”的程度是需要深入分析和判断的。

3.1.2 系统评价的原则

系统评价是为以后的决策工作做铺垫，因此系统评价的过程和评价的结果对决策的准确性有着极大的影响。基于系统评价的重要性，为了使系统评价能够有效进行，需要遵循以下几点原则。

1.客观性原则

为了保证系统评价工作的客观性，需注意以下几点：

(1)评价所用的信息或资料必须全面、完整、可靠。

(2)评价人员的组成必须要有代表性、要全面。

(3)评价人员必须要公正，即要防止评价人员的倾向性。

(4)评价人员要能够自由地发表观点。

(5)要保证评价人员中专家数占有一定的比例。

2.可比性原则

提出的备选方案在保证实现系统的基本功能的前提下，应具有可比性和一致性。对多种选择或者多种方案进行评价对比时，要注意不同方案的可比性。

3.评价必须有标准

这里指系统评价要有成体系的指标。系统的指标体系是在明确需求、确定目标时制定的，在进行系统评价时，用于评价的指标要与原本确定的指标一致。

4.评价指标的系统性

评价指标具有系统的一切特征。评价指标必须反映系统的目标，因此应包括系统目标所涉及的一切方面。这些评价指标不是杂乱无章的，而是一个有机的整体。因此要注意评价指标的系统性，对定性的问题也要有恰当的评价指标或者规范化的描述，从而保证评价不存在片面性。另外，评价指标必须与所在地区和国家的方针、政策及法律的要求一致，不能有相悖和疏漏之处。在实际应用中，要具体问题具体分析。

3.1.3 系统评价的类型

系统评价按照不同的分类标准分为不同的类型。

1.按照评价时间分类

(1)事前评价，即对方案进行的预评价。我们熟悉的可行性研究实际上就是一种预评价。例如在研发一种新产品时，先对研发方案进行预评价，就可以尽早与设计、制造、产销等相关部门和人员沟通，使方案建立在可行的基础之上。

(2)事中评价，在方案实施过程中，由于内外部环境的重大变化(如政策的改变、竞争条件的改变、社会经济环境的突发性改变等)，需要对方案进行评价，看其是否仍能满足需求，并分析各种改变对方案的影响程度。

(3)事后评价，即在方案实施之后，对照系统的原定目标和决策者的意图，评价实施结果是否已经符合要求。

2.按照评价内容分类

(1)经济评价，指系统工程项目对企业及地区或整个宏观经济的作用和影响的评价。

(2)技术评价，即对项目的技术先进性、适用性、可靠性、可维护性、安全性等的评价。

(3)环境评价，在系统工程项目实施过程中和投入使用后对环境影响的评价。

(4)社会评价，在项目进行和完成之后对社会的影响(如就业、财富分配、安全卫生等方面的影响)的评价。

此外,还可以从其他方面(如国防、文化等)来进行评价。

3.按照方法和工具分类

(1)分析计算型评价,即使用数学模型与数学计算方法来进行评价。

(2)经验直觉型评价。在一些复杂系统的开发过程中,由于目标的多样化、人的主观标准很难实现精确描述,就只能基于经验加以评价。

3.1.4 系统评价的步骤

系统评价必须按照一定的步骤进行,这是有效进行系统评价的保证。系统评价的步骤有以下几个方面。

(1)明确评价目标。在系统工程实施的全过程中,需要不断地进行系统评价,每次评价都会有不同的对象和目标要求。因此需要在每次系统评价开始前明确本次评价的目标。

(2)分析系统要素。收集相关的评价资料,为设定系统评价指标做铺垫。

(3)组织评价队伍。要保证在评价小组中一线人员的占比,同时要有"局外人"参与,以保证评价的客观性。

(4)确定评价指标体系。要注意评价指标必须与评价目标密切相关且要具有全面性。同时,评价指标要尽可能少,以减轻评价负担;评价指标的确定还要结合实际情况具体分析。

(5)确定评价方法。当系统可以用模型定量描述时,最好使用分析计算型模型;若无法定量描述且主观因素较多时,可以使用经验直觉型评价。

(6)进行单项评价。通过现场考察、听取汇报、专家议论等方式,形成单项评价结论。

(7)进行综合评价。对系统进行技术、经济、市场、社会等多个方面的全面评价。在进行综合评价时,评价项目的确定要根据具体评价对象而定。

3.1.5 评价指标的选择

指标选择的关键之一是"完备不交叉"。各个指标整体上能够反映评价的目的,避免缺少对某个方面的考量。同时,各个指标不能有含义上的交叉,否则交叉的部分就会被重复考虑。但是做到完备不交叉是比较难的,因为传统观点和思考惯性的影响比较大。例如评价学生的时候,往往选择传统的德智体美劳五个方面,但是对班级干部的选拔和毕业水平判断,指标又是不同的。"聪明"与"成绩好"之间看似不同,但是前者是后者的基本要素之一,存在交叉问题;"工作认真"和"工作积极"也存在交叉。所以,需要对指标的含义进行界定,甚至需要结合具体情境进行说明，避免评价人员在打分的时候对指标的含义范围判断不准，进而导致评价不准确。

指标选择的另一个关键是指标量化的可行性，这也是评价准确性的基础。例如，评价学生“德”这一方面，全面的综合评价难度较高，而主要依据班主任的评语，这本身也是一种衡量的局限性，但是突破这种方式的难度和成本都很高。认识到评价的准确性问题，既能明确当前评价的局限而更好地支持决策，也是改进的前提。

一种比较经典的指标选择和确定方式是，使用组织历史评价文档、其他组织的类似评价案例初步选择评价指标，然后根据关键人员（例如公司高层、领域专家）的意见选择具体指标。但要注意指标选择过程的设计。例如，专家进行指标选择之前，需要对指标的含义进行说明。

指标选择需要做好指标系统之外的工作。例如，在多个项目选择中需要考虑企业的战略和当前环境。如果企业要拓展市场，可能减少对财务指标的考虑，而主要关注市场信誉、顾客满意等指标。而如果企业面临生死存亡的问题，则可能更关注现金流、人员成本等方面。如果将指标看成一个系统，则需要对系统外的战略、现实情况、信息收集水平等要素进行充分考量。

在本章案例中，选择的评价指标为项目净利润、投资回收期、技术风险和产品竞争力。

3.2　检查表法

项目审查和选择的最简单方法就是建立检查表模型，该模型因便于应用、能够形成统一理解，所以在实践中得到了大量应用。

3.2.1　检查表法的原理

检查表模型符合我们生活中最朴素的评价逻辑：只看一个项目在哪些方面表现最好，选择“最好”的方面多的项目。企业是要实实在在“挣钱”的，应该客观和理性，但是检查表模型在企业实践中却得到了大量应用。不是企业不理性，而是追求所谓的“理性”是不理性的。实践中企业没有那么多的时间和精力对所有指标进行分析和量化，而是倾向于评价一个项目在某个方面或某几个方面是不是最好的。

3.2.2　检查表法的计算

根据前面总结出的四项评价指标——项目净利润、投资回收期、技术风险和产品竞争力，对三个项目的这四项指标分别进行等级评定，分为“高”“中”“低”三个等级，符合“高”这一等级最多的项目将被认为是最好的选择，建立检查表模型，如表 3-1 所示。

表 3-1 项目选择的检查表模型

	指标	高	中	低
项目 A	项目净利润		√	
	投资回收期			√
	技术风险			√
	产品竞争力	√		
项目 B	项目净利润			√
	投资回收期	√		
	技术风险	√		
	产品竞争力			√
项目 C	项目净利润	√		
	投资回收期		√	
	技术风险		√	
	产品竞争力		√	

基于以上检查表模型的分析，项目 B 是最好的选择，因为它在各项指标中符合等级最高的数目最多，这些指标分别是投资回收期和技术风险。

3.2.3 检查表法的优劣

检查表法有着许多的优点：检查表法对项目的选择评价来说非常简单。它能够记录不同评价者的意见，同时也能促进评价者对评价意见进行讨论。因此，作为一种能够发起对话、促进讨论以及交流观点的方法，检查表法非常适用于在组织内部达成统一意见。

但同时，检查表法也存在不少的问题：首先，对“高”“中”“低”的判断有很大的主观性，这种判断方式既不精确，也很容易发生错判的情况。其次，不同的评价标准之间无法权衡。如果每个指标的权重不同，那么就不能仅通过评价为“高”的指标的数量来判断项目的优先程度。在上例中，如果企业认为项目净利润是最重要的指标，在这个指标上，项目 A 表现为“中”，项目 B 表现为“低”，项目 C 表现为“高”，那么企业最终会选择哪个项目呢？最后，仅考虑“等级最高”的指标数量，而不考虑其他指标的等级，过于简单。

为解决检查表法存在的上述问题，下面将介绍简化评分法。该法为每个指标赋予简单的权重，从而能够将较为重要的指标从其他指标中区分出来。

3.3 简化评分法

3.3.1 简化评分法的原理

简化评分法根据指标重要性赋权，从而区分不同指标在项目选择中的价值。同时针对特定指标下的项目评价进行量化，从高、中、低之类的等级评价转变为赋予特定分值。相对于检查表法，简化评分法能够整合考量更多的指标，当然也增加了评价的投入。

下面为本章案例中的不同指标赋予不同的重要性权重，如表 3-2 所示。

表 3-2　不同指标权重

	项目净利润	投资回收期	技术风险	产品竞争力
重要性权重	2	3	3	1

将“高”“中”“低”分别赋值为 3、2、1。简化评分法的结果如表 3-3 所示。

表 3-3　简化评分法结果

	指标	重要性权重	得分	加权得分	总得分
项目 A	项目净利润	2	2	4	13
	投资回收期	3	1	3	
	技术风险	3	1	3	
	产品竞争力	1	3	3	
项目 B	项目净利润	2	1	2	21
	投资回收期	3	3	9	
	技术风险	3	3	9	
	产品竞争力	1	1	1	

续表

	指标	重要性权重	得分	加权得分	总得分
项目 C	项目净利润	2	3	6	20
	投资回收期	3	2	6	
	技术风险	3	2	6	
	产品竞争力	1	2	2	

由表 3-3 可知，每个评价指标的权重不相同，因此被赋予了不同的分值：项目净利润为 2，投资回收期为 3，技术风险为 3，产品竞争力为 1。这表明企业对于投资回收期和技术风险较为关注，可能受限于现金流压力而要快速回收资金，并因为“输不起”而不想冒险。产品竞争力的权重低也充分说明了，在短期企业更关心“活下去”的问题。同时，也对打分标准进行了规定：“高”＝3，“中”＝2，“低”＝1。表 3-1 中的“√”被得分和相应的权重取代。例如：在项目 B 中，项目净利润这项指标原来为“低”，则它得到的分值是 1。“加权得分”栏是得分和重要性权重的乘积，将项目 B 中的项目净利润的得分“1”乘以其重要性权重“2”，即可得到项目净利润的加权得分为“2”。最后将各个项目的各个指标的加权得分相加，就得到了该项目的最后得分。如表 3-3 所示，项目 A、B、C 的相应得分分别为 13 分、21 分、20 分，其中项目 B 的得分最高，因此在 A、B、C 三个项目中，B 项目是最好的选择。但在具体应用中，我们也需要考虑 21 分的项目 B 是否显著优于 20 分的项目 C。

3.3.2 简化评分法的优劣

作为项目选择方法，简化评分法有着许多优点：首先，它很容易将企业的关键目标与所选择的项目联系起来。其次，简化评分法很容易理解和使用，高级管理人员可以很快掌握这种方法。

但同时，简化评分法也有着难以避免的缺陷：首先，虽然 1～3 分的评分体系很容易被理解和使用，但是不够精确。比如，“3”代表“高”，“2”代表“中”，很容易可以判断出“3”优于“2”，但是优的程度是多少就无法得知了。另外，也不能简单地认为“3”和“2”之间的区别与“2”和“1”之间的区别是相同的。需要保证权重确定和赋分过程的精确性。

3.4 逐对比较法

3.4.1 逐对比较法的原理

指标权重是评价体系的关键，是最终评价结果的基础。逐对比较法通过两两指标相互比较，在持续“参照”中提高专家意见转化为量化权重的准确性，规避了直接判断指标权重时没有参照、容易混淆的问题。

比较的结果可以是谁优谁劣，也可以是两者相对重要性的比值。前者输出的结果可以用“0”和“1”来表示，例如A比B更重要，则A的重要性记为“1”，B的重要性记为“0”。后者输出的结果为特定数值，例如“2”表示A的重要性是B的重要性的两倍。逐对比较法采用第一种方式，虽然无法精确表示A相对于B的重要程度，但是仅判断“谁更加重要”就能够有效减少评价专家的工作量，是一种不精确下的精确。

3.4.2 逐对比较法的计算

此处对逐对比较法过程的介绍中，不再赘述检查表法中相同的部分。逐对比较法的评价过程如下所述：

首先，用逐对比较法求出各评价指标的权重，结果如表3-4所示。项目净利润和投资回收期相比，后者比前者重要，则后者得1分，前者得0分，以此类推。最后根据各评价项目的累计得分计算权重，如表3-4最后一列所示。

表3-4 逐对比较法例表

评价指标	比较次数						累积得分	权重
	1	2	3	4	5	6	7	8
项目净利润	0	0	1				1	0.167
投资回收期	1			1	1		3	0.500
技术风险		1		0		1	2	0.333
产品竞争力			0		0	0	0	0.000

其次，根据逐对比较法计算出的各指标权重和各个指标的得分，计算出各个项目中每个指标的加权得分，再将加权得分相加得到各个项目的总得分，计算结果如表3-5所示。

表 3-5 逐对比较法计算结果例表

	指标	重要性权重	得分	加权得分	总得分
项目 A	项目净利润	0.167	2	0.33	1.17
	投资回收期	0.500	1	0.50	
	技术风险	0.333	1	0.33	
	产品竞争力	0.000	3	0.00	
项目 B	项目净利润	0.167	1	0.17	2.67
	投资回收期	0.500	3	1.50	
	技术风险	0.333	3	1.00	
	产品竞争力	0.000	1	0.00	
项目 C	项目净利润	0.167	3	0.50	2.17
	投资回收期	0.500	2	1.00	
	技术风险	0.333	2	0.67	
	产品竞争力	0.000	2	0.00	

由表 3-5 可知，项目 B 的总得分最高，故应选择项目 B。

由于"产品竞争力"是所有指标中最不重要的指标，其在两两比较中的所有得分均为 0，这导致其重要性权重计算结果为 0，意味着该指标不再发挥作用。通常被选择出来用于项目评价的指标是有价值的，其指标权重为 0 显然是不合理的，因而需要对权重进行调整，例如所有指标的权重都加 0.1，然后再进行归一化。而这里要求的"权重都加 0.1"，而不是其他的数值（例如 100），是评价方案设计的关键问题。

3.4.3 逐对比较法的优劣

值得注意的是，逐对比较法在确认指标权重时，可以通过两项指标间的比较做出相对重要和相对不重要的区分，但缺陷在于无法做出重要程度的等级划分。其仅仅考虑谁更重要，却丧失了指标相对重要性的量化信息。如何合理地调整指标权重是需要解决的问题。

3.5　古林法

3.5.1　古林法的原理

古林法是将评价指标之间的对比结果数值化。在逐对比较法中，两个指标的比较结果是 0 或 1 这种表示相对重要性的二元结果，古林法则是用具体数值表示重要程度。由此，古林法可以通过串行的 $n-1$ 次比较得到 n 个指标的相对权重，逐对比较法需要 C_n^2 次。

3.5.2　古林法的计算

首先，按照下述步骤确定评价指标的权重。

(1)确定评价指标的相对重要程度 R。如表 3-6 所示，按顺序自上而下地两两比较指标的重要性，并用数值表示其重要程度，然后填入“评价指标的相对重要程度 R”一列中。由表 3-6 可知，项目净利润的重要性是投资回收期的 1/2，投资回收期的重要性是技术风险的 2 倍，技术风险的重要性是产品竞争力的 3 倍；由于没有指标与产品竞争力比较，故它没有 R 值。

表 3-6　古林法计算指标权重例表

	评价指标	评价指标的相对重要程度R	R的基准化处理K	K的标准化
1	项目净利润	0.50	3	0.23
2	投资回收期	2.00	6	0.46
3	技术风险	3.00	3	0.23
4	产品竞争力	—	1	0.08
合计			13	1.00

(2)对 R 进行基准化处理。设 R 的基准化处理结果为 K。以最后一个指标作为基准，令其 K 值等于 1，自下而上地计算其他评价指标的 K 值。如表 3-6 所示，“R 的基准化处理 K”这一列的最后一个 K 值为 1，用 1 乘上一行的 R 值得到上一行的 K 值，以此类推，直到求出所有的 K 值。

(3)对 K 进行标准化处理。将 K 列的数值相加，分别用各行的 K 值去除以其总和，所得结果即为各评价指标的重要性权重，结果如表 3-6 最后一列所示。此过程即为 K 的标准化。

其次，根据计算出来的各指标的重要性权重和项目在各指标上的得分可以计算出每个项目的总得分，计算结果如表 3-7 所示。可以看出，项目 B 的总得分最高，所以应选择项目 B。

表 3-7 古林法计算结果例表

	指标	重要性权重	得分	加权得分	总得分
项目 A	项目净利润	0.23	2	0.46	1.39
	投资回收期	0.46	1	0.46	
	技术风险	0.23	1	0.23	
	产品竞争力	0.08	3	0.24	
项目 B	项目净利润	0.23	1	0.23	2.38
	投资回收期	0.46	3	1.38	
	技术风险	0.23	3	0.69	
	产品竞争力	0.08	1	0.08	
项目 C	项目净利润	0.23	3	0.69	2.23
	投资回收期	0.46	2	0.92	
	技术风险	0.23	2	0.46	
	产品竞争力	0.08	2	0.16	

3.5.3 古林法的优劣

尽管相对于逐对比较法而言，古林法将比较结果数值化，但是增加了数据收集过程中专家的判断负荷和难度，以及出现偏差的可能性。如果某次比较结果存在问题，将会通过基准化处理直接传导到所有指标权重的确定结果中。

在成对比较的过程中，可以在 $n-1$ 次比较的基础之上，增加最后一个指标与第一个指标的比较，然后完成验证。显然，这种情况下很难保证数据完全一致。例如，专家判断能够给出“2 倍”“1/2”等较为直观的结果，但是在基准化处理之后，不难发现产品竞争力与项目净利润相比的数值为 1/3，那么如果专家给出的结果是 0.3，是不是可以认为整个评价过程的数据都是一致的？这就需要更多的评价数据和特定检验方法，在下一节的层次分析法中会进行介绍。

3.6 层次分析法

美国数学家、运筹学家托马斯·萨迪（Thomas Saaty）博士在 20 世纪 70 年代提出了一种整合人们主观判断的客观方法，把定性分析与定量分析相结合，即层次分析法。层次分析法是指将一个复杂的多目标决策问题作为一个系统，将目标分解为多个目标或准则，进而分解为多指标（或准则、约束）的若干层次，通过定性指标模糊量化方法计算出层次单排序（权数）和总排序，从而得到多指标下多个对象的比较结果。

3.6.1 层次分析法概述

在上述例子中，将所有的指标和指标下的项目进行成对比较，并将成对比较的数值结果通过矩阵来表达，基于矩阵处理得到评价结果，对其准确性进行判断。不同方法之间的关联可以通过图 3-1 表示。利用逐对比较法，得到不同评价指标间的比较结果子图（a），通过行、列均为指标的矩阵进行表达，就形成了子图（b），其中“1”表示行指标比列指标更重要，“0”表示行指标不如列指标重要。再利用古林法，对指标相对重要性进行量化，由子图（b）转变为判断矩阵子图（c）。判断矩阵中的数据表示行指标相对于列指标的重要程度。显然，子图（b）中为 1 的元素在子图（c）中大于 1，而子图（b）中为 0 的元素在子图（c）中小于 1，（b）中未标数值的对角线元素在子图（c）中取值为 1，意为指标自身进行比较。

接下来的问题是，如何通过判断矩阵得到指标相对权重，以及如何衡量判断矩阵的准确性。接下来，在介绍层次分析法结构的基础上，对这两个问题进行深入讨论。

	比较次数					
	1	2	3	4	5	6
项目净利润	0	0	1			
投资回收期	1			1	1	
技术风险		1		0		1
产品竞争力			0		0	0

图 3-1（a）　成对比较结果

	项目净利润	投资回收期	技术风险	产品竞争力
项目净利润		0	0	1
投资回收期	1		1	1
技术风险	1	0		1
产品竞争力	0	0	0	

图 3-1(b) 成对比较的矩阵化表达

	项目净利润	投资回收期	技术风险	产品竞争力
项目净利润	1	1/5	1/3	3
投资回收期	5	1	3	7
技术风险	3	1/3	1	5
产品竞争力	1/3	1/7	1/5	1

图 3-1(c) 判断矩阵

3.6.2 层次分析法的原理

层次分析结构模型由目标层、准则层和方案层组成。最上层是目标层，它反映系统要达到的目标(一般只有一个，如果存在多个目标，则可以在下一层设立一个分目标层)；中间一层是准则层，其中排列了衡量是否达到目标的各项准则；下面一层是方案层，其中排列了各种可能采取的方案。图 3-2 为根据本章引例建立的层次分析结构模型。

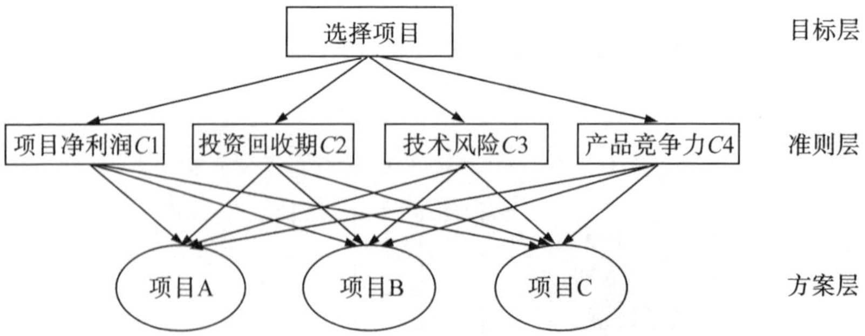

图 3-2 层次分析结构模型示例

3.6.3 层次分析法的两个难点

层次分析法是把定量分析和定性分析相结合的一种系统评价方法，相对来说也是最全面的系统分析方法。它有两个难点：指标相对重要程度的计算和判断矩阵一致性的衡量。下面将介绍如何克服这两个难点。

1.指标相对重要程度计算

首先，计算判断矩阵。判断矩阵是层次分析法所依据的基本信息，也是进行相对重要度计算的重要依据。一般采用如下计算尺度：用 1、3、5、7、9 分别表示列元素比行元素同样重要、比较重要、重要、很重要、极重要，用 1、1/3、1/5、1/7、1/9 分别表示行元素比列元素同样重要、比较重要、重要、很重要、极重要。也可以根据实际情况取其他值。表 3-8 为指标的判断矩阵。

表 3-8　指标的判断矩阵

重要度	$C1$	$C2$	$C3$	$C4$
$C1$	1	1/5	1/3	3
$C2$	5	1	3	7
$C3$	3	1/3	1	5
$C4$	1/3	1/7	1/5	1

表 3-8 表明，对项目的选择而言，项目净利润与产品竞争力相比更为重要，技术风险与项目净利润相比更为重要，投资回收期比项目净利润重要，其他指标的相对重要程度可以依次类推。

计算出判断矩阵后，对指标的相对重要程度进行计算，有正规化求和法和方根法两种方法。

1)正规化求和法

(1)按列归一(即使列和为 1)：先将每一列的重要度得分求和，然后用每一格的重要度得分除以本列的和，得到按列归一化的结果。

(2)按行求和：将按列归一后的矩阵的每一行得分加起来。

(3)归一化：每一格的重要度得分(按列归一后的结果)除以本行的和后进行归一化处理，得到指标的相对重要程度。

以前例来说，按正规化求和法计算如图 3-3 所示。

重要度	$C1$	$C2$	$C3$	$C4$
$C1$	0.107	0.119	0.074	0.188
$C2$	0.536	0.597	0.662	0.438
$C3$	0.321	0.199	0.220	0.312
$C4$	0.036	0.085	0.044	0.062

按列归一并按行求和

计算结果
0.488
2.233
1.052
0.227

归一化

权重
0.122
0.558
0.263
0.057

图 3-3　正规化求和法计算过程示例

2)方根法

(1)对矩阵按行开方:将矩阵每一行的各元素相乘后取 n 次方根(乘了几次就开几次方)。

(2)归一化:将开方后的结果进行归一化处理,得到指标的相对重要程度。

将前例用方根法计算,过程如图 3-4 所示。

	计算结果
$C1$	0.669
$C2$	3.201
$C3$	1.495
$C4$	0.312

归一化

权重
0.118
0.564
0.263
0.055

图 3-4　方根法计算过程示例

2.判断矩阵一致性的衡量

在实际评价中,评价者只能对判断矩阵进行粗略判断,因此有时会出现不一致的错误。比如,已经判断出 $C1$ 比 $C2$ 重要,同时 $C2$ 比 $C3$ 重要,那么应该 $C1$ 比 $C3$ 重要;如果判断得到 $C3$ 比 $C1$ 重要,或二者同等重要,则犯了逻辑错误。那么,如何衡量判断矩阵的一致性呢?

在完全精确的条件下,有

$$\boldsymbol{AW}=n\boldsymbol{W}$$

$$\boldsymbol{AW}=\lambda_{\max}\boldsymbol{W}$$

$$\lambda_{\max}\geqslant n$$

其中,$\boldsymbol{A}$ 是判断矩阵,$\boldsymbol{W}$ 是经过归一化处理的特征向量,$\lambda_{\max}$是判断矩阵的最大特征根,n 是指标的数量。

根据层次分析模型的原理,我们可以利用 $\lambda_{\max}$与 n 的误差来判断 $\boldsymbol{A}$ 的精确性。定义计算一致性指标:

$$\mathrm{CI}=\frac{\lambda_{\max}-n}{n-1}$$

式中 $\lambda_{\max}$可由下式求得:

$$\lambda_{\max}=\frac{1}{n}\sum_{i}\left(\frac{(\boldsymbol{AW})_i}{w_i}\right)$$

其中,w_i 是对应指标的相对重要程度。显然,随着 n 的增加,判断误差就会增加,因此衡量一致性时应考虑 n 的影响。对 CI 进行再处理的逻辑如下式所示。式中 RI 为平均随机一致性指标,表 3-9 所示为部分平均随机一致性指标取值:

$$\mathrm{CR}=\frac{\mathrm{CI}}{\mathrm{RI}}$$

表 3-9　平均随机一致性指标

阶数 n	3	4	5	6	7	8
RI	0.52	0.89	1.12	1.26	1.36	1.41

当 CR<0.1 时,则认为判断矩阵的一致性是可以接受的(即通过了一致性检验)。

在本章的例子中有:

$$\boldsymbol{AW}=\begin{pmatrix}1 & \frac{1}{5} & \frac{1}{3} & 3\\ 5 & 1 & 3 & 7\\ 3 & \frac{1}{3} & 1 & 5\\ \frac{1}{3} & \frac{1}{7} & \frac{1}{5} & 1\end{pmatrix}\begin{pmatrix}0.122\\ 0.558\\ 0.263\\ 0.057\end{pmatrix}=\begin{pmatrix}0.492\\ 2.356\\ 1.099\\ 0.230\end{pmatrix}$$

$$\lambda_{\max}=\frac{1}{4}\left(\frac{0.492}{0.122}+\frac{2.356}{0.558}+\frac{1.099}{0.263}+\frac{0.230}{0.057}\right)=4.118$$

$$\mathrm{CI}=\frac{4.118-4}{4-1}=0.0393$$

$$\mathrm{CR}=\frac{\mathrm{CI}}{\mathrm{RI}}=\frac{0.0393}{0.89}\approx 0.044$$

3.6.4 层次分析法的计算

解决了层次分析法过程中的两个难点后，下面介绍层次分析法的应用步骤。

（1）明确问题。清楚问题的范围、提出的要求、包含的元素，以及各元素之间的关系，这样可以明确需要回答的问题、需要的信息是否已经够用等。

（2）建立层次结构。根据对问题的了解和初步分析，将问题中涉及的元素按性质分层次排列，例如最简单的可以分成三层，排成如图 3-2 所示的形式。

（3）将本层所有元素对上一层而言两两比较，建立判断矩阵（见表 3-8）。

（4）进行层次单排序。在判断矩阵上利用正规求和法或方根法排出优劣顺序，计算过程如图 3-5 所示。注意对每一个判断矩阵都要进行一致性检验。

项目净利润 *C*1	*P*1	*P*2	*P*3
*P*1	1	2	1/2
*P*2	1/2	1	1/4
*P*3	2	4	1

层次单排序 →

权重
0.2844
0.1432
0.5720

投资回收期 *C*2	*P*1	*P*2	*P*3
*P*1	1	1/5	1/3
*P*2	5	1	3
*P*3	3	1/3	1

层次单排序 →

权重
0.1061
0.6334
0.2605

技术风险 C3	P1	P2	P3	层次单排序	权重
P1	1	1/5	1/3		0.1061
P2	5	1	3		0.6334
P3	3	1/3	1		0.2605

产品竞争力 C4	P1	P2	P3	层次单排序	权重
P1	1	4	2		0.5714
P2	1/4	1	1/2		0.1429
P3	1/2	2	1		0.2857

图 3-5 层次单排序示例

(5)进行矩阵一致性检验(详见上节例题计算过程)。如果一致性检验结果不令人满意,则应该检查判断矩阵各元素间关系是否有不恰当的,有则适当加以调整,直到通过一致性检验为止。

(6)进行层次总排序。计算结果如表 3-10 所示。

表 3-10 层次总排序结果

	C1	C2	C3	C4	总排序结果
	0.1220	0.5580	0.2630	0.0570	
P1	0.2844	0.1061	0.1061	0.5714	0.1544
P2	0.1432	0.6334	0.6334	0.1429	0.5456
P3	0.5720	0.2605	0.2605	0.2857	0.3000

根据总排序的结果可知,项目 B 从综合评分来说最优,其次是项目 C。

值得注意的是,层次的划分不一定局限于上面讲过的目标、准则、方案三层。例如,目标层的总目标之下还可以增加一个分目标层。中间还可以有情境层(反映不同处境)、约束层等。层数虽然增多了,但是处理方法仍和前面一样,只是重复使用几次。

层次分析法思路清晰,能够处理一些难以精确定量的决策问题,计算也不复杂,整个过程符合系统分析思想,所以是一种很有用的方法。它还可以用来在运用加权和的综合评价中计算权系数。

3.6.5 层次分析法的 Excel 计算

本部分以本章案例中准则层元素的相对重要权重计算为例，说明在 Excel 中层次分析法计算的过程。具体过程如下：

(1)首先，将判断矩阵输入到 Excel 中，进行按列归一、按行求和及归一化过程的计算，并保存计算结果，如图 3-6 所示。

(2)计算 ***AW*** 矩阵：***AW*** 矩阵为判断矩阵与归一化后的权值矩阵相乘的结果。在 Excel 中进行矩阵乘法运算需采用“MMULT”函数。在 Excel 中输入“=MMULT(array 1,array 2)”，其中 array 1 表示要进行矩阵乘法运算的第一个矩阵数组，array 1 的列数必须与 array 2 的行数相同；array 2 表示要进行矩阵乘法运算的第二个矩阵数组，array 2 的行数必须与 array 1 的列数相同。输入公式后按“Shift＋Ctrl＋Enter”即可输出矩阵相乘结果。计算结果如图 3-7 所示。其中，“B2:E5”表示判断矩阵在 Excel 中的位置，“G8:G11”表示归一化后的权值矩阵在 Excel 中的位置。

(3)在 Excel 中依据本章提及的公式计算最大特征根、CI 和 CR，当 CR＜0.1 时认为一致性检验通过。计算结果如图 3-8 所示。

	项目净利润	投资回收期	技术风险	产品竞争力		
项目净利润	1	0.2	0.333333333	3		
投资回收期	5	1	3	7		
技术风险	3	0.333333333	1	5		
产品竞争力	0.333333333	0.142857143	0.2	1		
按列求和	9.333333333	1.676190476	4.533333333	16		
	项目净利润	投资回收期	技术风险	产品竞争力	按行求和	归一化
项目净利润	0.107142857	0.119318182	0.073529412	0.1875	0.487490451	0.121872613
投资回收期	0.535714286	0.596590909	0.661764706	0.4375	2.231569901	0.557892475
技术风险	0.321428571	0.198863636	0.220588235	0.3125	1.053380443	0.263345111
产品竞争力	0.035714286	0.085227273	0.044117647	0.0625	0.227559206	0.056889801
				按行求和的和	4	

图 3-6　Excel 中按列归一、按行求和并归一化

=MMULT(B2:E5,G8:G11)

A	B	C	D
AW计算	计算结果		
	0.491902215		
	2.355519481		
	1.099376114		
	0.229881953		

图 3-7　在 Excel 中计算 ***AW***

最大特征根	CI	CR
4.118465665	0.039488555	0.044369163
		CR<0.1，一致性检验通过

图 3-8　在 Excel 中计算最大特征根、CI 和 CR

3.7　模糊综合评价

3.7.1　模糊综合评价概述

模糊集合理论于 1965 年由美国自动控制专家查德(L. A. Zadeh)教授提出,用以表达事物的不确定性。模糊综合评价法是一种基于模糊数学的综合评价方法,是根据模糊数学的隶属度理论把定性评价转化为定量评价,即用模糊数学对受到多种因素制约的事物或对象做出一个总体的评价。

多因素问题的评价决策比较困难,因为要同时综合考虑很多的因素,而各因素重要程度又不同,使问题变得很复杂。如果用常规经典数学方法来解决综合评价问题,就显得很困难。模糊数学则为解决模糊综合评价问题提供了理论依据,从而找到了一种简便而有效的评价与决策方法。

3.7.2　模糊综合评价的基本概念

1.隶属度

隶属度是指一个元素隶属于一个集合的程度。当一个元素完全属于一个集合时,隶属度为 1,反之为 0;当一个元素在某种程度上属于一个集合时,它的隶属度为0～1之间的某个值。例如：评价学生对课程的掌握程度，若学生能独立完成高难度拓展题且正确率≥95%，则认为学生完全掌握了这门课程，其对于{完全掌握}这个集合的隶属度为1。若学生无法完成基础题且正确率≤15%，则认为学生完全没掌握这门课程，则其对于{完全掌握}这个集合的隶属度为0。对于正确率在21%～94%的学生对课程的掌握程度在某种程度上属于{完全掌握}集合。正确率21%者，隶属度为0.02，而正确率为94%者，隶属度为0.98。这就是说，正确率在21%～94%者对于{完全掌握}集合是一种“既属于又不属于”的状态。模糊综合评价法就是用模糊数学的理论对系统可行性方案进行评价。隶属度表征了模糊性。

2.评价指标集

评价指标集是以影响评价目标的各种因素为元素组成的一个普通集合，通常用 F 表示：$F=\{f_1,f_2,\cdots,f_n\}$。其中，f_i 表示影响评价目标的第 i 个因素。通常，这些因素都具有不同程度的模糊性。例如，对员工的表现，需要从多个方面进行综合评判，如员工的工作业绩、工作态度、沟通能力、政治表现等，所有这些因素构成了该评价问题的评价因素集，即 $F=\{$政治表现 f_1，工作能力 f_2，…，工作业绩 $f_n\}$。

3.评价集

评价集是评价者对评价目标可能做出的各种结果所组成的集合(比如每个专家的打分，或者评价者对个体的某个因素打的等级，所组成的集合)，通常用 E 表示：$E=\{e_1,e_2,\cdots,e_m\}$。其中，e_j 表示第 j 种评价结果，可以根据实际需要，用不同的等级、评语或数字来表示。例如，对企业员工的评价有好、良好、中等、较差、很差等。由各种不同决断构成的集合称为评价集，记为：$E=\{$优秀 e_1，良好 e_2，…，很差 $e_m\}$。

4.最大隶属度原则

若模糊综合评价结果向量 $\boldsymbol{S}=(s_1,s_2,\cdots,s_n)$ 中的 $s_r=\max\limits_{1\leqslant j\leqslant n}\{s_j\}$，则被评价对象总体上来讲隶属于第 r 等级，即为最大隶属度原则。

3.7.3 模糊综合评价的计算步骤

模糊综合评价的计算共有六步。

第一，由有关专家组成评价小组。

第二，确定系统的评价指标集和评价集。

设 $A_k(k=1,2,\cdots,p)$ 为 p 个可行方案，则有：

评价指标集：$F=\{f_1,f_2,\cdots,f_n\}$(设有 n 个评价指标)；

评价集：$E=\{e_1,e_2,\cdots,e_m\}$（设每个评价项目有 m 个评价尺度）。

例如：评价某种品牌的手表 $F=\{f_1,f_2,f_3,f_4\}$，其中 f_1 表示外观式样，f_2 表示走时准确，f_3 表示价格，f_4 表示质量。评价集为 $E=\{e_1,e_2,e_3\}$，其中 e_1 表示很满意，e_2 表示满意，e_3 表示不满意。

第三，确定各评价指标的权向量 $\boldsymbol{W}=\{w_1,w_2,\cdots,w_n\}$。

第四，按照已经制定的评价尺度，对各可行方案的评价指标进行模糊评定，并建立第 k 个可行方案 A_k 的隶属度矩阵 $\boldsymbol{R}_k$：

$$\boldsymbol{R}_k=\{r_{ij}^k\}_{n\times m}=\begin{pmatrix} r_{11}^k & r_{12}^k & \cdots & r_{1j}^k & \cdots & r_{1m}^k \\ r_{21}^k & r_{22}^k & \cdots & r_{2j}^k & \cdots & r_{2m}^k \\ \vdots & \vdots & \cdots & \vdots & \cdots & \vdots \\ r_{i1}^k & r_{i2}^k & \cdots & r_{ij}^k & \cdots & r_{im}^k \\ \vdots & \vdots & \cdots & \vdots & \cdots & \vdots \\ r_{n1}^k & r_{n2}^k & \cdots & r_{nj}^k & \cdots & r_{nm}^k \end{pmatrix}$$

在矩阵 $\boldsymbol{R}_k$ 中，元素 $r_{ij}^k=\dfrac{d_{ij}^k}{d}$。其中，$d$ 表示参加评价的专家人数，d_{ij}^k 表示可行方案 A_k 的第 i 个评价项目 f_i 做出第 j 个评价尺度 e_j 的专家人数。由此可见，r_{ij} 值越大，说明对 f_i 做出 e_j 评价的可能程度就越大。

第五，计算可行方案 A_k 的模糊综合评定向量 $\boldsymbol{S}_k$。

由 $\boldsymbol{R}_k-\{r_{ij}^b\}_{n\times m}$ 以及权向量 $\boldsymbol{W}=\{w_1,w_2,\cdots,w_n\}$，可得用模糊矩阵形式表示的可行方案 A_k 的模糊综合评定向量 $\boldsymbol{S}_k$：

$$\boldsymbol{S}_k=\boldsymbol{W}\boldsymbol{R}_k=(S_1^k,S_2^k,\cdots,S_m^k)$$

展开后可得

$$\boldsymbol{S}_k=\boldsymbol{W}\boldsymbol{R}_k=(w_1,w_2,\cdots,w_n)\begin{pmatrix} r_{11}^k & r_{12}^k & \cdots & r_{1j}^k & \cdots & r_{1m}^k \\ r_{21}^k & r_{22}^k & \cdots & r_{2j}^k & \cdots & r_{2m}^k \\ \vdots & \vdots & \cdots & \vdots & \cdots & \vdots \\ r_{i1}^k & r_{i2}^k & \cdots & r_{ij}^k & \cdots & r_{im}^k \\ \vdots & \vdots & \cdots & \vdots & \cdots & \vdots \\ r_{n1}^k & r_{n2}^k & \cdots & r_{nj}^k & \cdots & r_{nm}^k \end{pmatrix}$$

其中，$\boldsymbol{R}_k$ 矩阵的每一行表示该评价对象在每个评价指标中的每一评价尺度的得分情况，该得分由第四步中的公式、依据专家打分的情况计算得到；每一列表示该评价对象在不同评价尺度下的每一评价指标的得分情况。在计算评价对象对每一评价尺度的隶属度时，应综合考虑该评价对象在各个评价指标下的综合得分，通常可采用取平均值的方式。在本教材中，采用加权平均的方法，计算每一评价指标的权重与各评价尺度下评价对象在每个评价指标下得分的加权均值，作为该评价对象对各个评价尺度的隶属度。然后，依据最大隶属度原则，判断各评价对象隶属于哪个评价尺度。

第六，为进行多个评价对象间的比较，并据此排序，需要进一步计算可行方案的优先度。可行方案 A_k 的优先度 $\boldsymbol{N}_k$ 可用下式计算：

$$\boldsymbol{N}_k=(S_1^k,S_2^k,\cdots,S_m^k)\cdot\begin{pmatrix}e_1\\e_2\\\vdots\\e_m\end{pmatrix}$$

根据各可行方案优先度的大小，即可对可行方案进行优先顺序的排序，为决策提供所需信息。

3.7.4 模糊综合评价的应用

还是用前面的案例来说明。由九名专家确定三个项目 A、B、C 的优先顺序。评价项目集和权重以及各评价尺度、各尺度得分如表 3-11 和表 3-12 所示。

表 3-11 评价项目集和权重

编码	评价项目	权重
f_1	项目净利润	0.15
f_2	投资回收期	0.55
f_3	技术风险	0.25
f_4	产品竞争力	0.05

表 3-12 评价尺度及得分

编码	评价尺度	得分
e_1	非常必要	0.9
e_2	很必要	0.7
e_3	必要	0.5
e_4	一般	0.3
e_5	不必要	0.1

对项目A的评价结果如表3-13所示。

表3-13　评价项目权重及评价尺度表

		项目净利润（f_1）	投资回收期（f_2）	技术风险（f_3）	产品竞争力（f_4）
权重（w）		0.15	0.55	0.25	0.05
评价尺度	0.9	0	0	0	6
	0.7	3	1	6	2
	0.5	5	1	3	1
	0.3	1	7	0	0
	0.1	0	0	0	0

据此可以计算项目A净利润尺度的隶属度。

$$r_{11}^{1}=\frac{d_{11}^{1}}{d}=\frac{0}{9}=0;r_{12}^{1}=\frac{3}{9}=0.333;r_{13}^{1}=\frac{5}{9}=0.556;r_{14}^{1}=\frac{1}{9}=0.111;$$

$$r_{15}^{1}=\frac{0}{9}=0。$$

同理可计算其他评价项目下各评价尺度的隶属度，从而可得项目A的隶属度矩阵$\boldsymbol{R}_1$如下：

$$\boldsymbol{R}_1=\begin{pmatrix}0.000 & 0.333 & 0.556 & 0.111 & 0.000\\0.000 & 0.111 & 0.111 & 0.778 & 0.000\\0.000 & 0.667 & 0.333 & 0.000 & 0.000\\0.667 & 0.222 & 0.111 & 0.000 & 0.000\end{pmatrix}$$

在计算综合评定向量$\boldsymbol{S}_1$时，体现了加权平均的思想。$\boldsymbol{R}_1$矩阵的行元素表示项目A在4个评价指标下，对每一评价尺度的隶属度情况；列元素表示项目A在不同评价尺度下，每一评价指标的得分情况。为判断项目A对各个评价尺度的隶属度情况，需综合计算项目A在每个评价尺度中的隶属度值，作为判断项目A隶属于哪个评价尺度的依据。计算每一评价指标的权重与项目A在每个评价指标下得分的加权均值，作为项目A对各个评价尺度的隶属度。综合评定向量$\boldsymbol{S}_1$计算过程如下：

$$\begin{aligned}\boldsymbol{S}_1&=(S_1^1,S_2^1,S_3^1,S_4^1)\\&=\boldsymbol{W}\boldsymbol{R}_1\end{aligned}$$

$$=(0.15,0.55,0.25,0.05)\begin{pmatrix}0.000 & 0.333 & 0.556 & 0.111 & 0.000\\0.000 & 0.111 & 0.111 & 0.778 & 0.000\\0.000 & 0.667 & 0.333 & 0.000 & 0.000\\0.667 & 0.222 & 0.111 & 0.000 & 0.000\end{pmatrix}$$

$$=(0.033,0.289,0.233,0.444,0.000)$$

则项目 A 的优先度 $\boldsymbol{N}_1$ 为

$$\boldsymbol{N}_1=\boldsymbol{S}_1\boldsymbol{E}^{\mathrm{T}}=(0.033,0.289,0.233,0.444,0.000)\begin{pmatrix}0.9\\0.7\\0.5\\0.3\\0.1\end{pmatrix}=0.482$$

同理,可求得项目 B 和项目 C 的优先度分别为:$\boldsymbol{N}_2=0.737$,$\boldsymbol{N}_3=0.448$。由此,可确定三个项目的优先顺序为:项目 B、项目 A、项目 C。

习题

1.简述每种系统评价方法的优点与缺点。

2.通过以下案例,探讨模糊综合评价中计算的隶属度与实际情况的映射关系。

A 公司目前打算从甲、乙、丙三个品牌中选择一家订购公司所需的台式机,相关的评价准则层包括 CPU、内存、硬盘、电源、主板,分别用 $P1$、$P2$、$P3$、$P4$、$P5$ 来表示,判断矩阵如表 3-14 至表 3-19 所示。试画出该问题的层次分析图,并采用层次分析方法从三个品牌中做出选择。

表 3-14 准则层判断矩阵

	$P1$	$P2$	$P3$	$P4$	$P5$
$P1$	1	3	3	5	1
$P2$	1/3	1	1	3	1/2
$P3$	1/3	1	1	3	1/2
$P4$	1/5	1/3	1/3	1	1/3
$P5$	1	2	2	3	1

表 3-15　准则层 **P1** 下的方案层判断矩阵

$P1$	甲	乙	丙
甲	1	3	2
乙	1/3	1	1/2
丙	1/2	2	1

表 3-16　准则层 **P2** 下的方案层判断矩阵

$P2$	甲	乙	丙
甲	1	3	1/2
乙	1/3	1	1/6
丙	2	6	1

表 3-17　准则层 **P3** 下的方案层判断矩阵

$P3$	甲	乙	丙
甲	1	1/3	2
乙	3	1	6
丙	1/2	1/6	1

表 3-18　准则层 **P4** 下的方案层判断矩阵

$P4$	甲	乙	丙
甲	1	1/2	3
乙	2	1	6
丙	1/3	1/6	1

表 3-19　准则层 **P5** 下的方案层判断矩阵

$P5$	甲	乙	丙
甲	1	1/4	2
乙	4	1	8
丙	1/2	1/8	1

3.评价某品牌的手表，评价指标集为 $F=\{f_1,f_2,f_3,f_4\}$，其中 f_1 表示外

观样式，f_2 表示走时准确，f_3 表示价格，f_4 表示质量，各评价指标的权重分别为 0.15、0.20、0.25、0.40；评价尺度集为 $E=\{e_1,e_2,e_3\}$，其中 e_1 表示很满意，e_2 表示满意，e_3 表示不满意，各评价尺度的得分分别为 0.7、0.5、0.3。对该品牌手表的评价打分结果如表 3-20 所示，试计算该品牌手表的综合评价向量以及优先度。

表 3-20 评价指标及评价尺度

		外观样式（f_1）	走时准确（f_2）	价格（f_3）	质量（f_4）
权重（w）		0.15	0.20	0.25	0.40
评价尺度	0.7	3	1	6	2
	0.5	5	1	3	1
	0.3	1	7	0	6

【参考文献】

[1]汪应洛. 系统工程[M]. 北京：机械工业出版社，2024.

[2]刘思峰，郭本海，方志耕，等.系统评价：方法、模型、应用[M]. 北京：科学出版社，2015.

[3]丁荣贵，高少冲，孙涛，等. 匹配视角下协同创新项目社会网络参与方选择决策[J]. 软科学，2018，32(4).

[4]杨学津，孙一. 管理系统工程教程[M]. 济南：山东大学出版社，2003.

[5]梁迪，单麟婷.系统工程基础与应用[M].北京：清华大学出版社，2018.

[6]王众托. 系统工程引论[M]. 北京：电子工业出版社，2012.

第4章　解释结构模型方法

建模(Modeling)一词在很多领域都有使用,用积木搭建房子、用公式描述变量之间的关系、用节点代表人搭建社会关系网络、用三维软件表示建筑的结构,都是建模的过程。实践中要求恰当解决问题,这不仅需要对建模方法了然于胸,更需要系统设计来解决数据收集、处理和结果展示问题,让结果服务于决策。本章由现实问题出发,深入理解经典建模方法——解释结构模型的原理,通过 Excel 完成"自动"计算,并据此设计算法和编写程序。本章学习不需要具有编程基础,章节内容的逐步展开可使零编程基础的人员完成最终的程序。希望大家在学习的过程中树立信心,享受解决问题的快乐。

4.1　系统模型

4.1.1　系统模型的分类与构建

系统存在于不同的领域和层面,既可以是具体的、物理的、生物的,也可以是抽象的、虚拟的、社会的。现实中的系统往往比较复杂,多元的系统要素和复杂的关联关系决定了系统属性的多样性。全面详细地刻画系统的所有属性既不必要也不可能。为有效解决具体的实践和理论问题,需要利用系统模型对系统关键属性进行提取刻画,这与系统分析的目的密切相关。

系统各要素协同运作、相互配合以实现特定的功能和目的。要素之间的关系可能比单个要素更加重要,如何有效刻画、分析这些关系形成的结构就极为重要,系统模型可视为特定视角下的、有效简化系统的结构。

1.系统模型的分类

系统模型按照不同的视角、不同的形式或不同的原则有多种分类方式。表4-1列出了不同原则下的系统模型分类方式。

表 4-1 系统模型分类

分类原则	模型种类
按建模材料不同	抽象、实物
按与实体的关系	形象、类似、数学
按模型表征信息的程度	观念性、数学、物理
按模型的构造方法	理论、经验、混合
按模型的功能	结构、性能、评价、最优化、网络
按与时间的依赖关系	静态、动态
按是否描述系统内部特征	黑箱、白箱、灰箱
按模型应用场合	通用、专用
数学模型的分类	
(1)按变量类型	确定性、随机性、连续型、离散型
(2)按变量之间的关系	代数方程、微分方程、概率统计、逻辑

下面就数学模型和图形模型进行举例和解释。

1)数学模型

数学模型是用数学方法描述和分析系统特征的一种模型。利用数学的符号、方程、变量和参数进行数学运算，分析系统运行的规律和特点，从而理解和解决系统问题。数学模型是一种常见模型。

数学模型具有很多优点：①数学模型的规范性、适用性使得它在各领域的系统问题解决中体现出可变性好、适应性强、分析速度快的优势。②科学技术层面的系统问题必须使用数学模型作为分析工具，以支撑设计操作或优化系统的定量结论。③数学模型通过学习和分析历史数据，实现对未来趋势的预测和分析，为决策提供依据。因此，数学模型是系统工程中使用最广泛的一类模型。系统工程中提到的系统建模，大多情况下都是指建立系统的数学模型。

数学模型按照变量类型可分为确定性模型、随机性模型、连续型模型、离散型模型等，按照解决问题的性质可分为静态模型、动态模型、宏观模型、微观模型等。

2)图形模型

图形模型是一种用图形或图结构来表示和描述概率分布或概率关系的数学工具。图形模型主要用于处理随机变量之间的依赖关系和条件概率，并用图的形式直观地表示这些关系。

图形模型在系统工程中有许多优点：①相较于晦涩难懂的数学模型，图形模型使用图形展示系统的结构、功能及其相互作用，使得复杂的系统更加直观和易于理解。②图形模型便于进行修改和调整，具有易操作性，无须进行大量的重新计算或重新设计，可以更快地进行迭代，改进系统性能。③利用图形模型更容易分析系统结构和性能，便于调整不同的参数和变量，了解系统的行为和性能，从而做出决策分析。

常见的图形模型有信号模型（如方块图、信号流图等）、流模型（网络模型、流程图、PERT 等）、结构模型（ISM 模型、FSM 模型、DEMATEL 模型）和离散事件模型（状态转移图、Petri 网等）。

2.系统模型的构建

系统建模是研究各种系统的基础，是指通过构建起适用的系统模型，来表征系统某一方面的属性，作为系统分析、评价和决策的依据。系统建模的目的是通过定义系统的各种组成部分、属性、交互关系以及行为，我们可以更好地理解系统的特性、功能、行为和性能，有助于进行系统分析、设计、仿真和优化。构建系统模型是一项复杂的工作，它不仅要求研究者对实际系统有着充分的把握和理解，还要求研究者精通系统工程的基本原理和基础技能。由于现实系统在不同条件下具有不同的特性，构建系统模型是一项富有挑战性和艺术性的工作。

1）系统建模的原则

（1）简化原则

建模应尽可能简化系统，抓住主要特征和关键关系，忽略次要和不必要的细节。对复杂系统的分析更应关注模型的简化，避免烦琐的变量选择。考虑过多因素会使模型难以操控，增加求解运行的时间和不必要的费用。例如，在工业管理中，探索工艺流程对产出的影响时，无须考虑用工工资，考虑过多因素会使系统模型臃肿低效，失去了建模的意义。

（2）现实性原则

系统建模的目的是对现实世界中的某个系统进行抽象化表达。因此，模型必须能模拟出实际中各系统的组成要素及要素间的相互作用。只有这样，构建的系统模型才能用于研究现实问题，否则建立系统模型是没有意义的。

（3）动态性原则

外界环境并非一成不变，而是会随着时间、空间的变化而变化。不同状态下的系统模型应尽可能反映出外界环境的动态变化。因此，系统模型应对环境变化具有一定的适应能力，能够应用于各种外界环境下的系统问题求解。

(4)目标明确原则

建立任何系统模型都是为了解决现实问题。构建模型时应随时保持对建模目标的清醒认知，避免盲目地添加或忽略模型的部分，保证模型的有效性。

(5)实用性原则

建立的模型应能够在实际应用中发挥价值，对问题的解决或决策的制定有实际意义。虽然模型的构建过程是复杂的，但在使用时，模型应尽可能便于用户处理和计算，必须保证模型的标准化和规范化，确保模型具有可操作性。

(6)模块化原则

该原则强调将复杂的系统拆分成更小、更简单的模块或子系统，然后对每个模块进行独立建模。将系统分解为多个模块后，每个模块只关注特定的功能或结构，使得模型的构建更加直观和可行。同时，独立的模块更容易进行单独测试，便于进行验收和后续修改。此外，模块化将建模过程分解为多个相对简单的任务，便于各个团队或个人独立负责不同模块的开发，提高了建模的效率和可管理性。

2)系统建模的步骤

(1)明确目的。建立系统模型是服务于某一具体目的的，明确建模的目的必须解决“为什么要建立模型”这一问题，明确实际需求。

(2)定义问题。明确要解决的问题或研究的主题。定义问题的过程实质上就是对影响建模的各种要素进行分析的过程。

(3)收集数据。获取与问题相关的数据，这些数据将用于构建和验证模型，也用于确定哪些数据可以作为系统建模分析的输入变量。数据质量的优劣决定了模型求解结果的优劣。

(4)选择模型类型。这是构建模型最为关键的一步，主要采用理论分析的方法，根据问题的性质和数据的特点选择合适的模型类型，基于此来确定具体的建模方法与定量化的内容。

(5)设置参数和变量。基于构建模型前收集的资料数据，运用各种方法来量化系统模型中的要素与因果关系。若无直接可用的数据，可采用专家评估法来确定参数。

(6)模型分析。使用构建的模型进行系统的分析和决策。通过模型分析，深入理解系统的行为，并将模型的分析结果转化为对实际问题有意义的解释，为决策和实践提供支持和指导。

(7)持续改进。系统模型是一个动态的工具，随着问题和情境的变化，模型需要不断改进和调整，以保持其准确性和适用性。

3）系统建模的方法

（1）直接法

当研究的问题能通过现有的定理和定律直接进行推理分析时，通常采用直接法构建模型。根据数学、物理、经济等规律，分析系统的内部成分，利用逻辑推理的方法，由公理、定律推导出系统模型。直接法适用于系统的组成要素和内部结构非常清晰的系统，称为"白箱"系统（例如大多数的工程系统）。

比如，某厂生产甲、乙两种产品，两个产品需要用到 A、B 两种原材料，每种产品的资源消耗量、产品的利润以及可用资源的数量如表 4-2 所示，试求使该厂获得最大利润的生产方式。

表 4-2　产品资源数据　（单位：个）

	甲	乙	资源限制
A	9	4	170
B	4	3	100
单位利润（元）	360	200	

假设甲、乙两种产品分别生产 x_1、x_2 单位，则依据问题可列出下式：

$$\max Q=360x_1+200x_2$$

$$\begin{cases}9x_1+4x_2\leqslant 170\\4x_1+3x_2\leqslant 100\\x_1\geqslant 0, x_2\geqslant 0\end{cases}$$

该示例是一个典型的利用现有信息构建的线性规划模型。

（2）实验法

若系统的内部结构和相关信息不完备，即系统是所谓的"灰箱"或"黑箱"，但能够通过实验观察系统的输入与输出信息，利用这些数据来构建系统模型或验证已有模型的准确性的方法被称为实验法。例如折射定律可表示为：$n_1\sin\theta_1=n_2\sin\theta_2$，其中，$n_1$，$n_2$ 是两种介质的折射率，θ_1，θ_2 是入射光、折射光与界面法线的夹角。这个公式是荷兰数学家斯涅尔（W. van R. Snell）通过反复的实验，分析归纳入射光线与出射光线的角度数据得出的结论。

（3）统计分析法

当"黑箱"系统不允许直接进行实验观察时，可以利用收集数据并进行统计分析的方法来构建模型，称为统计分析法。该方法适用于非工程类的系统。例如，一家工程公司需要估算新项目的成本。通过统计分析类似项目的历史数据，如材料价格、人工成本、工期等，建立成本估算模型，预测新项目的总成本和可能的风险。

(4)综合法

在实际工作中，仅使用一种方法往往并不能达到研究目的，因此综合法是最常用的建模方法。综合法通常是在直接法演绎推导的基础上，利用实验的方法进行补充验证，构建起更匹配实际情况的集成系统模型。例如经济学中的柯布-道格拉斯生产函数可以表示为

$$Y = cA^{\alpha}B^{\beta}$$

在该模型中，先根据经济理论得出劳动力 A 和资本投入 P 决定了产值 Y 的关系，即 $Y=f(A,P)$，在此基础上利用统计数据分析确定参数 c，α，β 的值，从而得到完整的柯布-道格拉斯生产函数模型。

4.1.2 结构模型的特点与表达

结构模型的核心特点是“结构”，而对要素关注较少。尽管要素是构成模型的基础，且要素可能是多样的、多变的，但是在结构模型的构建中，通常对要素做同质假设。例如，传染病网络中的“节点”是按一定概率被感染和恢复的“人”，而通常不探究人与人之间体质、医疗条件、生活习惯的差异。这种“同质”假设无须对要素一一说明，从而使模型的表达更加简洁，矩阵成为其中主要的工具。

1.结构模型的特点

系统是由多个相互关联的组件、模块或部分所组成的整体，这些组件在一起协同工作以实现特定的功能或目标。系统结构决定了系统的性质、功能、用途等，这一点在结构模型中更为突出。尽管要素和要素间关系都是结构的基础，但是在要素同质的假设下，结构模型更加关注关系以及关系构成的复杂结构。当实体之间存在多种相关关系时，在构建系统模型时应明确针对不同的关系建立不同的模型。这个过程注重表现系统各要素间相互作用的性质，是认识和把握系统问题、建立模型并求解的基础。结构模型通常有以下几个特点：

(1)结构模型是一种几何模型，可用有向图表示。结构模型通常使用节点和有向边来描述一个系统结构，节点用来表示系统的实体，连接点与点之间的有向边则表示实体间存在的关系。利用这种方式所做出的图像称为有向拓扑图，简称有向图，如图 4-1 所示。

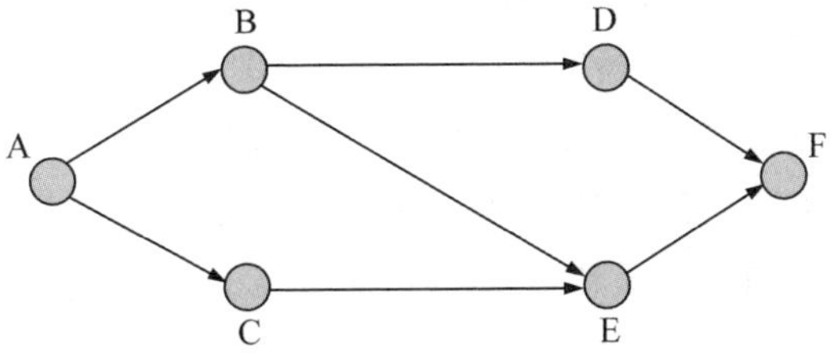

图4-1　有向拓扑图

(2)结构模型是以定性分析为主的模型。这类模型不仅可以比较判断系统要素选择的合理性,还可以分析系统要素及其相互关系变化时对系统产生的影响。

(3)结构模型除了可用有向图表示外,还可以用矩阵描述。矩阵可以通过逻辑演算,用数学方法进行处理。因此,如果要进一步研究各要素之间的关系,通过矩阵形式的演算,可使定性分析和定量分析相结合。

(4)结构模型作为对系统进行描述的一种形式,处在数学模型形式和逻辑分析形式之间,可操作性强,适用于处理宏观、微观、定性、定量等各类问题。

2.结构模型的表达

由前面的知识我们可以推出,不论什么系统,都可以表示为

系统={系统的所有构成要素,要素间的相互关系}

假设系统由 $n(n\geqslant 2)$ 个要素($s_1,s_2,\cdots,s_n$)组成,则系统要素集合表示为:$\Omega=\{s_1,s_2,\cdots,s_n\}$。系统的要素并非独立存在的,而是有机地联系在一起,形成整个系统。系统要素常以两个要素之间的二元关系形式存在。在集合论中,二元关系是指一个集合中的元素与另一个集合中的元素之间的关系,其中每对元素都有且只有一个关系。二元关系通常用有序对(s_i,s_j)表示,其中第一个元素来自第一个集合,第二个元素来自第二个集合。

二元关系 R^2 可理解为根据实际系统的性质与研究目的所定义的一种存在于两个要素之间的关系 R_{ij}。类比有序对的定义方式,我们把系统构成要素间的这种关系用要素对(s_i,s_j)表示。系统中所有的二元关系构成的集合称为系统结构二元关系集合:

$$R=\{(s_i,s_j)\mid s_i,s_j\in\Omega,i,j=1,2,\cdots,n\}。$$

需要注意的是,三元关系 R^3 以及多元关系 R^n 是一种比二元关系更为复杂的结构,由多个要素及其之间的关系组成。二元关系也被称为一阶关系,二阶关系 $R(2)$ 是指关系的关系,以此类推。考虑系统工程的需要,我们通常忽略掉三阶以上的关系。因此系统结构的集合可以表示为 $S=\{\Omega,R^2,R^3,\cdots,R^n,R(2)\}$。

有向图由节点和连接节点的有向弧(箭线)组成。从一个节点指出的边表示一种有向的要素间关系,这种方式能清楚地表明要素关系的方向性。有向时序图、路线图、拓扑图以及其他类型的有向图等,都可以用来描述系统的结构。系统工程中,有向图被广泛地应用于分析复杂的系统要素关系。需注意的是,节点 s_i 指向节点 s_j 的有向弧和节点 s_j 指向节点 s_i 的有向弧含义不同,即两个要素间最多可以有两条有向弧。图 4-2 为有向图的示例。

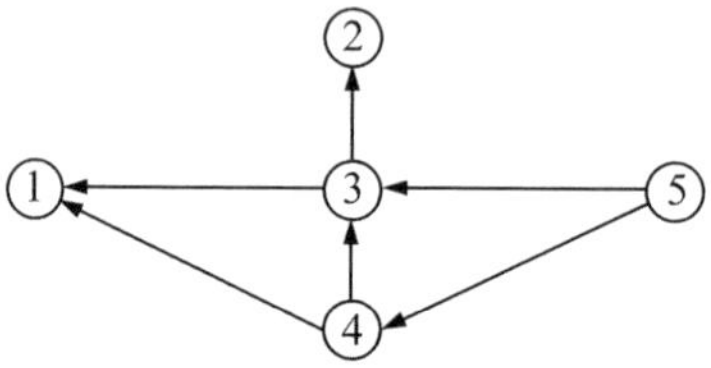

图 4-2 有向图

有向图可分为两部分:点集合与边集合。用 S 表示点集合,用 R 表示边集合。因此,可用一个一维数组存放图中所有顶点数据,用一个二维数组存放顶点间关系(边或弧)的数据,这个二维数组被称为邻接矩阵(Adjacency Matrix),用来表示顶点之间的相邻关系,表示为 $A=(r_{ij})_{n\times n}$,其中,

$$r_{ij}=\begin{cases}1,\text{表示有向线段从 } s_i \text{ 指向 } s_j\\0,\text{表示没有有向线段从 } s_i \text{ 指向 } s_j\end{cases}$$

根据上述有关邻接矩阵的定义,把图 4-2 的有向图转化为邻接矩阵,可以表示为

$$\boldsymbol{A}=\begin{pmatrix}0&0&0&0&0\\0&0&0&0&0\\1&1&0&0&0\\1&0&1&0&0\\0&0&1&1&0\end{pmatrix}$$

邻接矩阵 $\boldsymbol{A}$ 有如下几个性质:

(1)矩阵元素非 0 即 1,称作布尔矩阵。

(2)有向图与邻接矩阵一一对应。

(3)$\boldsymbol{A}$ 的转置矩阵 $\boldsymbol{A}^{\mathrm{T}}$,有向图箭头改变方向。

(4)邻接矩阵只描述两个问题之间的直接关系,不考虑间接关系。

(5)在邻接矩阵中,若某一列元素全为零,则对应的问题被称为源点。如上述矩阵中的第 5 列;如果某一行元素全为零,则对应的问题被称为汇点,如上述

矩阵中的第一行与第二行。

将图 4-2 的有向图转换为邻接矩阵，并以表格形式表示，如表 4-3 所示。在该矩阵中，每个行和列表示图中的顶点。存储在行和列的交叉点处的单元中的值表示是否存在从顶点 s_i 到顶点 s_j 的边，其中“1”表示存在，“0”表示不存在；当两个顶点通过边连接时，可称它们是相邻的。

表 4-3　邻接矩阵示意表

	A	B	C	D	E
A	0	0	0	0	0
B	0	0	0	0	0
C	1	1	0	0	0
D	1	0	1	0	0
E	0	0	1	1	0

邻接矩阵表示了各单元的直接联系，当我们对邻接矩阵进行网络路径分析时，可以得到更多的有关系统结构的信息。

4.2　解释结构模型原理与过程

4.2.1　解释结构模型原理

1.解释结构模型的概念

解释结构模型(Interpretative Structural Modeling Method，ISM)是美国华费尔(J. N. Warfield)教授在 1973 年作为分析复杂的社会经济系统有关问题的一种方法而开发的。ISM 的基本原理可以概括为：利用各种分析技术确定现实系统的构成要素，再通过集合、有向图或矩阵等工具分析构成系统的各个要素间的相互关系，对其进行信息化处理，明确系统问题的层次结构，充分把握系统特征，解决研究问题。

2.解释结构模型的思路

参照系统模型构建的一般原则，解释结构模型的设计思路如下：

(1)确定系统问题，明确求解目标。根据实际需求，确定具体的求解范围，聚焦于研究的系统问题。

(2)界定系统范围，选择构成系统的要素。把握系统的整体特征，分析系统的信息，识别构成系统的要素。

(3)根据系统分析要素间的关系,了解关系的类型和性质。关系可以是一对一、一对多或多对多的。某些关系可能是强关系,而其他关系可能是弱关系。理解关系并揭示系统中不同实体之间的交互方式。

(4)根据要素及要素关系分析结果,建立各要素的邻接矩阵和可达矩阵。将分析得到的关系转化为可以运行处理的数学形式,以便进行操作与分析。

(5)根据可达矩阵,找出系统中的关键要素,并对区域进行划分。区域划分是将要素按照给定的二元关系划分为相互独立区域的过程。

(6)在区域划分基础上进行层次划分,生成层次结构图。根据层次结构图,能够实现对系统结构的分级表述,清晰展示系统各个要素的依赖关系及地位功能。

(7)依据层次结构图,建立解释结构模型,对系统进行深层分析,把握系统的本质。

运用解释结构模型求解系统问题的具体过程如图 4-3 所示。

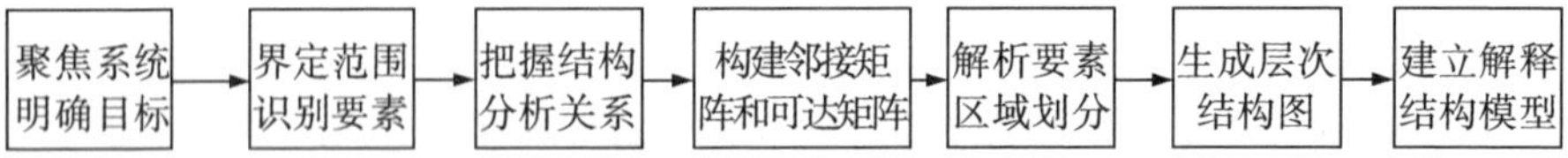

图 4-3 解释结构模型的步骤

3.解释结构模型的用途

解释结构模型是一种应用广泛的系统分析方法,能用于研究各种错综复杂的社会系统,并可用于解决多目标、多元素之间的问题。在国际性问题方面,解释结构模型可以用于分析国家或地区之间的经济、政治、文化等因素,揭示各种国际关系的复杂性,为国际合作与决策提供参考和支持。在地区经济开发方面,能帮助识别地区经济发展中存在的问题,找出潜在的机会与挑战,提供制定区域发展策略的依据。在企业与事业单位管理中,解释结构模型可以用于分析组织内部各个要素之间的关系,从而优化组织结构,提高管理效率,实现可持续发展。对于个人范围的问题,解释结构模型可以应用于个人的决策分析、职业规划、资源分配等方面,帮助个人做出更明智的选择,实现个人目标。

近十年来,ISM 在管理学实践中的应用愈加突出。这一方面得益于 ISM 良好的结构分析、结果展示能力;另一方面是管理人员数理能力的提升,为理论与实践相结合找到了更好的接口。下面以国际工程项目中的风险分析为例说明解释结构模型。风险事件直接产生损失等不良影响,风险因素提高了风险事件发生概率或者增加了风险损失,显然一个风险事件也可能是其他风险事件的因素。风险因素之间存在影响关系,如果将风险因素作为损失为 0 的风险事件，我们能够得到风险因素形成的网络，如图 4-4 所示。图中网络节点是风险因素，因素之间的关系表征风险因素触发另一个因素的可能性。

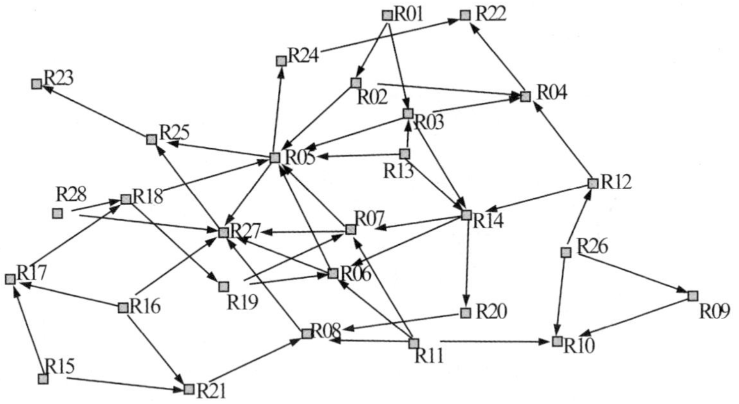

图 4-4　国际工程项目网络图

图 4-4 中风险序号对应的风险如表 4-4 所示。

表 4-4　风险名称

序号	风险名称	序号	风险名称
R01	对当地法律法规了解不充分	R15	融资风险
R02	项目环境相关法律风险	R16	汇率风险
R03	项目过程相关法律风险	R17	项目现金流风险
R04	当地负面社会形象	R18	利益相关方关系风险
R05	项目赔偿	R19	物资、设备可靠性风险
R06	项目工期风险	R20	项目人力成本风险
R07	项目质量风险	R21	项目融资成本风险
R08	项目成本风险	R22	企业发展风险
R09	业主沟通不良	R23	企业生存风险
R10	项目方案设计不到位	R24	企业融资担保风险
R11	项目变更	R25	企业资金风险
R12	当地习俗冲突	R26	文化差异风险
R13	项目 HSE(健康、安全、环境)风险	R27	项目收益风险
R14	项目人员风险	R28	政治风险

针对这种网络，我们可以做静态的、基于指标的网络分析，也可以通过仿真等方式进行动态的、基于蒙特卡洛模拟的分析，这些数理分析方法在后续内容中也会进行讲解。解释结构模型方法更偏向于定性分析，探究系统的结构，可得到如图 4-5 所示的结果。

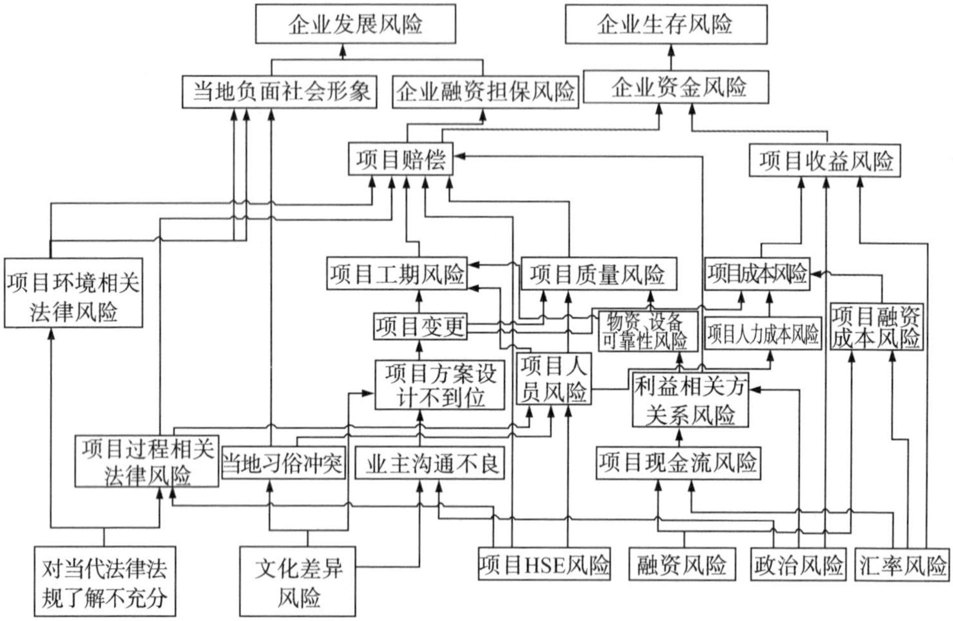

图 4-5　国际工程项目解释结构模型图

偏向于定性的、关注结构的解释结构模型分析方法，并不关注要素之间的定量关系，例如风险因素 A 触发另一个风险的概率，而是仅考虑要素之间是否有触发的可能性，并探究所有要素和要素之间关系所涌现的“结构”。这种方法不需要收集较多的定量数据，系统的分析结果又能从系统的角度提供要素的重要性分析、要素间多级结构分析等，可有效帮助展示和进行决策。但是解释结构模型这种相对定性的方法，需要矩阵布尔运算、网络路径分析等数理方法。其实，即便方法复杂，也不影响其直接应用到实践，只需做好接口与封装即可；收集信息时，仅需要关注输入哪些信息即可；数据处理则是在诸如 Excel、程序、软件包等封装好的环境中进行；而在数据或图形输出时，要确保便于相关人员读取和理解。

4.2.2　矩阵布尔运算与网络路径分析

可达矩阵中的 r_{ij} 的含义是：节点 i 是否能够到达节点 j，可达则 $r_{ij}=1$，反之 $r_{ij}=0$。显然，如果存在一条从节点 i 到节点 j 的网络路径，则“可达”。而这个路径的长度可以为 1 到 $n-1$ 的任意数值(假设网络中没有循环且网络节点数量为 n)。因此，想要得到可达矩阵，需要求出所有节点之间各个路径的长度。为了解决这个问题，需要引入布尔运算。

1.布尔运算的定义

布尔运算，也称为逻辑运算，是一种基于布尔代数的运算方式。它使用逻辑值(真或假)来表示逻辑关系，并进行逻辑推理。

布尔运算基于两个逻辑值：真(True)或假(False)。它包括以下几种主要的逻辑运算：

(1)与运算(and)：只有当两个操作数同时为真时，结果才为真，否则结果为假。

(2)或运算(or)：只要有一个操作数为真，结果就为真，只有两个操作数都为假时，结果才为假。

(3)非运算(not)：对一个操作数取反，即真变假、假变真。

(4)异或运算(xor)：当两个操作数不同时，结果为真，若两个操作数相同，则结果为假。

布尔运算在编程语言、逻辑判断、条件控制语句等方面都有广泛应用。例如，在编写程序时，我们经常使用布尔运算来进行条件判断，根据不同的逻辑结果选择是否运行代码块。

2.网络路径分析

在网络路径分析中一般运用布尔矩阵的积运算。假设 $\boldsymbol{A}=(a_{ij})$ 是 $m\times p$ 矩阵，$\boldsymbol{B}=(b_{ij})$ 是 $p\times n$ 矩阵，则矩阵 $\boldsymbol{A}$ 与 $\boldsymbol{B}$ 的布尔运算结果是一个 $m\times n$ 矩阵，记为 $\boldsymbol{A}\odot\boldsymbol{B}=\boldsymbol{C}=(c_{ij})$，其中：

$$c_{ij}=\begin{cases}1 & \exists k, a_{ik}=1 \text{ and } b_{ik}=1\\ 0 & \text{else}\end{cases}$$

具体运算思路为：首先进行矩阵的叉乘运算，运算后矩阵中的非零值代表运算前对应的矩阵要素之间有交集，将各非零值赋值“1”(即运算结果为“真”)，否则赋值“0”(即运算结果为“假”)，求出所有相交和非相交元素，得到布尔运算结果。

假设存在这样一个矩阵：

$$\mathbf{A}=\begin{pmatrix}0&0&0&0&0\\0&0&0&0&0\\1&1&0&0&0\\1&0&1&0&0\\0&0&1&1&0\end{pmatrix}$$

首先进行矩阵相乘，计算 $\mathbf{A}^2$：

$$\mathbf{A}^2=\begin{pmatrix}0&0&0&0&0\\0&0&0&0&0\\1&1&0&0&0\\1&0&1&0&0\\0&0&1&1&0\end{pmatrix}\begin{pmatrix}0&0&0&0&0\\0&0&0&0&0\\1&1&0&0&0\\1&0&1&0&0\\0&0&1&1&0\end{pmatrix}=\begin{pmatrix}0&0&0&0&0\\0&0&0&0&0\\0&0&0&0&0\\1&1&0&0&0\\2&1&1&0&0\end{pmatrix}$$

根据布尔运算规则，用“1”和“0”分别表示“真”和“假”，运行布尔运算对上述结果进行处理，将矩阵中非“0”的值均改为用“1”表示，得到路径长度为 2 的矩阵，结果如下：

$$\begin{pmatrix}0&0&0&0&0\\0&0&0&0&0\\0&0&0&0&0\\1&1&0&0&0\\2&1&1&0&0\end{pmatrix}\to\begin{pmatrix}0&0&0&0&0\\0&0&0&0&0\\0&0&0&0&0\\1&1&0&0&0\\1&1&1&0&0\end{pmatrix}$$

利用求得的结果再与矩阵 **A** 相乘，得到路径长度为 3 的矩阵，同理可得到路径长度为 4 的矩阵，运算过程及结果如下：

$$\mathbf{A}^3=\begin{pmatrix}0&0&0&0&0\\0&0&0&0&0\\0&0&0&0&0\\1&1&0&0&0\\1&1&1&0&0\end{pmatrix}\odot\begin{pmatrix}0&0&0&0&0\\0&0&0&0&0\\1&1&0&0&0\\1&0&1&0&0\\0&0&1&1&0\end{pmatrix}=\begin{pmatrix}0&0&0&0&0\\0&0&0&0&0\\0&0&0&0&0\\0&0&0&0&0\\1&1&0&0&0\end{pmatrix}$$

$$\mathbf{A}^4=\mathbf{A}^3\cdot\mathbf{A}=\begin{pmatrix}0&0&0&0&0\\0&0&0&0&0\\0&0&0&0&0\\0&0&0&0&0\\1&1&0&0&0\end{pmatrix}\odot\begin{pmatrix}0&0&0&0&0\\0&0&0&0&0\\1&1&0&0&0\\1&0&1&0&0\\0&0&1&1&0\end{pmatrix}=\begin{pmatrix}0&0&0&0&0\\0&0&0&0&0\\0&0&0&0&0\\0&0&0&0&0\\0&0&0&0&0\end{pmatrix}$$

从布尔运算的结果可以看出，该网络中最大的路径长度为 3，不存在长度为 4 的路径。

布尔矩阵通常是表示逻辑关系运算的一类，在表现形式上，布尔矩阵里的布尔值只有真或假，数值表示为1或0，这与常规的矩阵不同，后者矩阵中的元素可以是任意实数。布尔运算可以体现为矩阵运算后（包括矩阵相加、矩阵相乘等运算）把所有非零的元素变换为1，但要注意的是，布尔矩阵中的0与1并不像常规矩阵元素一样代表数值，而是代表着真或假。

3.布尔运算的 Excel 操作过程

以矩阵 $\boldsymbol{A}$ 的计算为例，对矩阵 $\boldsymbol{A}$ 进行自乘，将得到的结果进行布尔运算，得到长度为2的路径，具体步骤如下：

(1)将矩阵 $\boldsymbol{A}$ 的第 m 行与第 n 列相乘，即在表格中插入函数，将运算结果输入矩阵的第 m 行、第 n 列中，对矩阵中所有的行和列均做上述运算，便可得到矩阵相乘的运算结果 $\boldsymbol{A}^2$，记作矩阵 $\boldsymbol{B}$。或者在 Excel 中直接输入相乘的矩阵，利用 Excel 中计算矩阵相乘的函数进行运算。Excel 中矩阵的表达方式为"X:Y"，例如"A1:C3"，其中 A1 与 C3 分别是矩阵左上角元素与右下角元素，位于两个元素之间的表格数据构成该矩阵的全部元素。在 Excel 中，首先输入计算矩阵相乘的公式（注意避免输出的矩阵结果覆盖原有的数据内容）"=MMULT($\boldsymbol{A}$,$\boldsymbol{B}$)"，其中 $\boldsymbol{A}$、$\boldsymbol{B}$ 分别是矩阵相乘中左乘和右乘的矩阵，输入公式后同时按住 Shift+Ctrl+Enter，如图4-6所示，矩阵的表头表示有向图中节点的编号。

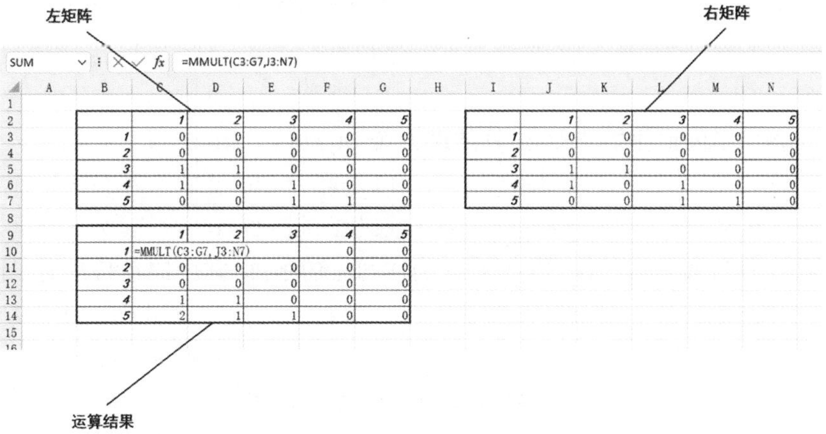

图4-6　矩阵相乘函数

计算求得的结果为$\begin{pmatrix} 0 & 0 & 0 & 0 & 0 \\ 0 & 0 & 0 & 0 & 0 \\ 0 & 0 & 0 & 0 & 0 \\ 1 & 1 & 0 & 0 & 0 \\ 2 & 1 & 1 & 0 & 0 \end{pmatrix}$。

(2)对矩阵 $\boldsymbol{B}$ 进行布尔运算,并进行矩阵的求交运算,以输出矩阵的第 1 行第 1 列元素为例,利用 Excel 自带的 IF 函数,具体格式为"=IF(A,m,n)"。其用法为在单元格处输入判断语句,若判断结果为真,输出 m 值,否则输出 n 值。同理,分别对矩阵 $\boldsymbol{B}$ 中所有数值进行 IF 函数运算,得到路径长度为 2 的矩阵,如图 4-7 所示。

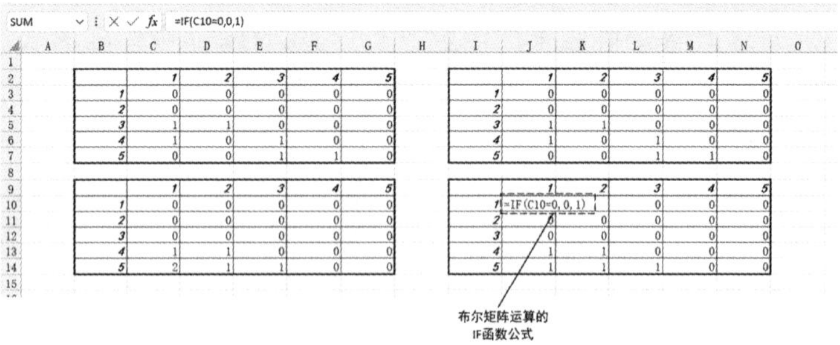

图 4-7　Excel 中矩阵 $\boldsymbol{B}$ 的布尔运算过程

求得的矩阵记作矩阵 $\boldsymbol{C}$,运算结果为$\begin{pmatrix} 0 & 0 & 0 & 0 & 0 \\ 0 & 0 & 0 & 0 & 0 \\ 0 & 0 & 0 & 0 & 0 \\ 1 & 1 & 0 & 0 & 0 \\ 1 & 1 & 1 & 0 & 0 \end{pmatrix}$。

(3)同理,可分别计算出路径长度为 3 和 4 的矩阵,其中路径长度为 3 的矩阵结果为$\begin{pmatrix} 0 & 0 & 0 & 0 & 0 \\ 0 & 0 & 0 & 0 & 0 \\ 0 & 0 & 0 & 0 & 0 \\ 0 & 0 & 0 & 0 & 0 \\ 1 & 1 & 0 & 0 & 0 \end{pmatrix}$,路径长度为 4 的矩阵结果为$\begin{pmatrix} 0 & 0 & 0 & 0 & 0 \\ 0 & 0 & 0 & 0 & 0 \\ 0 & 0 & 0 & 0 & 0 \\ 0 & 0 & 0 & 0 & 0 \\ 0 & 0 & 0 & 0 & 0 \end{pmatrix}$。路径长度为 4 的矩阵中的每一项都为 0,说明该模型中无路径长度为 4 的矩阵,最大路径长度为 3。

4.可达矩阵求解

邻接矩阵只能反映系统要素的直接联系，而要素间的间接联系不能表现出来，因而需有能够全面表述系统要素深层联系的矩阵——可达矩阵。可达矩阵的定义是：用矩阵形式来表述有向连接图各节点之间经过一定长度的通路后可达到的程度，即包含反身关系和 $K(K=1,2,\cdots)$ 步到达关系的矩阵，记成 $\boldsymbol{M}$，表示为 $\boldsymbol{M}=(m_{ij})_{n\times n}$，其中：

$$m_{ij}=\begin{cases}1,\text{表示存在着从 } s_i \text{ 至 } s_j \text{ 的通路}\\0,\text{表示不存在从 } s_i \text{ 至 } s_j \text{ 的通路}\end{cases}$$

矩阵 $\boldsymbol{A}$ 和矩阵 $\boldsymbol{M}$ 的元素均为“1”或“0”，对邻接矩阵 $\boldsymbol{A}$ 进行自乘运算，可得到要素之间 K 步到达关系的信息。当 $\boldsymbol{A}$ 进行自乘运算时，要遵守布尔代数运算规则，即

$$0+0=0,0+1=1,1+0=0,1+1=1$$

$$0\times0=0,0\times1=0,1\times0=0,1\times1=1$$

在系统建模工程中，对于有向图 $D=\{R,S\}$，若 $s_i,s_j\in S$，即 s_i,s_j 都是有向图的节点，且从 s_i 到 s_j 有任何一条通路存在，则称 s_i 可达 s_j。

以有向图 4-2 为例，依次对各点进行分析。由图可以判断出，s_1,s_2 不存在到达其他点的通路，s_3 存在到达 s_1,s_2 的通路，s_4 存在到达 s_1,s_2,s_3 的通路，s_5 存在到达 s_1,s_2,s_3,s_4 的通路。因此有向图的可达矩阵可以表示为

$$\boldsymbol{M}=\begin{pmatrix}1&0&0&0&0\\0&1&0&0&0\\1&1&1&0&0\\1&1&1&1&0\\1&1&1&1&1\end{pmatrix}$$

需要注意的是，对于任意一个点 s_i，其到自身都可以看作长度为 1 的路径，我们默认存在 s_i 到 s_i 的路径，因此可达矩阵的对角线元素总是为 1。

下面用一个简单的例子说明可达矩阵的求解过程（见图 4-8）。

(a)无回路　　　　(b)存在回路

图 4-8　两个简单的有向图

图 4-8(a)的邻接矩阵如下：

$$\boldsymbol{A}=\begin{pmatrix}0&0&0\\1&0&0\\0&1&0\end{pmatrix}$$

应用布尔运算规则对 $\boldsymbol{A}$ 进行第一次自乘运算，求得路径长度为 2 的矩阵：

$$\boldsymbol{A}^2=\begin{pmatrix}0&0&0\\0&0&0\\1&0&0\end{pmatrix}$$

运算后的结果再次右乘矩阵 $\boldsymbol{A}$，得到路径长度为 3 的矩阵：

$$\boldsymbol{A}^3=\begin{pmatrix}0&0&0\\0&0&0\\0&0&0\end{pmatrix}$$

零矩阵表示有向图不存在长度为 3 的路径。根据可达矩阵的定义，将所有长度路径的矩阵进行布尔运算，即

$$\boldsymbol{M}=\boldsymbol{I}+\boldsymbol{A}+\boldsymbol{A}^2=\begin{pmatrix}1&0&0\\1&1&0\\1&1&1\end{pmatrix}$$

其中 $\boldsymbol{I}$ 表示单位矩阵，得出的 $\boldsymbol{M}$ 就是依据图 4-8(a)的邻接矩阵求出的可达矩阵。

此外，我们可以进行 $\boldsymbol{A}+\boldsymbol{I}$ 的自乘运算求解可达矩阵：

$$\boldsymbol{A}+\boldsymbol{I}=\begin{pmatrix}1&0&0\\1&1&0\\0&1&1\end{pmatrix}\text{(包含反身关系和一步到达关系)}$$

$$(\boldsymbol{A}+\boldsymbol{I})^2=\begin{pmatrix}1&0&0\\1&1&0\\1&1&1\end{pmatrix}\text{(包含反身关系、一步到达关系和两步到达关系)}$$

$$(\boldsymbol{A}+\boldsymbol{I})^3=\begin{pmatrix}1&0&0\\1&1&0\\1&1&1\end{pmatrix}=(\boldsymbol{A}+\boldsymbol{I})^2\text{(没有三步到达关系)}$$

因此邻接矩阵对应的可达矩阵可表示为

$$\boldsymbol{M}=(\boldsymbol{A}+\boldsymbol{I})^2=(\boldsymbol{I}+\boldsymbol{A}+\boldsymbol{A}^2)=\begin{pmatrix}1&0&0\\1&1&0\\1&1&1\end{pmatrix}$$

求解可达矩阵的方式归纳如下：

(1)$\boldsymbol{A}^k$ 可用于求解第 k 步到达的可达矩阵。

(2)有向图中没有回路，且存在 v 步到达的关系(v 为整数)时，则必有 $\boldsymbol{A}^k=0, k\geqslant v$。

(3)若有向图中最多包含 n 步到达的关系,对 $(\boldsymbol{A}+\boldsymbol{I})$ 进行自乘运算,无论关系图中是否存在回路,都有 $\boldsymbol{M}=(\boldsymbol{A}+\boldsymbol{I})^{k+1}=(\boldsymbol{A}+\boldsymbol{I})^{k}\neq(\boldsymbol{A}+\boldsymbol{I})^{k-1}\neq\cdots\neq(\boldsymbol{A}+\boldsymbol{I})^{2}\neq\boldsymbol{A}+\boldsymbol{I}$。

4.2.3 层次结构模型

根据可达集定义能够求解每个要素的可达集和先行集,进而得出要素所处的层次,再结合邻接矩阵数据可得出层次结构图。

1.可达集

为了将系统中各种要素划分为不同的层次等级,以构建起解释结构模型,需要首先了解可达集和先行集的概念。

对于任意的系统要素 s_i,其可达集表示为

$$R(s_i)=\{s_j\mid s_j\in\Omega,m_{ij}=1,j=1,2,\cdots,n,i=1,2,\cdots,n\}$$

$R(s_i)$为可达矩阵第 s_i 行中所有数值为1的列所对应的要素集合。$R(s_i)$是要素 s_i 的上位集合,代表由 s_i 出发可以直接或间接到达的全部要素所构成的集合。Ω 是所有要素构成的集合,m_{ij}是可达矩阵中的元素,$m_{ij}=1$ 代表要素 i 关联 j。

根据可达矩阵 $\boldsymbol{M}$ 可以得出,各要素的可达集为 $R(s_1)=\{s_1\}$,$R(s_2)=\{s_2\}$,$R(s_3)=\{s_1,s_2,s_3\}$,$R(s_4)=\{s_1,s_2,s_3,s_4\}$,$R(s_5)=\{s_1,s_2,s_3,s_4,s_5\}$。

2.先行集

对于任意的系统要素 s_i,其先行集表示为

$$A(s_i)=\{s_j\mid s_j\in\Omega,m_{ji}=1,j=1,2,\cdots,n,i=1,2,\cdots,n\}$$

$A(s_i)$为可达矩阵第 s_i 列中所有数值为1的行所对应的要素集合。$A(s_i)$是要素 s_i 的下位集合,代表所有可以直接或间接到达 s_i 的要素所构成的集合。

在图4-2表示的可达矩阵中,各要素的可达集为 $A(s_1)=\{s_1,s_3,s_4,s_5\}$,$A(s_2)=\{s_2,s_3,s_4,s_5\}$,$A(s_3)=\{s_3,s_4,s_5\}$,$A(s_4)=\{s_4,s_5\}$,$A(s_5)=\{s_5\}$。

3.级别划分

级别划分是根据可达矩阵将系统中各要素划分为不同的层级,为解释结构模型的构建奠定基础。以无回路有向图为例进行说明。有向图中每个要素至少包含一个二元结构:到达或被到达,那么有向图中至少有一个要素只能被别的要素到达,而没有可到达的下一级要素。这个要素是有向图中的最高级要素。将这个要素暂时划去后,再根据上面的规则找到位于第二层级的要素,以此类推确定有向图各要素的等级。

从可达集和先行集定义中可以发现这样一个规律:对于任何一个有向图,

位于最高层级的要素 s_i 的可达集 $R(s_i)$ 只能由 s_i 和与它互为可达的因素构成（有向图结构中不包含回路时则可达集只有 s_i 本身）。即要素 s_i 满足下述条件：

$$R(s_i)=R(s_i)\cap A(s_i)$$

利用这个规律可以确定系统结构中的最高级要素。去除可达矩阵中最高级要素对应的行和列，此时的可达矩阵中又出现新的只可达到而不能到达其他要素的要素，再利用上述方法找出各级所包含的要素集合，用 $L_1, L_2, \cdots, L_k$ 表示该系统层次结构从上到下的各个层级要素集合。

以图 4-2 的有向图为例，对其中各要素进行级别划分，如表 4-5 所示。

表 4-5　第一级要素划分

要素	$R(s_i)$	$A(s_i)$	$R(s_i)\cap A(s_i)$
1	1	1,3,4	1
2	2	2,3	2
3	1,2,3	3,4,5	3
4	1,3,4	4,5	4
5	3,4,5	5	5

从表 4-5 中可以得知，要素 1、2 符合 $R(s_i)=R(s_i)\cap A(s_i)$，故要素 1、2 是有向图中的最高级要素。去除要素 1、2 后对剩余要素进行分析，分析结果如表 4-6 所示。

表 4-6　第二级要素划分

要素	$R(s_i)$	$A(s_i)$	$R(s_i)\cap A(s_i)$
3	3	3,4,5	3
4	3,4	4,5	4
5	3,4,5	5	5

分析可得要素 3 是剩余有向图结构中符合 $R(s_i)=R(s_i)\cap A(s_i)$ 的要素，因此要素 3 是第二级要素。再对第三级要素进行分析，结果如表 4-7 所示。

表 4-7　第三级要素划分

要素	$R(s_i)$	$A(s_i)$	$R(s_i)\cap A(s_i)$
4	4	4,5	4
5	4,5	5	5

由表 4-7 可知,要素 4 是第三级要素,要素 5 是第四级要素。

4.建立系统层次结构模型

有了可达矩阵和要素级别的划分,就能够建立结构模型,过程如下:

(1)根据层次级别的划分结果,重新排列去除回路后的可达矩阵,即可达矩阵的行和列对应的要素都按层次级别划分 $L_1,L_2,\cdots,L_k$,构成新的可达矩阵。

(2)根据要素层次级别划分 $L_1,L_2,\cdots,L_k$,按照从上到下的层次顺序,将每个层次中的节点在同一水平线上进行展示。

(3)根据重组后的可达矩阵,标识出相邻层次之间的联系。识别两层关系分块矩阵中的“1”元素,并将其对应的下级节点与上级节点用一个有向线段连接起来。跨级的连线不需要画出。则上述有向图的层次结构模型可表示为图 4-9。

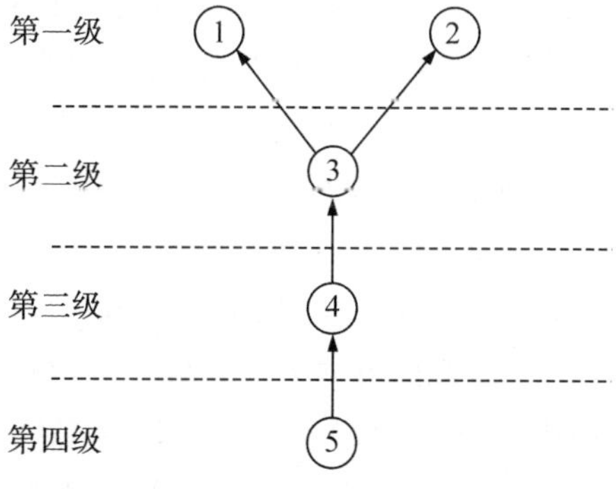

图 4-9　有向图的层次结构

4.3　解释结构模型算法设计与程序实现

我们在前面 Vensim 的学习中已经发现,软件和方法的学习不是以面面俱到为准则,而是要解决问题,并在这个过程中逐渐拓展对软件的掌握。在此,我们引入 MATLAB 软件,在程序的基本设计中,避免使用 MATLAB 的现有函数,仅使用便于迁移到其他软件、易于理解的基本函数,从而实现对算法设计和程序“根”能力的训练。如果感兴趣，其实也可以使用 C 语言编写程序。

4.3.1 MATLAB 与算法语言

MATLAB(Matrix Laboratory)是由 MathWorks 公司开发的一种针对高性能语言和交互式环境的数学软件，用于算法开发、数据可视化、数据分析以及数值计算。它将简单的矩阵运算、科学函数和灵活的绘图功能集成在一个易于使用的环境中，让计算分析和设计的过程更为直观。

MATLAB 最初是在 20 世纪 70 年代末由莫勒尔(Cleve Moler)教授在新墨西哥大学创建的。他开发这个工具来帮助学生进行线性代数和矩阵计算，而不需要学习 Fortran 或 C 语言。80 年代初期，里特(Jack Little)和班格特(Steve Bangert)将 Moler 的 MATLAB 程序重新编写，增加了很多新的功能。同期三人创办了 MathWorks 公司，并在 1984 年推出了 MATLAB 的第一个商业版本。MATLAB 的功能非常强大，被广泛地应用于各种行业，以下是常见的软件用途。

• 算法开发：作为一种编程语言，MATLAB 具有能快速尝试不同算法和解决方案，而无须考虑底层细节的优点，为研究者和算法工程师提供了便捷操作的平台。

• 数据分析与可视化：MATLAB 提供了大量的工具箱，用于统计分析、信号处理、图像处理等。此外，它的绘图功能强大，可以很容易地从数据中创建各种图表和图形。

• 模拟与建模：MATLAB 与其姊妹软件 Simulink 结合，为控制系统、通信系统和其他领域的模拟及建模提供了强大的工具。

• 教育与研究：MATLAB 已被广泛应用于全球的许多大学和研究机构，它为学生和研究者提供了一个直观的方式来探索各种科学和工程概念。

• 与其他语言和环境的集成：MATLAB 可以与 C、C++、Java、.NET 和 Python 等多种语言互操作，使其在多种应用中更具灵活性。

总之，MATLAB 是一个强大且被广泛使用的软件工具，不仅适用于工程和科学计算，还被广泛应用于教育、研究和商业分析中。随着时间的推移，它已经从一个简单的矩阵计算工具发展成为一个全面的计算环境，满足了从算法设计到数据分析的各种需求。

1.软件界面介绍

下面以 MATLAB R2020b 版本为例，有针对性地讲解软件界面及使用方法。

启用 MATLAB 后的初始操作界面如图 4-10 所示。在常规设置/默认设置下，MATLAB 包含选项卡、功能区、当前文件夹、命令行窗口和工作区五部分。

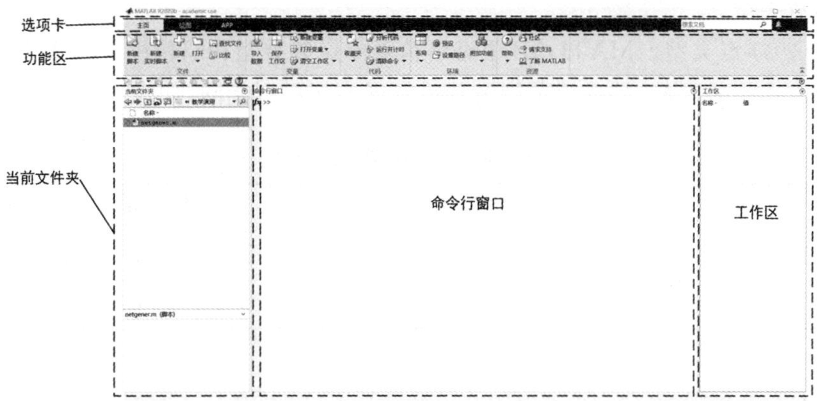

图 4-10　MATLAB 初始界面

(1)命令行窗口。MATLAB 的命令行窗口(或命令窗口)允许用户与 MATLAB 交互,执行各种命令和函数。除此之外还可以输入表达式、语句、M 文件和 MEX 文件等。其工作原理是在命令行窗口输入语句,MATLAB 会执行并在命令行窗口给出结果(图像结果除外)。鼠标点击“＞＞”后的位置,即可键入待执行的语句,输入完毕后按“Enter”键即可运行,执行结果直接显示在语句的下方。若想清除命令行窗口的所有指令,可以输入“clc”指令,即可清空该区域所有信息。

(2)当前文件夹窗口。在 MATLAB 中,“当前文件夹”窗口是一个专用的界面部件,用于显示并管理用户的文件和文件夹。它提供了一个图形化的方式来查看与 MATLAB 关联的当前工作目录中的文件。

(3)工作区窗口。通常情况下工作区位于 MATLAB 操作界面的右侧,主要功能是查看、编辑、保存和打印现有的变量,只需要在工作区双击相应变量,即可弹出相应的数据信息。在这些变量区域内再次单击键入即可进行数据的修改等操作。

2.MATLAB 的基础知识

1)基本型数据类型

数据作为计算机运行计算的根基,在程序设计语言中被划分为多种类型。常见的类型有以下几种。

(1)整数类型。整数类型可以根据存储占用的位数、有无符号进行划分,可用于表示所有的整数。MATLAB 里面默认的存储类型是双精度浮点型,必须通过特定的转换函数将双精度浮点数值转化为指定整数类型。转换时,将十分位小数按照四舍五入原则取整。此外,转换函数还可以将其他类型转化为指定的指数类型。

(2)浮点类型。MATLAB中有单精度浮点数类型和双精度浮点数类型，其存储占用位数、表达的数值范围及数值精度方面都不相同，如表4-8所示。

表4-8 浮点类型数据特征

	函数	存储位数	表示数值范围
单精度	single	32	－3.4028235e038～3.4028235e038
双精度	double	64	－1.7976931e308～1.7976931e308

(3)无穷量和非数值量

MATLAB中用lnf和－lnf来表示正无穷和负无穷，用NaN表示非数值的值。正负无穷一般是由于0做分母或者发生了计算溢出。非数值量是由于错误运算产生的。

2)变量

在MATLAB中，变量是用于存储数据的命名存储空间。变量可以存储各种数据类型，如数字、字符数组、结构体、单元格数组等。当在MATLAB中创建一个变量时，不需要事先声明变量的类型。赋值某个变量时，MATLAB会自动创建该变量并为其分配适当的数据类型。例如在命令行窗口输入“x＝5”，软件就会自动创建一个变量名为x、类型为整数、值为5的变量。

变量名应该开始于字母，后跟字母、数字或下划线。MATLAB是区分大小写的，因此Variable和variable是两个不同的变量。不需要或者需要更改数据时，可以使用clear命令从工作空间中删除一个或多个变量。

3)数组

在MATLAB中，数组是一种用于存储和操作多个相同类型元素的数据结构。MATLAB中的数组可以包含数字、字符、逻辑值等数据类型。数组在MATLAB中非常重要，几乎所有的数据操作和计算都涉及数组。

MATLAB中的数组可以是一维的、二维的，甚至可以是更高维度的。一维数组类似于向量，二维数组类似于矩阵，而更高维度的数组则可以被视为多维的扩展。

在MATLAB中，可以通过不同的方式创建数组，如手动输入元素、使用预定义函数(如linspace、logspace、zeros、ones等)、从文件中读取数据等。

需要注意的是，二维数组和矩阵其实是数据结构形式相同的两种运算量，二者的表示、建立、存储几乎没有差别，区别仅在于它们的运算符和运算法则不同。例如在命令行输入“a=[1 2;3 4]”这个量，它既可以代表矩阵 ***a***，也可以代表二维数组 a，其具体的形式要根据后续进行哪种运算来决定。

4)运算符

运算符是一种用于执行各种操作的特殊符号或符号组合。在编程和数学中，运算符用于操作变量、常数和表达式，以便执行各种数学、逻辑和比较操作。不同类型的运算符执行不同类型的操作，例如数学运算、逻辑运算、位运算和比较运算等。表 4-9 是一些常见的运算符类型。

表 4-9　常见运算符

运算符	名称	用法说明
+	加	两变量或矩阵相加
-	减	两变量或矩阵相减
*	乘	两个变量相乘或对两个矩阵进行矩阵相乘
/	除	两个变量相除
^	乘幂	运行乘方运算
'	转置	对矩阵进行转置操作

3.算法

在 MATLAB 中，算法(Algorithm)是解决问题或执行任务所需的一系列有序步骤和操作的集合。这些步骤包括数学计算、逻辑判断、数据操作等，旨在从输入数据中生成所需的输出结果。MATLAB 为算法的实现提供了丰富的工具和函数，涵盖了多个领域，包括数值计算、信号处理、图像处理、优化、机器学习等。

算法是用于准确完整地描述解决问题而编写的一套可运行的代码指令，是采用合理的方法描述解决问题的策略机制。通常情况下，若能够对算法进行规范的信息输入，那么便可获得所需要的输出结果。在算法中，指令被用来表述一个计算过程，这个过程在初始状态下，根据输入的信息(可能为空)，经过一系列明确定义且有限的步骤，最终得到输出并停止于某个终止状态。在不同状态之间的转换不是固定的或唯一的，会因为条件的不同而有所变化。

在 MATLAB 中，通常用“.m”文件保存编写好的算法代码，“.m”文件是 MATLAB 脚本或函数文件的标准文件扩展名，它们在 MATLAB 环境中具有特定的用途和优势。通常情况下，编写“.m”文件的步骤如下。

（1）打开MATLAB：打开MATLAB软件，确保已安装并启动了MATLAB环境。

（2）新建".m"文件：在MATLAB界面中，点击工具栏上的"新建脚本"选项（一个矩形图标），创建一个新的".m"文件。

（3）编辑代码：打开".m"文件编辑器，编写MATLAB代码。根据需要实现的算法或任务，添加变量、条件语句、循环等。在一个".m"文件中可以引用多个函数或脚本，每个函数都可以在独立的".m"文件中编写。

（4）保存文件：在编辑代码后，点击编辑器顶部的"保存"选项，选择文件夹和文件名，保存为".m"文件。需确保文件名与内部的主函数或脚本名称一致。

（5）运行代码：保存文件后，通过点击编辑器上的"运行"或者在MATLAB命令窗口中输入文件名来运行代码。

（6）注释和文档：在代码中添加注释和文档，以解释代码的目的、输入、输出以及其他相关信息。在需要添加注释的代码行输入"%"，MATLAB会自动跳过"%"后的内容继续运行，即可添加相应注释内容。这有助于其他人理解和使用代码。

（7）测试和调试：运行代码时，确保代码按照预期工作。使用MATLAB提供的调试工具来排查代码中的错误。

（8）保存和管理文件：在编写的".m"文件中，可以在文件中添加文档字符串，解释函数的用途和使用方法。定期保存文件，并根据需要对代码进行版本控制。

4.基本算法语句

为了编写算法代码，我们需要了解必需的基本算法语句，这里介绍常用的几个语句类型。

（1）赋值操作：把等号右边的值赋给左边的变量。示例：

```
variable_name= value;
```

（2）条件语句（if语句）：根据判断语句来判断是否执行后续语句。示例：

```
if a= b:
    # 如果条件为真，则执行这里的代码
    else:
    # 如果条件为假，则执行这里的代码
    end
```

该内容在 Vensim 软件中介绍过，两者表达方式不同，但是逻辑一样，在此不再赘述。

(3)for 循环语句：for 循环语句是一种常见的编程控制结构，用于重复执行一段代码块，直到满足特定条件。示例：

```
for index =  start_value: end_value
    % 循环体，对每个索引值执行操作
        end
```

在此，求解 1＋2＋3＋…＋9＋10 的结果，即 1 到 10 的自然数的和，for 循环的语句如下：

```
1.S= 0;
2.for i= 1:1:10
3.S= S+ i;
4.end
```

S 表示和，程序初始定义为 0；第 2 行开始进入 for 循环，i 开始取值为 1，然后每次按照步长 1 增加，直到增加到 10 结束。第 3 行中，等式左边的 S 与右边的 S 为同一变量，但是通过等式赋值而让 S 每次加上 i 当前的取值。

为了便于理解第 3 行语句，将运行过程列在表 4-10 中。

表 4-10　运行过程

运算序号	等式右边 S	i	等式左边 S
1	0	1	1
2	1	2	3
3	3	3	6
4	6	4	10
5	10	5	15
6	15	6	21
7	21	7	28
8	28	8	36
9	36	9	45
10	45	10	55

所以，最终 S 取值为 55，i 此时的数值达到 10。

(4)while 循环语句：while 循环语句是一种编程控制结构，它允许在满足特定条件的情况下重复执行一段代码块。与 for 循环不同，while 循环的执行次数取决于条件是否持续为真。示例：

```
while condition
            % 循环体，当条件为真时重复执行
     end
```

仍然以求解 1 到 10 的自然数之和为例，while 循环可以有以下三种代码：

代码 1：

```
1.S= 0;
2.i= 0;
3.while i< 10
4.    i= i+ 1;
5.    S= S+ i;
6.end
```

跟 for 循环相比，while 循环的代码 1 中需要对 i 赋权，并在 while 循环中计算每一次循环中 i 的数值。因为参与求和的 i 值最大为 10，所以当 i 为 9(小于 10)时，仍然执行循环而通过第 4 行语句使 i 变为 10，S 加上最终的 10 而完成求解。接下来应结束语句，此时为 10 的 i 不再满足"$i<10$"这一 while 循环条件，则循环终止。

代码 2：

```
1.S= 0;
2.i= 0;
3.while i< = 10
4.    S= S+ i;
5.    i= i+ 1;
6.end
```

代码 2 跟代码 1 相比，调整了第 4 行和第 5 行的顺序，这就造成了第 3 行终止条件调整。因为 S 先加 i(第 4 行)，然后再让 i 加 1 变成新的数据，所以终止条件从“$i < 10$”变为“$i <= 10$”，因为 i 为 10 的时候需要进入循环来让 S 能够加上 10，尽管此时 i 仍然增加（第 5 行）而变为 11，但是因为 11 不再满足循环条件“$i <= 10$”，循环终止，值为 11 的 i 不再起作用。相当于在最后一次循环中，第 5 行做了一次无效运算。其实，在一开始的时候，i 取值为 0，第 4 行也做了一次无效运算，所以此时可以调整为代码 3：让 i 初始值为 1。

代码 3：

```
1.S= 0;
2.i= 1;
3.while i< = 10
4.    S= S+ i;
5.    i= i+ 1;
6.end
```

可见，需要注意 while 循环的条件，特别是在临界值附近（例如 i 取值为 9、10、11）的情况。相比而言，显然代码 1 更容易理解且不容易出错，所以在设计算法和编写代码时应予以注意，把握便于自己和别人阅读程序、规避错误的原则。

4.3.2 算法的结构与设计

上一节讲解了矩阵的布尔运算、不同长度网络路径的求解、通过不同长度的路径求解可达矩阵、根据可达矩阵求解网络的分层结果，并通过网络节点少、路径短的算例展示相关理论和计算过程。尽管这体现了算法设计基本思路，但是难以展示算法的结构。这部分将使用 Excel 展示算法过程及其结构，同时对前面的内容做进一步的思考。这部分示例网络和邻接矩阵分别如图 4-11 和图 4-12 所示。

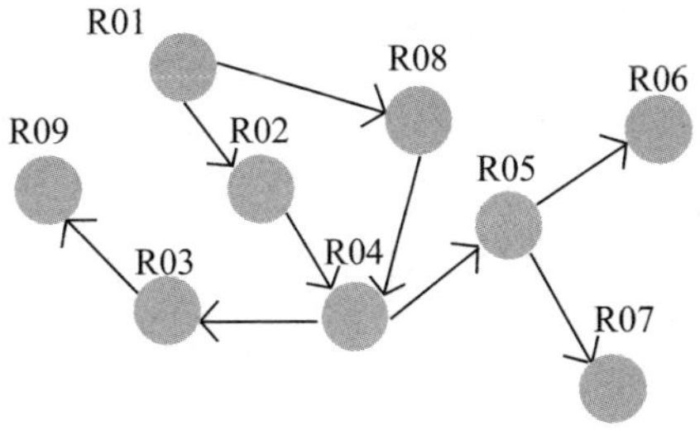

图 4-11　示例网络

↑	R01	R02	R03	R04	R05	R06	R07	R08	R09
R01		1						1	
R02				1					
R03									1
R04			1		1				
R05						1	1		
R06									
R07									
R08				1					
R09									

图 4-12　邻接矩阵

Excel 的一个工作簿本身就是一个大矩阵。在此，将展示 Excel 中的算法结构是什么，以及什么是好的结构。

一是，固定输入和输出位置，并将两者设置在一个屏幕能够同时显示的地方。注意同时设置单元格的列宽(推荐 3.05 左右)，视觉效果较好，如图 4-13 所示。

邻接	R01	R02	R03	R04	R05	R06	R07	R08	R09
R01	0	1	0	0	0	0	0	1	0
R02	0	0	0	1	0	0	0	0	0
R03	0	0	0	0	0	0	0	0	1
R04	0	0	1	0	1	0	0	0	0
R05	0	0	0	0	0	1	1	0	0
R06	0	0	0	0	0	0	0	0	0
R07	0	0	0	0	0	0	0	0	0
R08	0	0	0	1	0	0	0	0	0
R09	0	0	0	0	0	0	0	0	0

可达	R01	R02	R03	R04	R05	R06	R07	R08	R09
R01	0	1	1	1	1	1	1	1	1
R02	0	0	1	1	1	1	1	0	1
R03	0	0	0	0	0	0	0	0	1
R04	0	0	1	0	1	1	1	0	1
R05	0	0	0	0	0	1	1	0	0
R06	0	0	0	0	0	0	0	0	0
R07	0	0	0	0	0	0	0	0	0
R08	0	0	1	1	1	1	1	0	1
R09	0	0	0	0	0	0	0	0	0

长度为1-过渡

	R01	R02	R03	R04	R05	R06	R07	R08	R09
R01	0	1	0	0	0	0	0	1	0
R02	0	0	0	1	0	0	0	0	0
R03	0	0	0	0	0	0	0	0	1
R04	0	0	1	0	1	0	0	0	0
R05	0	0	0	0	0	1	1	0	0
R06	0	0	0	0	0	0	0	0	0
R07	0	0	0	0	0	0	0	0	0
R08	0	0	0	1	0	0	0	0	0
R09	0	0	0	0	0	0	0	0	0

长度为1

	R01	R02	R03	R04	R05	R06	R07	R08	R09
R01	0	1	0	0	0	0	0	1	0
R02	0	0	0	1	0	0	0	0	0
R03	0	0	0	0	0	0	0	0	1
R04	0	0	1	0	1	0	0	0	0
R05	0	0	0	0	0	1	1	0	0
R06	0	0	0	0	0	0	0	0	0
R07	0	0	0	0	0	0	0	0	0
R08	0	0	0	1	0	0	0	0	0
R09	0	0	0	0	0	0	0	0	0

长度为2-过渡

	R01	R02	R03	R04	R05	R06	R07	R08	R09
R01	0	0	0	2	0	0	0	0	0
R02	0	0	1	0	1	0	0	0	0
R03	0	0	0	0	0	0	0	0	0
R04	0	0	0	0	0	1	1	0	1
R05	0	0	0	0	0	0	0	0	0
R06	0	0	0	0	0	0	0	0	0
R07	0	0	0	0	0	0	0	0	0
R08	0	0	1	0	1	0	0	0	0
R09	0	0	0	0	0	0	0	0	0

长度为2

	R01	R02	R03	R04	R05	R06	R07	R08	R09
R01	0	0	0	1	0	0	0	0	0
R02	0	0	1	0	1	0	0	0	0
R03	0	0	0	0	0	0	0	0	0
R04	0	0	0	0	0	1	1	0	1
R05	0	0	0	0	0	0	0	0	0
R06	0	0	0	0	0	0	0	0	0
R07	0	0	0	0	0	0	0	0	0
R08	0	0	1	0	1	0	0	0	0
R09	0	0	0	0	0	0	0	0	0

图 4-13　Excel 示例图

二是，间隔一行之后，设置一个名为“长度为 1-过渡”的矩阵，以及“长度为 1”的矩阵。设置前者的原因是，这样能够随意修改邻接矩阵，而不会影响整体的结构和改变预设的计算过程。尽管如此会使计算过程更加烦琐，但是保证了程序的模块化。在此，可以直接使用“＝”，例如 B14 单元格中填写“＝B2”，然后鼠标单击 B14 单元格并移动到其右下角而变成“＋”符号之后，向左拖动、向下拖动，完成与 B14 单元格相同的复制过程。

三是，“长度为 1”矩阵的数值可以使用 IF 条件语句或者 MIN 函数，以单元格 N14 为例，其输入为“＝MIN(B14，1)”，由此就将矩阵中的数据都变为 0 或 1。

四是，通过“长度为 k”矩阵与邻接矩阵求解“长度为 k＋1”矩阵。“长度为 2”矩阵中的公式为“＝MMULT(N14:V22，$B$2:$J$10)”。注意先选中整个矩阵，然后同时按下 Ctrl＋Shift＋Enter 按键。此时，直接在单元格 M25 中复制“长度为 1”矩阵到“长度为 2”矩阵即可。值得注意的是，单元格 E26 的数值为 2，表明从 R01 到 R04 有两条路径。这两条路径分别为图 4-11 中的 R01－R02－R04 和 R01－R08－R04。

五是，在书写过程中，矩阵中的 0 元素可以省略，以便于从诸多元素中收集关键信息，但是在 Excel 中 0 需要显示在矩阵中，因此可以借用“条件格式”功能。选中对应的单元格，在 Excel 的“Home”菜单下，找到“条件格式”功能，选择“突出显示单元格规则”，设置“大于 G…”，在“为大于以下值的单元格设置格式”对话框中填写 0 或者 0.5 等 0 到 1 之间的数值，在“设置为”对话框中选择想要设置的格式，在此选择了“灰色文本”。

六是，同时复制“长度为 2-过渡”“长度为 2”两个矩阵，注意复制时与上一矩阵间隔的行数，就会依次得到“长度为 3”“长度为 4”“长度为 5”的矩阵，并发现长度为 5 时，元素都为 0，表明整个网络没有长度为 5 的路径，显然也不可能存在长度为 6 的矩阵。

七是，完成所有长度路径的识别之后，可以求解可达矩阵。如果节点 i 到节点 j 之间有任何长度的路径存在，表明两者可达。所以常规处理方式是按照布尔运算的规则判断，是否在各长度对应的矩阵中 i 行、j 列的数据为 1。如果是，则可达矩阵中对应位置为 1，否则为 0。按照布尔运算规则，需要调用 IF 条件语句，通过多次判断或者说嵌套，当然也可以直接使用 Excel 中常用的 SUM 和 MIN 函数配合完成计算。以 N02 为例，其公式为“＝MIN(1，SUM(N14＋N26＋N38＋N50))”。其中 N14、N26、N38、N50 分别为长度为 1、2、3、4 的矩阵中对应位置的数值。

八是，通过可达矩阵进行分层，可以先挑选出不能到达其他节点的节点，即一行均为 0 的数据，从图 4-13 中能够看出 R06、R07、R09 三行均为 0，它们为第一层。然后删除这三个元素对应的列，会发现 R03、R05 两行均为 0，因此其为第二层，如图 4-14 所示。如此反复可得到最终的分层结果。

可达	R01	R02	R03	R04	R05	R06	R07	R08	R09	分层
R01	0	1	1	1	1			1		
R02	0	0	1	1	1			0		
R03	0	0	0	0	0			0		2
R04	0	0	1	0	1			0		
R05	0	0	0	0	0			0		2
R06	0	0	0	0	0			0		1
R07	0	0	0	0	0			0		1
R08	0	0	1	1	1			0		
R09	0	0	0	0	0			0		1

图 4-14 基于可达矩阵的分层过程

总结来看，有六点是其中的关键步骤，在此进行讨论和归纳。

一是，矩阵乘法在 Excel 中实现的核心是 MMULT() 函数，并结合 Ctrl+Shift+Enter 组合按键。如果一开始没有选中正确的输出位置（行列数量符合矩阵运算的输出结果），则需要重新选择合适位置并按 F2 按钮重新激活运算过程，再按上述组合按键。

二是，利用矩阵乘法实现矩阵布尔运算。矩阵乘法是 Excel 中常见的函数，可以通过查找网络或者“帮助”功能得到，然后通过 IF 条件语句或 MIN 函数将矩阵乘法运算结果转化为 0 或 1。

三是，运算过程中要固定数据，需要按下 F4 或者用 $ 符号分别固定行和列，这是形成结构化的 Excel 运算规则基础。

四是，确定结构时，长度为 1 的路径对应的矩阵、过渡矩阵的位置设定是形成整体结构的关键，在 Excel 的自动运算规则下形成模块化。

五是，以要素全为 0 的矩阵作为终止条件，此处可以使用 SUM 函数、条件格式等方法达成。但是，我们需要进一步思考一个问题：构建 ISM 时是否需要终止条件？我们虽然能够获得一个信息（即最长路径是多少），但这个信息对于构建 ISM 有多少价值？对得到可达矩阵又有什么作用？如果是手动计算，对空矩阵进行计算，显然是没有意义且浪费时间的。使用 Excel 计算虽耗费时间，但可以规避“矩阵是否为 0 矩阵，当前长度及更长的路径是否不存在”这样的判断过程。我们直接将所有可能长度对应的矩阵计算出来，从而规避人工判断，实现结构化处理。

六是，可以通过矩阵的“缩小”求解分层结果。在“缩小”的过程中，删除掉

“不能被到达但可以到达其他节点的节点”的过程，就是在找出前因集为空集而可达集不为空集的节点。换言之，通过矩阵处理，同时完成了前因集、可达集的确定，以及基于这两个集合分层的过程。

综上，算法结构体现在三个方面。第一，为了便于根据输入的数据观察和处理输出数据，将邻接矩阵和可达矩阵置于一处；第二，为了能够规避过程中的人工识别(判断路径是否已经达到最长)，直接求解了所有长度的路径；第三，为了便于在 Excel 中直接复制，固定了“长度为 k”矩阵-过渡、“长度为 1”矩阵的位置，从而可以有效利用 Excel 的自动运算功能，且后续无须再进行调整。

算法的表达可以通过自然语言完成，上述内容就是一种描述算法的方式，相当于结合 Excel 说明 ISM 的“计算方法”。另外，还可以通过程序框图、伪代码等方式完成，这些内容不再赘述。

4.3.3　程序设计与改进

从学习和思维锻炼的角度来看，应该去思考哪些地方可以改进；而从实用的角度来看，应注意人与程序的接口，做好输入输出的设计。

1.代码 1：根据 Excel 编写 ISM 程序

该部分实现 ISM 程序的编写。为了便于理解，先完全复制基于 Excel 的 ISM 过程，包括输入和预处理、求解和记录各个长度路径对应的矩阵、求解可达矩阵、分层四个部分，最后输出的是一个 9×1 的数组，表示对应节点所在的层数。

```
% 输入和预处理
A= xlsread('解释结构模型','ISM- boole','B2:J10');
% 求解和记录各个长度路径对应的矩阵
M01= A;
for i= 1:1:9
    for j= 1:1:9
        M01(i,j)= min(1,M01(i,j));
    end
end
M02= M01* A;
for i= 1:1:9
    for j= 1:1:9
```

```
        M02(i,j)= min(1,M02(i,j));
    end
end
M03= M02* A;
for i= 1:1:9
    for j= 1:1:9
        M03(i,j)= min(1,M03(i,j));
    end
end
M04= M03* A;
for i= 1:1:9
    for j= 1:1:9
        M04(i,j)= min(1,M04(i,j));
    end
end
M05= M04* A;
for i= 1:1:9
    for j= 1:1:9
        M05(i,j)= min(1,M05(i,j));
    end
end
M06= M05* A;
for i= 1:1:9
    for j= 1:1:9
        M06(i,j)= min(1,M06(i,j));
    end
end
M07= M06* A;
for i= 1:1:9
    for j= 1:1:9
        M07(i,j)= min(1,M07(i,j));
    end
```

```
end
M08= M07* A;
for i= 1:1:9
    for j= 1:1:9
        M08(i,j)= min(1,M08(i,j));
    end
end
M02= M01* A;
for i= 1:1:9
    for j= 1:1:9
        M02(i,j)= min(1,M02(i,j));
    end
end
% 求解可达矩阵
M= zeros(n,n);
for i= 1:1:9
    for j= 1:1:9
            M(i,j)= M(i,j)+ M01(i,j)+ M02(i,j)+ M03(i,j) + M04(i,j)...
                    + M05(i,j)+ M06(i,j)+ M07(i,j)+ M08(i,j);
        M(i,j)= min(1,M(i,j));
    end
end
% 分层
Level= zeros(n,1);
LevelCompleted= 0;
CurrentLevel= 0;
while LevelCompleted< n
    CurrentLevel= CurrentLevel+ 1;
    for i= 1:1:n
        if sum(M(i,:))= = 0 && Level(i)= = 0
```

```
75.            Level(i)= CurrentLevel;
76.            LevelCompleted= LevelCompleted+ 1;
77.            M(:,i)= zeros(n,1);
78.        end
79.    end
80.end
```

第 2 行“A＝xlsread(‘解释结构模型’,‘ISM－boole’,‘B2:J10’);”表示从一个名为“解释结构模型”的 Excel 文件中读取工作簿“ISM-boole”的 B2 到 J10 的数据。从图 4-13 中可以看出,这部分是邻接矩阵所在的区域。MATLAB 还有其他从文件中读取数据的函数。建议大家自学一下 readmatrix、readtable 等。可以直接搜索网页,或者 MATLAB 的帮助文档,里面有详细的解释和实例,以及可以直接运行的数据和程序。

第 7 行中 M01(i, j)表示矩阵第 i 行、j 列元素对应的数据,i 和 j 相当于给定了数据的“地址”。

第 10 行中矩阵乘法直接使用符号“ * ”,与常规的数字变量相乘的情况一致,例如 4 * 5 的结果是 20。第 10 行到第 15 行,从长度为 1 的路径对应的矩阵求解了长度为 2 的路径对应的矩阵;长度为 3 的路径对应的矩阵的求解过程可以直接复制第 10 行到第 15 行,仅需要修改对应矩阵的变量名称。经过上述复制和修改过程,直到完成对长度为 8 的路径的求解。

第 62 行语句过长,在语句最后添加了“…”,表示语句未完成,将在下一行中继续。

分层的逻辑比较简单,借助 Excel 便可直接实现“图上作业”。但将这一过程转化为程序是有难度的,因为我们无法直接复制 Excel 中的操作过程。在 Excel 里,我们可以直接用肉眼来判断“一行均为 0”,而在程序中则需将“肉眼判断”转变为“自动识别”,这就需要设计相应的条件语句。另外,在 Excel 识别过程中,我们会根据图 4-14 中最左侧的数据来肉眼判断该行对应的数据是否已被识别,因此这一判断过程同样需要设计到程序中。因此,引入了上述代码包中的第 76 行的判断语句,即当矩阵 $\boldsymbol{M}$ 的第 i 行和为 0,且 i 尚未在 Level 数组中被确定处于第几层时,便认定 i 为当前的最顶层。然后标记 i 在当前的层次上(其中变量 Current Level 用于表示当前正在确定的节点所在的层序号),并在第 76 行记录已经定义层次的节点数量,接着在第 77 行中将矩阵对应的列变为 0(这一步骤相当于在 ISM 模型中抹去这一节点,以让下一层显现出来)。

当图 4-14 中最右侧的分层数据均为非 0 时，表明我们借助 Excel 确定了所有节点所处的层次。而将这一操作过程转化为程序时，并没有沿用找非 0 和排除 0 的思路，而是通过记录已经确定分层结果的节点数量来进行判断，即如果已确定分层结果的节点数量等于所有元素的个数，程序则终止运行。基于此，使用了第 71 行中的 while 循环，并在第 76 行对已确定所在层的节点数量进行更新。

2.代码 2：引入矩阵维度自动识别和三维矩阵迭代运算

代码 1 只能处理维度为 9 的邻接矩阵。为了可以处理任意维度的邻接矩阵，且不需要修改程序中的代码，采取了如下改进措施：将矩阵的维度设置为变量 n（即代码中第 3 行），并让其能够根据输入的数据 A 自动获取；此外，引入了三维矩阵 $\boldsymbol{M\_record}$，并通过矩阵的内部迭代运算来求解不同长度路径对应的矩阵。

```
1.% 输入和预处理
2.A= xlsread('解释结构模型','ISM- boole','B2:J10');
3.[n,~]= size(A);
4.% 求解和记录各个长度路径对应的矩阵
5.M_record= zeros(n,n,n- 1);
6.M_record(:,:,1)= A;
7.for leng= 2:1:n- 1
8.    M_record(:,:,leng)= M_record(:,:,leng- 1)* A;
9.    for i= 1:1:n
10.        for j= 1:1:n
11.            M_record(i,j,leng)= min(1,M_record(i,j,
leng));
12.        end
13.    end
14.end
15.% 求解可达矩阵
16.M= zeros(n,n);
17.for i= 1:1:n
18.    for j= 1:1:n
19.        for k= 1:1:n- 1
```

```
            M(i,j)= M(i,j)+ M_record(i,j,k);
        end
        M(i,j)= min(1,M(i,j));
    end
end
% 分层
Level= zeros(n,1);
LevelCompleted= 0;
CurrentLevel= 0;
while LevelCompleted< n
    CurrentLevel= CurrentLevel+ 1;
    for i= 1:1:n
        if sum(M(i,:))= = 0 && Level(i)= = 0
            Level(i)= CurrentLevel;
            LevelCompleted= LevelCompleted+ 1;
            M(:,i)= zeros(n,1);
        end
    end
end
```

3.代码 3:引入单位矩阵的数学逻辑与程序改进

前文提到,将邻接矩阵与同阶次的单位矩阵相加,并将相加的结果进行反复迭代运算,便可得到可达矩阵。从逻辑上来看,邻接矩阵加上单位矩阵,表示允许节点可以到达自身。此时,若存在一条长度为 k 的路径可以使节点到节点,就存在 $k+1$、$k+2$、$k+3$ 等长度的路径,即

$$M=(A+I)^{k+1}=(A+I)^{k}\neq(A+I)^{k-1}\neq\cdots\neq(A+I)^{2}\neq A+I$$

由上述公式可知,在程序中需要进行"判稳"来确定公式中的 k。如果连续两次迭代运算的结果不变,此时并不能认为找到了最长路径,这是因为有的路径还需要进一步迭代才能出现。所以,就需要确定究竟是连续"几次"迭代运算后的结果保持不变,才能将其作为最长路径的判断标准。换一种思路,节点数量为 n 的网络的极端情况,节点连接成一个环,不考虑重复性的最长路径为某个节点经过"一环"之后再达到自己,长度为 n。根据这个逻辑,代码 2 升级为:

```
% 输入和预处理
A= xlsread('解释结构模型','ISM- boole','B2:J10');
[n,~]= size(A);
% 求解和记录各个长度路径对应的矩阵
A= A+ eye(n,n);
M= A;
for k= 2:1:n
    M= M* A;
    for i= 1:1:n
        for j= 1:1:n
            M(i,j)= min(1,M(i,j));
        end
    end
end
% 分层
Level= zeros(n,1);
LevelCompleted= 0;
CurrentLevel= 0;
while LevelCompleted< n
    CurrentLevel= CurrentLevel+ 1;
    for i= 1:1:n
        if sum(M(i,:))= = 1 && Level(i)= = 0
            Level(i)= CurrentLevel;
            LevelCompleted= LevelCompleted+ 1;
            M(:,i)= zeros(n,1);
        end
    end
end
```

显然代码 3 更加简洁，这也是“数学是算法的基础”这一说法的原因。对于基本原理的理解和改变，是突破现有结构限制的关键。其中，“eye(n,n)”表示生成了一个 n 行 n 列的单位矩阵。

在进行创新和升级的过程中，可达矩阵 $\boldsymbol{M}$ 的对角线也随之变成了 1，此时第 22 行的判断语句不再是“sum(M(i,:))==0”,而应改为 1。如果不修改,将陷入死循环;但是死循环要好于得到一个错误结果,后者可能不被发现而将错误延续下去。这里我们进一步将分层的逻辑加以拓展:顶层是可以到达自己,但是不能到达其他节点的节点。相应地,顶层的前因集和可达集的交集是自己,还是前因集。在不考虑节点可以自己到达自己时,前因集是空集,空集与任何集合的交集仍是空集。

其实,9 到 13 行是可以删除的,这改变了矩阵的布尔运算逻辑,但是不影响最终结果。原因在于,矩阵的数据是以大于 0 的数表征两点是否可达,后续 MIN 运算并不改变这一属性,实际数据值体现了相应路径的条数。由此,可将第 6 行到第 14 行这 9 行代码改为一行:“M=A^n”,此时代码的执行行数不到 20,更为简洁。

一个数学公式就能够有效改进算法,这反映出数学是一门基础学科。但是在实现的过程中,思路设计和转换也是非常重要的,例如不“判稳”而直接选择迭代矩阵到长度为 n 的路径。这也反映出科学和工程的联系与区别,在学习和工作中应理解其价值、承认其价值、不夸大其价值。

习题

1. 通过程序框图、伪代码等方式描述 ISM 算法。

2. 现代企业管理有五大职能,其一便是计划。制造企业每天都会面临来自客户不计其数的订单,如何合理安排这些订单的生产关乎企业的发展命运。在现代企业中,生产计划的地位绝对不容小觑,它能够实现企业生产力的完全释放,因此计划部门在企业管理中的重要计划和调度执行的好坏直接决定了企业能否有效缩短生产周期,做到准时交货,削减库存,满足客户要求,实现企业效益上的突破。图 4-15 是某企业的生产计划安排,图中的节点表示不同的订单任务,箭头表示订单任务间的优先关系,即箭头指向的任务必须在箭头出发的任务完成后才能进行。

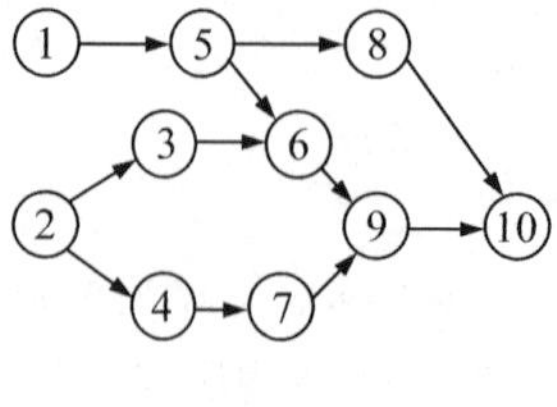

图 4-15 企业生产计划有向图

请根据此图完成以下问题。

(1)请写出上图的邻接矩阵。

(2)根据邻接矩阵求出各任务的可达集、先行集。

(3)求解可达矩阵,进行级别划分。

(4)基于提供的 MATLAB 的程序代码,求解上述问题。

(5)在上述代码的基础上,学习 MATLAB 的数据输入、图像展示并修改代码中的相关函数,以提升程序的易用性。

【参考文献】

[1]Warfield J N. Structuring Complex Systems[M]. Battelle Memorial Institute, 1974.

[2]Sage A P. Interpretive Structural Modeling: Methodology for Large-scale Systems[M]. McGraw-Hill, 1977.

[3]Attri R, Dev N, Sharma V. Interpretive Structural Modelling (ISM) Approach: An Overview[J]. Research Journal of Management Sciences, 2013, 2(2).

[4]Mathiyazhagan K, Govindan K, NoorulHaq A, Geng Y. An ISM Approach for the Barrier Analysis in Implementing Green Supply Chain Management[J]. Journal of Cleaner Production, 2013, 47.

[5]王众托.系统工程[M].北京:北京大学出版社,2010.

[6]梁迪,单麟婷.系统工程基础与应用[M].北京:清华大学出版社,2018.

第 5 章　蒙特卡洛方法

20 世纪 40 年代开始，以电子计算机为代表的科学技术发展推动了人类算力的大跃进，降低了随机数的生成成本，产生了非常重要的、以概率统计理论为指导的一类数值计算方法，此类方法使用随机数（或易实现的伪随机数）来解决诸多复杂计算问题。蒙特卡洛方法（Monte-Carlo Method）就是这一类非确定性算法的代表。蒙特卡洛方法通过大量随机样本模拟一个系统，进而得到所要计算的近似值。其特点是强大和灵活，又相当简单易懂，很容易实现。随着计算机技术在 20 世纪后半叶的迅猛发展，随机模拟技术很快进入实用阶段。蒙特卡洛方法逐渐在金融工程学、宏观经济学、计算物理学（如粒子输运计算、量子热力学计算、空气动力学计算）等领域应用广泛。在管理学领域，蒙特卡洛方法是风险管理的定量分析工具之一，也是进度估算、成本控制的有效方法。

5.1　蒙特卡洛方法原理

摩纳哥有一个世界著名的赌城——蒙特卡洛。1856 年，摩纳哥亲王查尔斯（Charles）三世为了解决财政危机，在市区北边开设了第一家赌场，后人为了纪念这位行事极端、毁誉参半的亲王，将该地区命名为蒙特卡洛。蒙特卡洛赌场盛行一种骰子赌博游戏——骰宝（SicBo）（见图 5-1），一般称为赌大小。骰宝的规则是由各闲家向庄家下注，通过买骰子点数的大小决定赌局的输赢。骰宝一般为三枚骰子，本章节为便于说明，以猜两个骰子点数和的情况为例。两枚骰子点数和在 2～12 之间，猜对就赢，猜错就输，那么猜哪个数字最有可能赢呢？

图 5-1　骰宝

这是一个概率问题，闲家无法以技术增加获胜的机会，但是可以通过模拟得到每种点数和出现的概率。假设骰子质量分布均匀，每枚骰子有六个面，则每个面出现的概率是相同的，即出现“1”“2”“3”“4”“5”“6”的概率均为 1/6。我们可以列举所有可能出现的情况，如图 5-2 所示。可以发现两枚骰子点数和为“7”时的概率最大，为 1/6。换言之，坚持选择“7”时赢的概率最大。

	1	2	3	4	5	6
1	2	3	4	5	6	7
2	3	4	5	6	7	8
3	4	5	6	7	8	9
4	5	6	7	8	9	10
5	6	7	8	9	10	11
6	7	8	9	10	11	12

图 5-2　两个骰子的点数和

这是用模拟手段解决实际问题的一个简单范例，实际问题往往更加复杂，比如因骰子的质量分布不均匀或者变形而导致不同数字面出现的概率不同。实践中，一方面需要考虑的维度更多，变量数量也会急剧增加；另一方面，问题的判断标准会更加模糊，不是点数和一样的简单计算，甚至无法事先知道“正确答案”，只能求得一定范围的“最优解”。而蒙特卡洛模拟就是解决这些问题的有效方法。

5.1.1　蒙特卡洛方法简介

蒙特卡洛方法(Monte-Carlo Method)是一类随机方法的统称，是通过随机数或伪随机数模拟现实不确定情况的随机采样过程，通过大量模拟、统计分析得到近似结果，因此也称为统计模拟方法。此类方法随着采样的增多，得到的结果是正确结果的概率逐渐增大，但在以确定性方法获得正确结果之前，无法确定得到的结果是否完全正确，只能通过增加采样次数不断接近正确结果，最终获得一个在可接受误差范围内的近似结果。

蒙特卡洛方法提出于20世纪40年代中期，创始人主要是四位美国人：斯塔尼斯拉夫・马尔钦・乌拉姆（Stanislaw Marcin Ulam），恩里科・费米（Enrico Fermi）、约翰・冯・诺伊曼（Johnvon Neumann）和尼古拉斯・康斯坦丁・美特普利斯（Nicholas Constantine Metropolis）。

蒙特卡洛方法最早由乌拉姆提出，用于解决计算数学中的一些问题，然后又被应用到解决链式反应的理论中。在美国洛斯阿拉莫斯国家实验室（Los Alamos National Lab）研究裂变物质的中子连锁反应的时候，乌拉姆开始使用统计的方法，并在最早的计算机上进行编程，是蒙特卡洛方法的奠基人。后该方法被美特普利斯命名为蒙特卡洛方法。美特普利斯之所以将其命名为蒙特卡洛，与乌拉姆的一个叔叔经常向亲戚借钱用于赌博的事实不无关系，他借完钱后总爱说“just had to go to Monte Carlo”。赌博的本质是计算概率，而蒙特卡洛模拟正是以概率为基础的一种方法，所以用赌城的名字为这种方法命名非常贴切。

蒙特卡洛方法的基本思想很早以前就被人们发现和利用，起源可追溯至18世纪，布丰用于计算 π 的著名的投针实验就是蒙特卡洛模拟实验。1777年，法国数学家布丰（Georges Louis Leclerede Buffon）提出用投针实验的方法求圆周率 π，得数是圆周率 π 的近似值，后来他把实验写进自己的论文《或然性算术尝试》。其实验方法如下：

> 若一根长度为 l 的短针，抛在横线间间距为 $d(d \geqslant l)$ 的均匀横纹纸上，则针落在与某条横线相交的位置的概率恰为 $p=\frac{2l}{\pi d}$（详细推导过程请自行学习）。布丰在投针实验中取 $d=2l$，设投针次数为 n，相交次数为 m，则 $p=\frac{2l}{\pi d}=\frac{m}{n}$，故 $\pi=\frac{n}{m}=\frac{2212}{704}\approx 3.142$。

在计算机普及之前，人们只能通过人力的方法来得到一些“伪随机数”，如布丰的投针实验。电子计算机的发明，特别是之后高速电子计算机的出现，使得用数学方法在计算机上大量、快速地模拟类似投针法求圆周率 π 这样的实验成为可能。下面介绍两个相关的概念:真随机数和伪随机数。

1.真随机数(True Random Number)

真正的随机数是通过物理现象产生的:比如掷钱币、骰子、转轮、使用电子元件的噪声、核裂变等,这样的随机数发生器叫作物理性随机数发生器,其产生不受任何初始条件或算法控制,结果是不可预测的,是不可见的。它们的缺点是技术要求比较高。

2.伪随机数(Pseudo-Random Number)

计算机产生的随机函数是按照一定算法模拟的,其结果是确定的、可见的,只不过这个规律周期比较长。我们可以这样认为,这个可预见的结果出现的概率是100%。所以用计算机随机函数所产生的"随机数"并不随机,是伪随机数。在系统动力学软件 Vensim 中就存储了大量的伪随机数列。

5.1.2 蒙特卡洛方法特点

蒙特卡洛方法的原理是以随机数或伪随机数模拟现实不确定情况下的随机采样过程,通过大量模拟、统计分析得到近似结果。那么蒙特卡洛方法的原理和枚举法以及其他随机方法有什么联系?

1.蒙特卡洛方法与枚举法

蒙特卡洛方法与枚举法在原理上有一定的相似之处。枚举法是一种解决确定性问题的算法,其详尽列出所有可能情况,并一一验证,得到正确结果。蒙特卡洛方法是通过大量模拟随机抽样、统计分析得到近似结果。故枚举法可看作蒙特卡洛方法的一种全采样特例,即蒙特卡洛模拟范围等于给定问题解的范围。如上述案例中的骰子游戏,枚举法可以详尽列出两个骰子点数出现的可能情况,进而求得每个点数和的概率;蒙特卡洛模拟同样可以通过不停地丢两个骰子进行大量模拟,统计每个点数和出现的次数,得出每个点数和的近似概率。

然而现实生活中存在有无限种可能情况的场景,枚举法无法一一列出,而蒙特卡洛方法可以将不确定性问题转为很多个确定性问题,求得近似解。

以蒙特卡洛方法中的"撒豆法"为例。使用"撒豆法"来测量某个已知规则平面内某个不规则图形的面积,需均匀地向该平面内撒下 N 个黄豆,随后统计不规则几何形状内黄豆的数量,记为 M 个。假定黄豆都在一个平面上,相互之间没有重叠。那么该不规则形状与已知规则平面的面积之比便近似等于 M/N。可以预见,撒下的黄豆数量 N 越多,近似的结果会越来越趋近实际的面积比。但仍存在一定范围内的误差,只有在黄豆不留空隙地铺满整个平面,且不存在压线等影响统计的理想情况下,才能得出"真正的"正确答案。

2.蒙特卡洛方法与拉斯维加斯方法

拉斯维加斯方法（Las Vegas Method）是另一类随机方法的统称。这类方法的特点是，随着采样次数的增多，得到正确结果的概率逐渐增大。如果随机采样过程中已经找到了正确结果，则判别并报告结果。但在放弃随机采样而采用类似全采样（如枚举法）这样的确定性方法之前，不保证能找到任何结果（包括近似结果）。

“拉斯维加斯方法”名字的由来同样基于赌城，二者原理同样基于随机数或伪随机数，不同点在于蒙特卡洛算法通过大量的随机样本来估计一个函数的值或求解一个问题；拉斯维加斯算法通过随机化来跳过复杂的计算，从而提高算法的效率。二者对比如表 5-1 所示。

表 5-1　两类随机方法对比

	蒙特卡洛方法	拉斯维加斯方法
规律	采样越多，越逼近最优解	采样越多，越可能找到最优解
数学思想	基于概率和统计理论，通过随机样本来估算可能非常复杂的问题的解	利用随机化来简化问题的求解过程，但保持结果的确定性
运行时间	运行时间通常是确定的	运行时间是随机的，取决于找到正确答案所需的时间
结果的确定性	结果可能不总是精确的，但会以概率形式给出近似值	结果是确定的
适用场景	在复杂问题上也能快速给出结果，适用于有限采样且不必需最优解的场景	总是提供精确结果，适用于对采样没有要求、需要确保结果正确性的场合
举例	从一堆大小不一的钥匙中找到大小排在中间的钥匙，蒙特卡洛方法会随机选取 n 个钥匙，取中位数，随着 n 越大，越接近正确答案	从一堆大小不一的钥匙中找到能开特定锁的钥匙，拉斯维加斯方法会随机选取一把钥匙进行尝试，尝试越多，越可能找到正确答案

蒙特卡洛方法作为一种基于概率和统计的计算方法，因其高度适应性和对

问题复杂度的低敏感性，在解决多维问题时表现出显著的效率优势。该方法所获得的结果具有概率上的“最优解”含义，这意味着即使问题的维度增加，计算速度和内存消耗仍能保持稳定。随着计算技术的进步和科学计算需求的复杂化，蒙特卡洛方法的应用愈加广泛。它不仅有效应对了多重积分、微分与积分方程、特征值和非线性方程等复杂数学计算任务，还在诸如物理学、信息科学、系统工程、医学、地质学以及计算机科学等众多领域中取得了成功应用。

可见，蒙特卡洛方法的优势主要体现在两方面：一方面，它具备简洁易用的特性，避免了繁杂的数学推理过程，便于广泛理解和掌握；另一方面，其高效的运算能力使其适用于现代项目管理中的复杂分析和快速决策。这种简单与高效的结合成为其在各类复杂场景中受到广泛应用的关键。

5.2 蒙特卡洛方法应用

5.2.1 应用步骤

蒙特卡洛方法主要用于解决两类问题。一类是具有随机特性的系统，可以通过计算机模拟这种随机过程来获得解。例如，在核物理领域，为了分析反应堆内中子的传输过程，科学家们利用概率模型来模拟中子与原子核的相互作用。由于量子力学的限制，尽管可以知道中子与原子核发生作用的概率，但无法精确确定作用的具体位置以及裂变产物的新中子速度和方向。基于这些概率进行随机抽样，科学家们可以生成裂变位置、速度和方向的数据，模拟大量中子的行为。经过统计分析后，便可以得到中子传输的范围，这一结果为反应堆设计提供了重要的参考。

另一种类型是所求解问题可以转化为某种随机分布的特征数。当所求解问题是某种随机事件出现的概率时，通过某种“模拟实验”的方法，以此随机事件出现的频率，来估计这一随机事件的概率；或者需要求某个随机变量的某些数字特征时，也可以通过某种“模拟实验”的方法，得到这个随机变量的某些数字特征，并将其作为问题的近似解。

蒙特卡洛方法的核心思想是从目标分布中采用大量的样本，并用这些样本去分析这个分布的性质。蒙特卡洛方法的基本步骤(见图5-3)如下：

步骤1：构造或描述概率过程，它的某些参量正好是所要求的问题的解。这一步通常要将不具有随机性质的问题转换为具有随机性质的问题。

步骤2：从已知概率分布中抽样，根据已知的概率分布进行大量的随机抽样。

步骤3：对随机抽样结果进行统计分析，确定一些无偏估计量，它们对应着所要求的问题的解。利用抽样结果对这些无偏估计量进行估计，估计结果就是解的近似值。

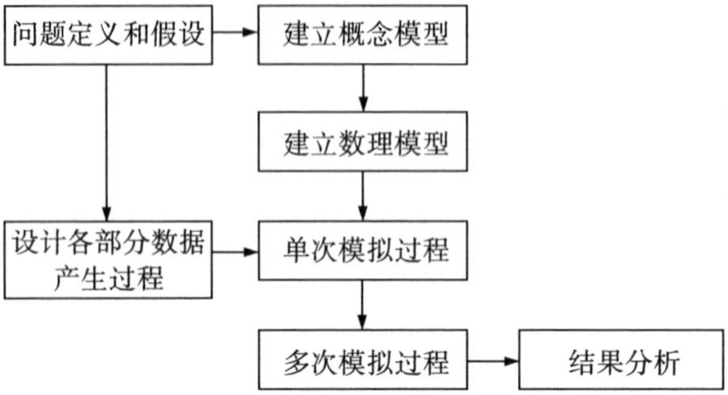

图 5-3　蒙特卡洛方法应用步骤

5.2.2　应用实例 1：项目工期评估

在实际项目管理工作中，项目延期是大部分项目经理都面临过的风险情况，特别是在软件开发领域，项目延期情况尤为严重。一个项目包含多个任务，每个任务的完成时间是不确定的，如何评价项目工期风险的大小？为尽量减小延期风险，需要对延期时间做出一个初步的判断。

蒙特卡洛模拟在项目管理中的应用一般较为复杂，通常需使用专业的项目风险分析软件（例如 Pertmaster），本章节鉴于篇幅以及读者接受难度，选取 Excel 作为分析工具，简单地介绍一下蒙特卡洛模拟在实际应用中的实施操作过程。

以简单的项目 M 为例。项目 M 中有三个任务：任务 1、任务 2、任务 3，需要依次完成。按往常经验，任务完成时间呈正态分布，任务 1 平均完成时间为 14 天，标准差为 2；任务 2 平均完成时间为 23 天，标准差为 3；任务 3 平均完成时间为 22 天，标准差为 4。要求该项目在 64 天内完成，如果工期超过 64 天，就认为发生风险。使用蒙特卡洛方法在 Excel 中解决此问题的步骤为：

(1)对每一项任务，输入平均值和标准差数据，并为其选择一种合适的先验分布模型，在此假设其为正态分布，在 Excel 中输入信息，具体如表 5-2 所示。

表 5-2　任务平均工期与标准差

	平均工期(天)	标准差
任务 1	14	2
任务 2	23	3
任务 3	22	4

根据上述输入信息，利用 NORMINV 函数、RAND 函数和 ROUND 函数，快速实施充分大量的随机抽样。对于任务 1，在单元格输入“=ROUND(NORMINV(RAND(),14,2),0)”，表示输出任务 1 的一个随机模拟完成时间，再将公式下拉，即可快速实施充分大量的随机抽样。

①NORMINV 函数用法：函数将返回指定平均值和标准偏差的正态累积分布函数的反函数值。公式为“NORMINV(probability,mean,standard_dev)”。NORMINV 函数语法具有下列参数：

- probability 对应于正态分布的概率。
- mean 对应于分布的算术平均值。
- standard_dev 对应于分布的标准偏差。

使用方式举例如表 5-3 所示。

表 5-3　NORMINV 函数用法举例

数据	说明	
0.908789	正态分布的概率值	
40	分布的算术平均值	
1.5	分布的标准偏差	
公式	说明	结果
=NORMINV(0.908789,40,1.5)	在上述条件下正态累积分布函数的反函数值	42.000002

②RAND 函数用法：函数将返回一个大于等于 0 且小于 1 的平均分布的随机实数。每次计算工作表时都会返回一个新的随机实数，若不希望每次计算单元格时数字都出现变化，可在编辑栏中输入“=RAND()”，然后按 F9 将公式更改为随机数，公式将进行计算，并仅保留一个值。公式为“RAND()”。具体如

表 5-4 所示。

表 5-4 RAND 函数用法说明

公式	说明
=RAND()	大于或等于 0 且小于 1 的随机数
=RAND() * 100	大于或等于 0 且小于 100 的随机数

③ROUND 函数用法：函数将数字四舍五入到指定的位数。公式为"ROUND(number,num_digits)"。ROUND 函数语法具有下列参数：

• number 对应于要四舍五入的数字。

• num_digits 对应于要进行四舍五入运算的位数。

例如，如果单元格 A1 包含 23.7825，而且要将此数值舍入到两个小数位数，可以使用公式"=ROUND(A1,2)"。此函数的结果为 23.78。

(2)对随机抽样的数据进行加和，求出总工期。进行 1000 次蒙特卡洛模拟，表 5-5 仅展示前 20 次的结果。因使用 RAND 随机函数，每次结果均会不同，若不希望每次计算单元格时数字都出现变化，可按 F9 将公式更改为随机数。

表 5-5 蒙特卡洛模拟工期情况

A	B	C	D	E
模拟次数	任务 1	任务 2	任务 3	总工期
1	16	19	17	52
2	13	24	28	65
3	15	25	26	66
4	14	26	20	60
5	15	20	14	49
6	12	27	15	54
7	14	21	26	61
8	18	23	28	69
9	13	22	15	50
10	11	23	26	60

续表

A	B	C	D	E
11	12	25	23	60
12	16	21	23	60
13	12	22	17	51
14	12	23	22	57
15	14	22	21	57
16	16	24	19	59
17	12	23	23	58
18	18	20	29	67
19	12	24	16	52
20	13	22	16	51

(3)对求出的结果进行预处理，利用 MAX 函数与 MIN 函数，找出最大、最小总工期。

针对本案例步骤(2)，可在 G1 单元格输入“=MAX(E2:E1001)”，表示本次“1000 次蒙特卡洛模拟”的总工期的最大值 77。同理，在 G2 单元格输入“=MIN(E2:E1001)”，表示本次“1000 次蒙特卡洛模拟”的总工期的最小值 43。得出结果如表 5-6 所示。

表 5-6　最大与最小总工期

	E	G
1	Max	77
2	Min	43

①MAX 函数用法：返回一组值中的最大值。公式为“MAX(number1,[number2],...)”。MAX 函数语法参数可以是数字或者是包含数字的名称、数组、引用。

②MIN 函数用法：返回一组值中的最小值。公式为“MIN(number1,[number2],...)”。MIN 函数语法参数可以是数字或者是包含数字的名称、数组、引用。

(4)项目工期在 43～77 之间,因本案例设置工期全为整数,为方便统计,可按区间 42.5～43.5,43.5～44.5,…,76.5～77.5 等,使用 COUNTIF 函数统计区间内模拟工期的出现次数。

如在 L2 单元格输入“= COUNTIF($E$2: $E$1001,">"&J2)-COUNTIF($E$2: $E$1001,">"&K3)”,表示 E2:E1001 范围内大于 42.5 的单元格数量减去 E2:E1001 范围内大于 43.5 的单元格数量,即统计模拟工期时间在42.5～43.5 范围内的次数。

在 M2 输入公式“=L2/1000”,M3 输入公式“=(L2+L3)/1000”,M4 输入公式“=(L3+L4)/1000”,以此类推,可得累积概率。

最终结果如表 5-7 所示(篇幅原因仅展示前 24 项)。

表 5-7 输出值

	J	K	L	M
1	下限	上限	次数	累积值
2	42.5	43.5	1	0.001
3	43.5	44.5	1	0.002
4	44.5	45.5	2	0.004
5	45.5	46.5	4	0.008
6	46.5	47.5	2	0.01
7	47.5	48.5	7	0.017
8	48.5	49.5	20	0.037
9	49.5	50.5	22	0.059
10	50.5	51.5	27	0.086
11	51.5	52.5	32	0.118
12	52.5	53.5	41	0.159
13	53.5	54.5	48	0.207
14	54.5	55.5	47	0.254
15	55.5	56.5	55	0.309
16	56.5	57.5	70	0.379
17	57.5	58.5	64	0.443
18	58.5	59.5	81	0.524
19	59.5	60.5	77	0.601
20	60.5	61.5	62	0.663
21	61.5	62.5	61	0.724
22	62.5	63.5	53	0.777

续表

	J	K	L	M
23	63.5	64.5	59	0.836
24	64.5	65.5	45	0.881

(5)根据 E2:E1001,做出直方图,可直观查看项目工期分布情况,如图 5-4 所示。

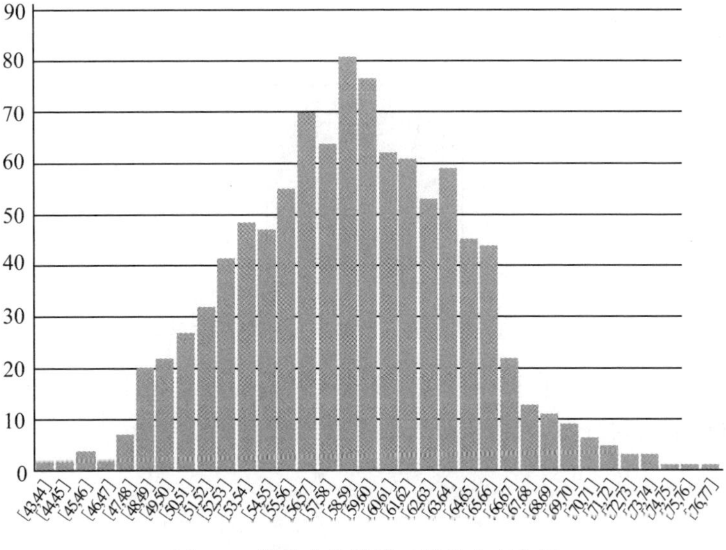

图 5-4　蒙特卡洛模拟工期分布直方图

根据 M2:M36 可得累积概率分布曲线,如图 5-5 所示。

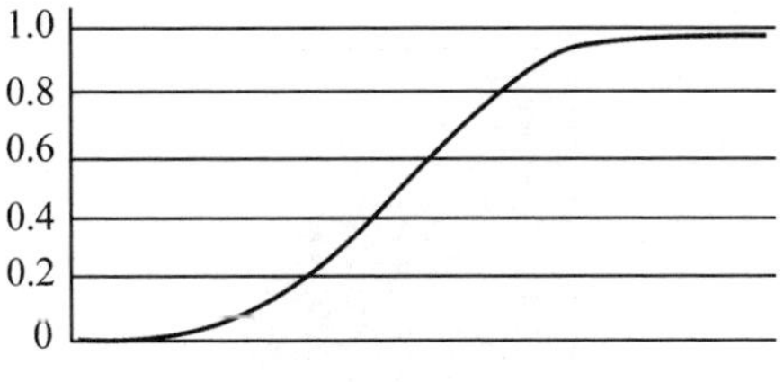

图 5-5　蒙特卡洛模拟累积概率曲线

(6)根据蒙特卡洛模拟数据进行分析。

①依据图 5-4 进行项目风险分析,得到预计的项目延期风险(概率)。可见,模拟项目工期出现次数在 50 次以上的包括 56/57/58/59/60/61/62/63/64 这几种情况,它们对应单元格 L15:L23,累积和为 582,故可说明项目工期有

58.2%(582/1000)的概率在 56～64 天之间。

②依据图 5-5,结合项目工期要求,即要求该项目在 64 天内完成,如果工期超过 64 天,就认为发生风险。可得项目有 83.6%(单元格 M23 表示模拟工期不多于 64 天的累积概率为 0.836)的可能不会发生延期风险。如果觉得风险依然太高而无法接受,那么我们可以把工期适当规划得长一些。

5.2.3 应用实例 2:π 值估计

使用蒙特卡洛方法在 Python 中估计 π 值。设有一半径为 r 的圆及其外切正方形,如图 5-6 所示。

图 5-6 半径为 r 的圆及其外切正方形

向该正方形随机地投掷 m 个点,设落入圆内的点数为 n 个,由于所投入的点在正方形上均匀分布,因而所投入的点落入圆内的概率为

$$\frac{\pi r^2}{(2r)^2}=\frac{\pi}{4}$$

所以,当 n 足够大时,m 与 n 之比就逼近这一概率,即 $\frac{m}{n}\approx\frac{\pi}{4}$,从而 $\pi\approx\frac{4m}{n}$。在具体实现时,为方便计算,只在第一象限计算,如图 5-7 所示。

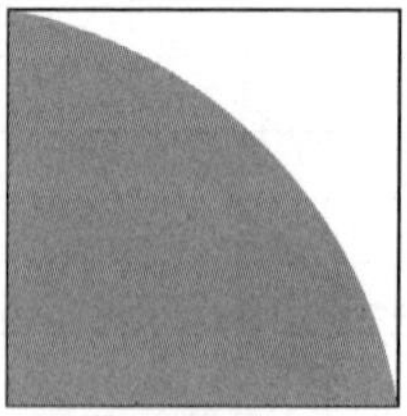

图 5-7 半径为 r 的 1/4 圆及其外接正方形

用蒙特卡洛方法估计 π 值的 MATLAB 代码如下所示。

```
n = 1000000; % 投掷点的总数
m = 0; % 记录落在单位圆内的点数
for i = 1:n % 循环n次,生成随机点
    x = 2 * rand - 1; % 生成x坐标(范围-1到1)
    y = 2 * rand - 1; % 生成y坐标(范围-1到1)
    if x^2 + y^2 <= 1 % 判断点是否在单位圆内
      m = m + 1; % 落在圆内,计数器加1
    end
end

pi = 4 * m / n; % 估算π值
disp(pi); % 输出结果

运行结果如下:
基于1000000次投点,估计的圆周率值为3.1418
```

习题

1. 假如你是一名车间销售员,所在车间生产一类轴承,生产成本呈正态分布,平均值为6.5,标准差为2。市场状况有三种:①下游需求疲软,概率为1/4,平均售价11元,平均销量5万件;②下游需求旺盛,概率为1/2,平均售价8元,平均销量10万件;③下游需求正常,概率为1/4,平均售价9元,平均销量7万件。请问接下来的交易中,车间的净利润会是多少?

2. 三门问题(Monty Hall Problem)亦称蒙提霍尔问题、蒙特雷问题或蒙提霍尔悖论,出自美国的电视游戏节目*Let's Make a Deal*。问题名字来自该节目的主持人蒙提·霍尔(Monty Hall)。参赛者会看见三扇关闭了的门,其中一扇的后面有一辆汽车,选中后面有车的那扇门可赢得该汽车,另外两扇门后面则各藏有一只山羊。当参赛者选定了一扇门,但未去开启它的时候,节目主持人会开启剩下两扇门中的一扇,露出其中一只山羊。其后主持人会问参赛者要不要改开另一扇仍然关着的门。问题是:换另一扇门是否会增加参赛者赢得汽车的概率?

3. 使用蒙特卡洛模拟求由 $y=x^2$、$y=0$ 以及 $x=1$ 围成的面积。

【参考文献】

[1]Caflisch R E. Monte Carlo and Quasi-Monte Carlo Methods[J]. Acta Numerica，1998，7(1).

[2] Robert C P，Casella G. Monte Carlo Statistical Methods [M]. Springer，2004.

[3]迪米特里斯·伯特西马斯，罗伯特·M.弗罗因德. 数据、模型与决策：管理科学基础[M]. 北京：中信出版社，2003.

[4]王磊，丁荣贵，孙涛.项目治理风险的网络动力分析[M]. 济南：山东大学出版社，2018.

第6章　马尔科夫过程

在随机问题处理中,如果说蒙特卡洛模拟依赖"大量尝试",马尔科夫过程则是采用"精确计算"。计算基于假设,假设不是对现实的简单简化,而是基于对问题本质的准确把握。无后效性相关假设将复杂的随机问题解构,体现了马尔科夫过程对随机的理解。简化后的模型为何更加有效而非"失真"?带着这一问题展开本章的学习和思考,是感受数学之美的契机。值得一提的是,在学习本章新方法的同时,应了解马尔科夫本人的求学和研究生涯,他用努力和坚持为本来确定且无聊的人生开拓出随机而多彩的道路。

6.1　马尔科夫过程概述

在概率学中有个很经典的"摸球问题"。封闭袋中有相同的10个小球,其中5个黑球、5个白球。按以下方式摸球,求下一次摸到黑球/白球的概率:第一次摸一个球,不放回;第二次继续摸一个球,紧接着放回第一次摸出的球;第三次摸一个球,放回第二次摸出的球……可以发现,除第一次摸球以外,其余每次摸球是黑球/白球的概率只与上一次摸到球的颜色有关,这就建立了一个马尔科夫过程。如果将摸球方式更改为:每次摸一个球,且不放回上一个球,显然用这种摸球方式来取某一种颜色球的概率,不仅和最后一次取的球的颜色有关,也和之前取的所有球的颜色个数有关,所以这个过程不是一个马尔科夫过程。

在预测分析中,常常需要根据当前的状态和发展趋向预测未来状态发生的可能性,也就是未来某种状态实现的概率,马尔科夫分析法正是适用于解决此类问题的一种预测方法。在生产实际中,应用马尔科夫分析法可以对企业的规模、市场占有率、服务点的选择、设备的更新等问题进行预测。

6.1.1 马尔科夫过程的提出

马尔科夫过程(Markov Process)是一类无后效性的随机过程，由俄国数学家马尔科夫提出。该过程具有如下特性：变量未来的预测值与当前值有关，而变量的历史值以及变量从过去到现在的演变方式与未来预测无关。马尔科夫过程的这个特性称为无后效性。

俄国数学家马尔科夫，全名为安德雷·安德耶维齐·马尔科夫(俄语：Андре́й Андре́евич Ма́рков，英语：Andrey Andreyevich Markov)，他的主要著作有《概率演算》等。在数论方面，他研究了连分数和二次不定式理论，解决了许多难题。在概率论中，他发展了矩法，扩大了大数律和中心极限定理的应用范围。马尔科夫最重要的工作是在1906～1912年提出了一种能用数学分析方法研究自然过程的一般图式——马尔科夫链，同时开创了对一种无后效性的随机过程——马尔科夫过程的研究。

马尔科夫于1878年毕业于圣彼得堡大学数学系，在1884年获得博士学位，并于两年后成为教授，1896年当选为圣彼得堡科学院院士。他的研究领域广泛，涵盖了概率论、数理统计、数论、函数逼近、微分方程等多个方面。1906年，他在一篇关于相依变量的研究论文中首次提出了一个革命性概念，即"马尔科夫链"：一个序列中的每个变量，其值仅取决于前一个变量，而与更早的变量无关。这种依赖关系在概率模型中就像链条般环环相扣，深刻影响了随机过程的研究。在同一篇论文中，马尔科夫还为该链建立了大数定律。该研究开辟了随机过程的新视野，为现代工程、自然科学和社会科学中的基础应用奠定了基础。

马尔科夫过程按其时间和状态参数是连续的或离散的，可分为三类：①时间、状态都是离散的马尔科夫过程，称为马尔科夫链；②时间连续、状态离散的马尔科夫过程，称为连续时间的马尔科夫链；③时间、状态都连续的马尔科夫过程。

6.1.2 马尔科夫过程的数学表达

马尔科夫链可以说是机器学习和人工智能的基石，在强化学习、自然语言处理、金融领域、天气预测、语音识别方面都有着极其广泛的应用。

设有随机过程$\{X,n\in T\}$，若对于任意的整数$n\in T$和任意的$i_0,i_1,\cdots,i_{t+1}\in T$，条件概率都满足：

$$P\{X_t+1=i_t+1|X_0=i_0,X_1=i_1,\cdots,X_t=i_t\}=P\{X_t+1=i_t+1|X_t=i_t\}$$

即未来状态 X_{t+1} 只依赖于当前状态 X_t，而不受 $X_0, X_1, \cdots, X_{t-1}$ 这些过去状态的影响，则称 $\{X, t \in T\}$ 为马尔科夫链，简称“马氏链”。其中 X_t 代表经过 t 个时间步长后随机过程的状态，i_t 代表第 t 个随机过程的取值。

这里“链”的含义是，只有在顺序相邻的两个随机变量之间具有相关关系，因而只要表达这两个随机变量之间的联合分布或条件分布特性，就足以说明该随机过程的性质和特征，从而避免了对过程中所有随机变量相关性的分析。

以一个马尔科夫过程——随机漫步(Random Walk)问题为例。假设一只蚂蚁在尺子上有两种可能的行为方式：一种是向右爬一格，概率为 p；另一种是向左爬一格，概率为 $1-p$。记第 t 次蚂蚁行动后的位置为 S_t，$S_0=0$，$S_t=S_{t-1}+d_t$，t 为蚂蚁第 t 次行动后相对于起点的距离，正数表示在起点右边，负数表示在起点左边。则有

$$P\{S_t=i_t \mid S_{t-1}=i_{t-1}\}=\begin{cases} p, i_t=i_{t-1}+1 \\ 1-p, i_t=i_{t-1}-1 \end{cases}$$

蚂蚁第 n 次行动后的位置仅与第 $n-1$ 次行动后的位置和概率有关，与前 $n-2$次的行动无关。

马尔科夫链只是一种简化假设模型，现实情况可能更为复杂，本章仅介绍基础的马尔科夫链，以及马尔科夫分析法在管理决策中的应用。

6.2 马尔科大过程的规则与计算

6.2.1 马尔科夫过程的规则特性

一般情况下，称条件概率 $p_{ij}(t)=P\{X_{t+1}=j \mid X_t=i\}$ 为马尔科夫链 $\{X_t, t \in T\}$ 在时刻 t 的一步转移概率，其中 $i, j \in T$，简称为“转移概率”。而条件概率 $p_{ij}(t)$ 指随机游动的质点在时刻 t 处于状态 i 的条件下，下一步转移到状态 j 的转移概率。一般地，$p_{ij}(t)$ 不仅与状态 i, j 有关，而且与时刻 t 有关。当 $p_{ij}(t)$ 不依赖于时刻 t 时，表示马尔科夫链具有平稳转移概率。

若对任意的 $i, j \in T$，马尔科夫链 $\{X_t, t \in T\}$ 的转移概率 $p_{ij}(t)$ 与 t 无关，则称马尔科夫链是齐次的，并记 $p_{ij}(t)$ 为 p_{ij}。显然，p_{ij} 具有下述两个性质：

$$p_{ij} \geqslant 0, i, j \in T$$

$$\sum_{j \in T} p_{ij}=1, i \in T$$

经历了 t 步以后，状态 $X_m=i$ 转变为 $X_{m+t}=j$ 的概率计算公式为

$$p_{ij}^{(t)}=P\{X_{m+t}=j \mid X_m=i\}, i, j \in T, m \geqslant 0, t \geqslant 1$$

其具有的性质有

①$p_{ij}^{(t)}=\sum_{k\in T}p_{ik}^{(1)}p_{kj}^{(t-1)}$

②$p_{ij}^{(t)}=\sum_{k_1\in T}\cdots\sum_{k_{n-1}\in T}p_{ik_1}p_{k_1k_2}\cdots p_{k_{n-1}k_j}$

③$P^{(t)}=PP^{(t-1)}$

④$P^{(t)}=P^t$。

其中性质①被称为切普曼-柯尔莫哥洛夫方程(Chapman-Kolmogorov 方程),简称为 C-K 方程。性质②说明 t 步转移概率由一步转移概率确定。性质③④说明 t 步转移矩阵可以由一步转移矩阵乘 t 次得到。

马尔可夫链还有一个有趣的特性:随着 t 的变大,$p_{ij}^{(t)}=P\{X_{m+t}=j\mid X_m=i\}$对初始状态 $X_m=i$ 的依赖性越来越小,经过足够长的时间以后,初始状态可以忽略不计。

6.2.2 马尔科夫过程的矩阵表达

将转移概率用矩阵的形式表达,更加直观且能够进行更为复杂的运算。

1.状态转移概率矩阵

某股票的价格只有"涨"和"跌"两种状态(忽略不涨不跌的状态),假设状态 1 为涨,状态 2 为跌。若今天涨,明天也涨,即由涨转移到涨的状态转移概率可记为 p_{11};同理,今天涨,明天跌,即由涨转移到跌的状态转移概率可记为 p_{12}。以此类推,由跌转移到涨和由跌转移到跌的状态转移概率可分别记为 p_{21},p_{22}。

如果把上述状态转移概率用矩阵表示,即

$$\boldsymbol{P}=\begin{pmatrix}p_{11} & p_{12}\\ p_{21} & p_{22}\end{pmatrix}$$

则 $\boldsymbol{P}$ 被称为状态转移概率矩阵,简称"概率矩阵"。在概率矩阵中,第 i 行的向量(即行向量)被称为"概率向量"。概率矩阵有以下两个基本性质:

性质 1:若 $\boldsymbol{U}=(u_1,u_2,\cdots,u_n)$是一个 n 维向量,$\boldsymbol{P}=(p_{ij})_{n\times n}$为一个 n 阶概率矩阵,则 $\boldsymbol{UP}$ 也是一个 n 维概率向量。

性质 2:若 $\boldsymbol{A}=(a_{ij})_{n\times n}$,$\boldsymbol{B}=(b_{ij})_{n\times n}$,则 $\boldsymbol{AB}$ 也是一个 n 阶概率矩阵。

2.*k* 步状态转移概率矩阵

马尔科夫链的 k 步状态转移概率矩阵可表示为

$$\boldsymbol{P}^{(k)}=\begin{pmatrix}p_{11}^{(k)} & p_{12}^{(k)} & \cdots & p_{1n}^{(k)}\\ p_{21}^{(k)} & p_{22}^{(k)} & \cdots & p_{2n}^{(k)}\\ \vdots & \vdots & & \vdots\\ p_{n1}^{(k)} & p_{n2}^{(k)} & \cdots & p_{nn}^{(k)}\end{pmatrix}$$

下面通过一个具体的实例说明 k 步状态转移概率矩阵的求法。

某机床的使用情况有正常和不正常两种状态。根据以往资料，若该机床当天运转正常，则第二天运转正常的概率为 0.8，变为不正常的概率为0.2；若该机床当天运转不正常，则第二天转为正常的概率为 0.6，仍为不正常的概率为 0.4。

根据题意，可得到该问题的概率矩阵为

$$\boldsymbol{P}=\begin{pmatrix}0.8 & 0.2\\0.6 & 0.4\end{pmatrix}$$

若用 C_i，$N_i(i=1,2,\cdots)$ 分别表示机床第 i 天运转正常和不正常两种状态，则由第 i 天到第 $i+1$ 天的 1 步状态转移概率矩阵为

$$\boldsymbol{P}^{(1)}=P=\begin{pmatrix}0.8 & 0.2\\0.6 & 0.4\end{pmatrix}$$

现在计算由第 1 天到第 3 天的 2 步状态转移概率矩阵。欲由第 1 天的状态概率推算出第 3 天的状态概率，必须先求第 2 天的状态概率。由前面的公式可知，在 C_1 和 N_1 分别发生的条件下，C_2 和 N_2 分别发生的概率为

$$p(C_2|C_1)=0.8$$
$$p(N_2|C_1)=0.2$$
$$p(C_2|N_1)=0.6$$
$$p(N_2|N_1)=0.4$$

同样，在 C_2 和 N_2 分别发生的条件下，C_3 和 N_3 分别发生的概率为

$$p(C_3|C_2)-0.8$$
$$p(N_3|C_2)=0.2$$
$$p(C_3|N_2)=0.6$$
$$p(N_3|N_2)=0.4$$

根据条件概率的运算法则，在 C_1 和 N_1 分别发生的条件下，C_3 和 N_3 分别发生的概率为

$$\begin{aligned}p(C_3|C_1)=p_{11}^{(2)}&=p(C_2|C_1)p(C_3|C_2)+p(N_2|C_1)p(C_3|N_2)\\&=0.8\times0.8+0.2\times0.6=0.76\end{aligned}$$

$$\begin{aligned}p(N_3|C_1)=p_{12}^{(2)}&=p(C_2|C_1)p(N_3|C_2)+p(N_2|C_1)p(N_3|N_2)\\&=0.8\times0.2+0.2\times0.4=0.24\end{aligned}$$

$$\begin{aligned}p(C_3|N_1)=p_{21}^{(2)}&=p(C_2|N_1)p(C_3|C_2)+p(N_2|N_1)p(C_3|N_2)\\&=0.6\times0.8+0.4\times0.6=0.72\end{aligned}$$

$$\begin{aligned}p(N_3|N_1)=p_{22}^{(2)}&=p(C_2|N_1)p(N_3|C_2)+p(N_2|N_1)p(N_3|N_2)\\&=0.6\times0.2+0.4\times0.4=0.28\end{aligned}$$

由此可得第 1 天到第 3 天的 2 步状态转移概率矩阵为

$$\boldsymbol{P}^{(2)}=\begin{pmatrix} p_{11}^{(2)} & p_{12}^{(2)} \\ p_{21}^{(2)} & p_{22}^{(2)} \end{pmatrix}=\begin{pmatrix} 0.76 & 0.24 \\ 0.72 & 0.28 \end{pmatrix}$$

事实上，2 步状态转移概率矩阵可以通过概率矩阵 $\boldsymbol{P}^{(2)}$ 的二次方得到，上述求解 C_3 和 N_3 的过程正好与矩阵乘法相契合，故

$$\boldsymbol{P}^{2}=\begin{pmatrix} 0.8 & 0.2 \\ 0.6 & 0.4 \end{pmatrix}\begin{pmatrix} 0.8 & 0.2 \\ 0.6 & 0.4 \end{pmatrix}=\begin{pmatrix} 0.76 & 0.24 \\ 0.72 & 0.28 \end{pmatrix}=\begin{pmatrix} p_{11}^{(2)} & p_{12}^{(2)} \\ p_{21}^{(2)} & p_{22}^{(2)} \end{pmatrix}=\boldsymbol{P}^{(2)}$$

同理，由第 1 天到第 4 天的 3 步状态转移概率矩阵为

$$\boldsymbol{P}^{(3)}=\boldsymbol{P}^{3}=\boldsymbol{P}^{(2)}\boldsymbol{P}=\begin{pmatrix} 0.76 & 0.24 \\ 0.72 & 0.28 \end{pmatrix}\begin{pmatrix} 0.8 & 0.2 \\ 0.6 & 0.4 \end{pmatrix}=\begin{pmatrix} 0.752 & 0.248 \\ 0.744 & 0.256 \end{pmatrix}$$

由此可见，只要已知系统的概率矩阵 $\boldsymbol{P}$，即可求得从某一状态经 k 步后的状态转移概率矩阵 $\boldsymbol{P}^{(k)}$，由此便可对系统状态的发展趋势做出预测。

3.稳定状态概率向量

马尔科夫 k 步状态转移概率矩阵有一个重要的特征，就是当转移步数 k 逐步增多时，状态转移概率矩阵逐步趋于稳定。例如上面的问题中，

$$\boldsymbol{P}^{(1)}=\begin{pmatrix} 0.8 & 0.2 \\ 0.6 & 0.4 \end{pmatrix}$$

$$\boldsymbol{P}^{(2)}=\begin{pmatrix} 0.76 & 0.24 \\ 0.72 & 0.28 \end{pmatrix}$$

$$\boldsymbol{P}^{(3)}=\begin{pmatrix} 0.752 & 0.248 \\ 0.744 & 0.256 \end{pmatrix}$$

$$\boldsymbol{P}^{(4)}=\begin{pmatrix} 0.752 & 0.248 \\ 0.744 & 0.256 \end{pmatrix}\begin{pmatrix} 0.8 & 0.2 \\ 0.6 & 0.4 \end{pmatrix}=\begin{pmatrix} 0.7504 & 0.2496 \\ 0.7488 & 0.2512 \end{pmatrix}$$

$$\boldsymbol{P}^{(5)}=\begin{pmatrix} 0.7504 & 0.2496 \\ 0.7488 & 0.2512 \end{pmatrix}\begin{pmatrix} 0.8 & 0.2 \\ 0.6 & 0.4 \end{pmatrix}=\begin{pmatrix} 0.75008 & 0.24992 \\ 0.74976 & 0.25024 \end{pmatrix}$$

显然，经过 4 步之后状态转移概率矩阵已大致趋于稳定，更多次的转移不会使矩阵发生明显变化，而是逐渐趋于稳定。状态转移概率矩阵为

$$\boldsymbol{S}=\lim_{k\to+\infty}\boldsymbol{P}^{(k)}=\begin{pmatrix} 0.75 & 0.25 \\ 0.75 & 0.25 \end{pmatrix}$$

稳定状态转移矩阵的概率向量相同，即每一行的向量相同，称为稳定状态概率向量。上面的结果表明，不管初始状态如何，经过若干阶段以后，各状态发生的概率相同。在上例中，无论机床的初始状态为正常还是不正常，一段时间后，正常运转的概率为 0.75，不正常的概率为 0.25。

6.2.3 正规概率矩阵概念与性质

为了确定状态概率向量,现引入正规概率矩阵的概念。

1.正规概率矩阵的概念

设 $\boldsymbol{P}=(p_{ij})_{n\times n}$ 为一个概率矩阵,且存在一个正整数 k 使矩阵中的每个元素均是正数,则称 $\boldsymbol{P}$ 为一个正规概率矩阵。

2.正规概率矩阵的性质

设 $\boldsymbol{P}$ 为一正规概率矩阵,则:

(1)一定存在一个概率向量 $\boldsymbol{X}=(x_1,x_2,\cdots,x_n)$,使得 $\boldsymbol{XP}=\boldsymbol{X}$,且有 $x_j>0,j=1,2,\cdots,n$。

(2)当 $k\to+\infty$,且 k 为整数时,$\boldsymbol{P}^k\to\boldsymbol{S}$,且 $\boldsymbol{S}$ 的每一行向量相同,均等于向量 $\boldsymbol{X}$。

(3)对于任意 n 维概率向量 $\boldsymbol{U}=(u_1,u_2,\cdots,u_n)$,当 $k\to+\infty$ 且为整数时,总有 $\boldsymbol{UP}^K\to\boldsymbol{X}$。

上述结论可以用上节的机床运转的例子加以验证。

设概率向量 $\boldsymbol{X}=(x_1,x_2)$满足 $\boldsymbol{XP}=\boldsymbol{X}$,则有

$$(x_1,x_2)\begin{pmatrix}0.8 & 0.2\\0.6 & 0.4\end{pmatrix}=(x_1,x_2)$$

即

$$\begin{cases}0.8x_1+0.6x_2=x_1\\0.2x_1+0.4x_2=x_2\end{cases}$$

可以看出,这两个方程不是相互独立的。事实上,两方程相加可得到如下恒等式:

$$x_1+x_2=x_1+x_2$$

同样,对于一般的 n 阶概率矩阵 $\boldsymbol{P}$,方程 $\boldsymbol{XP}=\boldsymbol{X}$ 中的 n 个方程也不是相互独立的。然而我们可以用概率向量 $\boldsymbol{X}$ 应满足的条件

$$x_1+x_2+\cdots+x_n=1$$

来取代方程组 $\boldsymbol{XP}=\boldsymbol{X}$ 中的任一个方程,组成另一个方程组,即可从中解出 $x_1,x_2,\cdots,x_n$。于是,用 $x_1+x_2=1$ 取代上面方程组中的第二个方程,故

$$\begin{cases}0.8x_1+0.6x_2=x_1\\x_1+x_2=1\end{cases}$$

解之得 $x_1=0.75,x_2=0.25$,故 $\boldsymbol{X}=(0.75,0.25)$。显然 $\boldsymbol{X}=(0.75,0.25)$与 $\boldsymbol{P}$ 的稳定状态概率矩阵的每一行向量相同。

另外,设 $\boldsymbol{U}=(u_1,u_2)$为任一概率向量,由 $\boldsymbol{P}^k\to\boldsymbol{S}(k\to\infty$,且为整数)可得

$$\boldsymbol{U}\boldsymbol{P}^k \to \boldsymbol{U}\boldsymbol{S}$$

即

$$\boldsymbol{U}\boldsymbol{S}=(u_1,u_2)\begin{pmatrix}0.75 & 0.25\\0.75 & 0.25\end{pmatrix}=[0.75(u_1+u_2),0.25(u_1+u_2)]=(0.75,0.25)$$

6.3 马尔科夫链分析的预测应用

马尔科夫链是一个离散的随机状态时间序列，序列中的每个状态可以认为是过程的一个阶段，第 k 阶段状态发生的概率可以根据第 $k-1$ 阶段状态发生的概率来确定。因此，可以根据概率论中条件概率的运算法则，由第 $k-1$ 阶段的状态概率去推算第 k 阶段的状态概率，然后再由第 k 阶段的状态概率推算第 $k+1$ 阶段的状态概率。而如果假设上述过程具有无后效性，则可以使用本章的马尔科夫过程进行分析。

本节以济南大明湖景区游船线路规划问题为例。济南文旅部门决定于大明湖景区开设游船，预设立三个码头，即大明湖、泉城广场、黑虎泉。乘客可以在任意码头上下游船。根据资料统计，乘客在各个码头上下游船的概率如表 6-1所示。文旅部门想要了解经过长期运行之后，乘客在各个码头下游船的情况，即各码头乘客下游船的比例。

表 6-1 各个码头的情况

		下船		
		大明湖	泉城广场	黑虎泉
上船	大明湖	0.70	0.15	0.15
	泉城广场	0.25	0.65	0.10
	黑虎泉	0.40	0.10	0.50

由表 6-1 可得到该问题的状态转移概率矩阵为

$$\boldsymbol{P}=\begin{pmatrix}0.70 & 0.15 & 0.15\\0.25 & 0.65 & 0.10\\0.40 & 0.10 & 0.50\end{pmatrix}$$

计算稳定状态概率向量 $\boldsymbol{X}$。设 $\boldsymbol{X}=(x_1,x_2,x_3)$，则有

$$\boldsymbol{X}\boldsymbol{P}=\boldsymbol{X}$$

$$(x_1,x_2,x_3)\begin{pmatrix}0.70 & 0.15 & 0.15\\0.25 & 0.65 & 0.10\\0.40 & 0.10 & 0.50\end{pmatrix}=(x_1,x_2,x_3)$$

即

$$\begin{cases}0.70x_1+0.25x_2+0.40x_3=x_1\\0.15x_1+0.65x_2+0.10x_3=x_2\\0.15x_1+0.10x_2+0.50x_3=x_3\\x_1+x_2+x_3=1\end{cases}$$

得 $x_1=0.51,x_2=0.28,x_3=0.21$。也就是说，游客从大明湖、泉城广场、黑虎泉下游船的概率分别为 51%、28%、21%。

习题

1. 已知某马尔科夫链的转移矩阵如下，计算 $\boldsymbol{P}_{13}^{(2)}$。

$$\boldsymbol{P}=\begin{pmatrix}0.70 & 0.1 & 0.20\\0.10 & 0.80 & 0.10\\0.05 & 0.05 & 0.90\end{pmatrix}$$

2. 若明天股市是否上涨仅与今天股市情况有关，与过去无关，并设今天上涨，而明天也上涨的概率为 0.7，今天不上涨而明天上涨的概率为 0.4，试求今天上涨且第 4 天仍上涨的概率。

3.设某足球运动员射门有两种状态，分别是进球和失误。且知过去 24 次射门状况如表 6-2 所示。

表 6-2　某足球运动员射门情况

第 i 次射门	1	2	3	4	5	6	7	8	9	10	11	12
状态	进球	进球	失误	进球	失误	失误	进球	进球	进球	失误	失误	进球
第 i 次射门	13	14	15	16	17	18	19	20	21	22	23	24
状态	进球	失误	进球	进球	失误	失误	进球	进球	失误	进球	失误	进球

(1)预测第 25 次射门的情况。

(2)求解稳定状态概率向量。

(3)分析稳定状态概率向量与整体进球率之间的关系。

【参考文献】

[1]希金斯.系统工程:21 世纪的系统方法论[M].朱一凡,王涛,杨峰,译.北京:电子工业出版社,2017.

[2]梁迪,单麟婷.系统工程基础与应用[M].北京:清华大学出版社,2018.

第7章　网络系统

复杂系统的本质是反馈，要素之间、要素和整体之间产生非线性关系。要素种类、要素之间关系类型越多，则系统越复杂。网络系统是由“单一”的节点和关系组成的，产生基于结构的复杂性。围绕网络结构形成的系统构建和分析过程、指标设计与应用等丰富了网络科学；以网络结构为基础的管理系统模型，能够剖析难以被发现的、深层次的问题原因。网络貌似简单，如同搭积木一样拼接节点，但对节点有着严格的要求，即“刺激反应一致性”，这被隐含在了网络建模过程之中，易被忽略。若缺乏对该假设的理解，在后续学习和设计网络指标以及网络量化分析中，就易采用貌似考虑周到、实则不合适的处理手段，得出“四不像”的数据分析结论和管理观点。所以，网络科学的学习须经历计算之难、使用之易、用好之难三个阶段，这是需要在科研和实践中注意的。

7.1　社会网络分析

社会网络分析(Social Network Analysis，SNA)是指在社会科学中，以社会行动者之间的互动研究为基础的结构性方法。它主要分析不同社会单位(个体、群体或社会)所构成的关系的结构及其属性。社会网络分析方法基于一个直觉性的观念，即行动者嵌入的社会关系模式对于他们的行动结果有重要的影响。它可以对各种关系进行精确的量化分析，从而为某种中层理论的构建和实证命题的检验提供数理工具，乃至建立“宏观和微观”之间的桥梁。

7.1.1　社会网络要素

一个社会网络是由一个特定集合的行动者(点)以及行动者之间的关系(线)组成的。各个点以及点之间的联系构成了“网络结构”。社会网络一般包含行动者、关系等。

(1)行动者(Actor):社会网络中的一切个体、社会实体或事件都可称为行动者。故这里的行动者不仅是指具体的个人,还可指一个群体、公司或其他集体性的社会单位。每个行动者在网络中的位置被称为"节点"(Node)或顶点(Vertex)。

(2)关系(Relationship):行动者之间相互的关联被称为关系纽带。人们之间的关系形式是多种多样的,如亲属关系、合作关系、交换关系、对抗关系等,这些构成不同的关系类型。关系可以是单向或双向的,且存在关系强度的差异,关系不同构成不同的网络。

(3)子群(Subgroup):这里指行动者之间的任何形式关系的子集。在复杂的网络关系中,常常可以区分出不同的子群。

(4)群体(Group):群体指所有测量了相互关系的行动者的集合。群体的规模可以有所不同,因此其关系的复杂性也各异。小型群体的结构特征通常与更大规模的样本或组织有显著差异,因此在分析时往往需侧重于不同的方面。

(5)结构洞(Structural Hole):这里指社会网络中的空隙,是说网络中某个或某些个体仅与部分个体有直接联系,而与其他个体之间缺乏直接联系或存在关系间断的现象。从整体上看,这些"洞"呈现出网络结构中的空缺。个体行动者(如个人、部门或组织)可以通过连接原本不相联系的两个小群体来提升社会资本,扮演联络人角色,或者在所处群体和其他参与群体之间架设桥梁,从而发挥桥接作用。

行动者可按在社会网络中的不同作用分为以下四类。

(1)桥(Bridge):是指连接不同沟通群体的人物。

(2)联络人(Liaison):是指不属于任何沟通群体但起着联络作用的人物。

(3)孤独者(Isolate):是指很少或完全不参与任何沟通群体的人物。

(4)明星(Star):是指网络中有最多关系联结的人物。

例如,在图 7-1 中,V_4 处于核心位置并与多个个体建立了关系,是网络中的"明星"。如果将 V_1、V_2、V_3、V_4、V_6 和 V_7、V_8、V_9 分别视为两个群体:V_5 起到了"联络人"的作用,将两个群体串联起来;V_6 和 V_8 连接不同沟通群体,起"桥"的作用;V_1 处于一个边缘的位置,只与 V_4 之间存在联系,而不与其他个体产生联系,是一个"孤独者"。

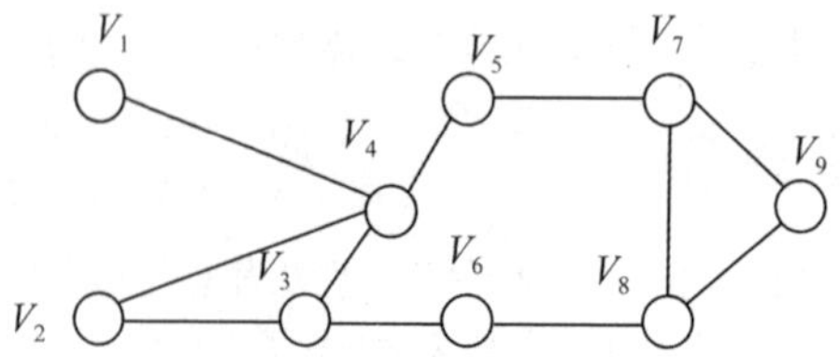

图 7-1　示例网络图

7.1.2 社会网络类型

(1)根据网络中节点的来源集合异同及其关系属性,可将社会网络划分为一型网络、二型网络、隶属网络等。

①一型网络(One-Mode Network):是由单一的行动者及行动者之间的关系构成的网络。例如一个班级内45名同学之间的朋友关系网络。

② 二型网络(Two-Mode Network):由两类不同行动者构成。例如一个班级内45名同学以及5位老师之间的朋友关系网络。

③隶属网络(Affiliation Network):由一类行动者和一类事件构成,其中,行动者与一组事件有关联。例如一个班级内45名同学参加10个不同的兴趣班的关系网络。

(2)根据边是否有权重,即是否考虑影响关系的强弱等,可分为无权网络(Unweight Network)、加权网络(Weight Network)、符号网络(Signed Network)等。其中符号网络是加权网络的一种,其边权重用"+""-"表示不同的程度而非具体的数值。

(3)根据边是否有方向,即是否考虑关系的方向等,可划分为有向网络(Directed Network)和无向网络(Undirected Network)。

7.2 网络分析指标

7.2.1 网络特征指标

不同社会网络的特征也存在很大差异,体现社会网络特征的指标包括以下几种。

(1)规模(Size):指社会网络中包含的行动者的数量。网络规模大意味着构成群体的成员数量多,网络规模大小会影响到行动者之间关系的价值。

(2)密度(Density):指社会网络中行动者之间的联系程度,即网络中实际关系数与理论上的最大关系数的比值。整体网络的密度越大,说明网络成员之间的联系越紧密,该网络对其中节点的态度、行为等产生的影响就越大。

(3)测地线(Geodesic):指网络中的两节点 v_i 和 v_j 之间经历边数最少的一条简单路径(经历的边各不相同)。测地线的边数 d_{ij} 称为两节点 v_i 和 v_j 之间的距离(或叫测地线距离)。$\frac{1}{d_{ij}}$ 称为节点 v_i 和 v_j 之间的效率,记为 ε_{ij}。效率通常用来度量节点间的信息传递速度。当 v_i 和 v_j 之间没有路径连通时,$d_{ij}=\infty$,而 $\varepsilon_{ij}=0$,所以效率更适合度量非全联通网络。

(4)网络直径(Diameter):是指所有距离 d_{ij} 中的最大值。

(5)平均距离 L(特征路径长度):指所有节点对之间距离的平均值,它描述

了网络中节点间的平均分离程度,即网络的大小,计算公式为

$$L=\frac{1}{n^2}\sum_{i=1}^{n}\sum_{j=1}^{n}d_{ij}$$

对于无向简单图来说,$d_{ij}=d_{ji}$且$d_{ii}=0$,则上式可简化为

$$L=\frac{1}{n(n-1)}\sum_{i=1}^{n}\sum_{j=i+1}^{n}d_{ij}$$

很多实际网络虽然节点数巨大,但平均距离却小得惊人,这就是所谓的“小世界效应”。

(6)聚类系数(Clustering Coefficient):这是图论中的一个概念,假设某个节点通过 k 条边与 k 个节点直接相连,则这 k 条边连接的节点(k 个)之间最多可能存在的边的条数为 $k(k-1)/2$,用实际存在的边数 M_i 除以最多可能存在的边数得到的分数值,定义为这个节点的聚类系数 C_i。

$$C_i=\frac{2M_i}{k(k-1)}$$

聚类系数表示一个网络中节点的邻居之间彼此连接的程度,用来衡量节点周围的小团体结构。比如,在一个合作关系网络中,聚类系数可以表示一个团队成员之间是否合作密切。如果每名成员都与其他成员有合作关系,那么聚类系数较高;而如果成员之间合作较少或联系松散,则聚类系数较低。这一系数能反映出团队内部协作的紧密程度。

对于有向网络来说,这 k 个节点间可能存在的最大边数为 $k(k-1)$,此时某节点 i 的聚类系数为

$$C_i=\frac{M_i}{k(k-1)}$$

将该聚类系数对整个网络做平均,可得网络的平均聚类系数为

$$C=\frac{1}{n}\sum_{i=1}^{n}C_i$$

(7)度分布(Degree Distribution):在网络中,节点 v 的邻边数 k 被称为该节点 v 的度。对网络中所有节点的度求平均,可得到网络的平均度 $\langle k\rangle$。无向无权图邻接矩阵 $\mathbf{A}$ 的二次幂 $\mathbf{A}^2$ 的对角元素 $a_{ii}^{(2)}$ 表示从 i 开始经过 2 步到 i 的路径数,即节点 v_i 的邻边数 $k=a_{ii}^{(2)}$。

无向无权图邻接矩阵 $\mathbf{A}$ 的三次幂 $\mathbf{A}^3$ 的对角元素 $a_{ii}^{(3)}$ 表示从 i 开始经过 3 步到 i 的路径数,实际上等同于 i 点周围连接的 k 个节点之间实际存在的边数 M_i 的两倍,即 $M_i=\frac{a_{ii}^{(2)}}{2}$。

在图 7-2 中,V_1 连接 2 个节点 V_2、V_3,其 $M_1=1$;$a_{V_1V_1}^{(3)}$ 表示从 V_1 开始经过 3 步到 V_1 的路径数,则 $a_{V_1V_1}^{(3)}=2$,分别为 V_1-V_2-V_3-V_1,V_1-V_3-V_2-V_1,又因为

此网络图为无向图，在数学意义上，M_1 就表示 V_1 周围点的连接边的数量，故 $M_1=\frac{a_{V_1V_1}^{(3)}}{2}$。

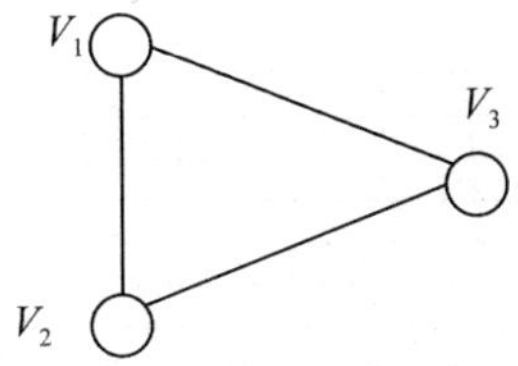

图 7-2 示例网络图

因此无向图的聚类系数可用邻接矩阵的二次幂 $\boldsymbol{A}^2$、三次幂 $\boldsymbol{A}^3$ 的对角元素表示，即

$$C_i=\frac{a_{ii}^{(3)}}{a_{ii}^{(2)}(a_{ii}^{(2)}-1)}$$

实际上，无向无权图邻接矩阵 $\boldsymbol{A}$ 的第 i 行或第 i 列元素之和也是节点 i 的度数中心度。从而，无向无权网络的平均度就是 $\boldsymbol{A}^2$ 对角线元素之和除以节点数，即

$$<k>=\mathrm{tr}(\boldsymbol{A}^2)/n$$

式中，$\mathrm{tr}(\boldsymbol{A}^2)$ 表示矩阵 $\boldsymbol{A}^2$ 的迹，即对角线元素之和。

例题：计算图 7-3 的网络中节点 1 和节点 2 的聚类系数。

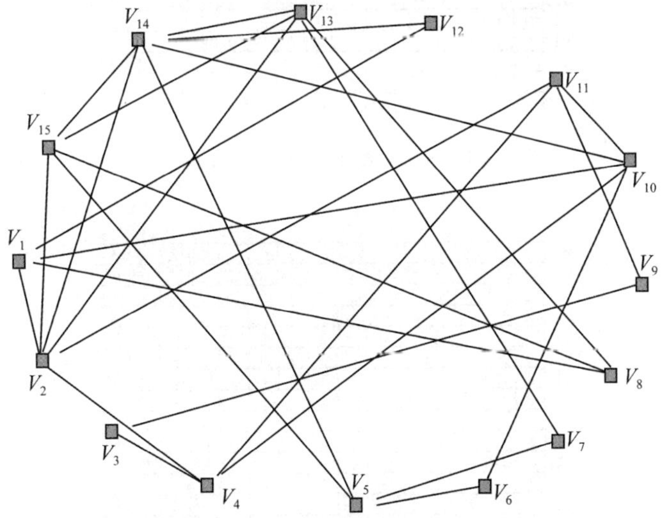

图 7-3 示例网络图

解：

写出其邻接矩阵，并计算其二次幂 $\boldsymbol{A}_2$ 和 $\boldsymbol{A}_3$，并计算出 $\boldsymbol{A}+\boldsymbol{A}^2+\boldsymbol{A}^3$，具体如图 7-4、图 7-5、图 7-6、图 7-7 所示。

	V1	V2	V3	V4	V5	V6	V7	V8	V9	V10	V11	V12	V13	V14	V15
V1	0	1	0	0	0	0	0	1	0	1	0	1	0	0	0
V2	1	0	0	1	0	0	0	0	0	0	1	0	1	1	1
V3	0	0	0	1	0	0	0	0	1	0	0	0	0	0	0
V4	0	1	1	0	1	0	0	0	0	1	1	0	0	0	0
V5	0	0	0	1	0	1	1	0	0	0	0	0	0	1	0
V6	0	0	0	0	1	0	0	0	0	1	0	0	0	0	0
V7	0	0	0	0	1	0	0	0	0	0	0	0	1	0	0
V8	1	0	0	0	0	0	0	0	0	0	0	0	1	0	1
V9	0	0	1	0	0	0	0	0	0	0	1	0	0	0	0
V10	1	0	0	1	0	1	0	0	0	0	1	0	0	1	0
V11	0	1	0	1	0	0	0	0	1	1	0	0	0	0	0
V12	1	0	0	0	0	0	0	0	0	0	0	0	0	0	0
V13	0	1	0	0	0	0	1	1	0	0	0	0	0	1	1
V14	0	1	0	0	1	0	0	0	0	1	0	1	1	0	1
V15	0	1	0	0	1	0	0	1	0	0	0	0	0	1	0

图 7-4　邻接矩阵 **A**

	V1	V2	V3	V4	V5	V6	V7	V8	V9	V10	V11	V12	V13	V14	V15
V1	4	0	0	2	0	1	0	0	0	0	2	0	2	2	2
V2	0	6	1	1	3	0	1	3	1	4	1	2	1	2	2
V3	0	1	2	0	1	0	0	0	0	1	2	0	0	0	0
V4	2	1	0	5	0	2	1	0	2	1	2	0	1	3	1
V5	0	2	1	0	4	0	0	0	0	3	1	1	2	0	1
V6	1	0	0	2	0	2	1	0	0	0	1	0	0	2	0
V7	0	1	0	1	0	1	2	1	0	0	0	0	0	2	1
V8	0	3	0	0	1	0	1	3	0	1	0	1	0	2	1
V9	0	1	0	2	0	0	0	0	2	1	0	0	0	0	0
V10	0	4	1	1	3	0	0	1	1	5	1	2	1	0	1
V11	2	1	2	2	1	1	0	0	0	1	4	0	1	2	1
V12	0	1	0	0	0	0	0	1	0	1	0	1	0	0	0
V13	2	2	0	1	3	0	0	1	0	1	1	1	4	2	3
V14	3	2	0	3	1	2	2	2	0	0	2	0	1	5	2
V15	2	1	0	2	1	1	1	0	0	1	1	1	3	2	3

图 7-5　邻接矩阵 **A** 的二次幂

	V1	V2	V3	V4	V5	V6	V7	V8	V9	V10	V11	V12	V13	V14	V15
V1	0	14	2	2	7	0	2	8	2	11	2	6	2	4	4
V2	15	7	2	15	6	7	4	3	2	4	12	2	12	16	12
V3	2	2	0	7	0	2	1	0	4	2	2	0	1	3	1
V4	2	14	7	4	12	1	1	4	2	14	9	5	5	4	5
V5	6	4	0	11	1	7	6	3	2	1	5	0	2	12	4
V6	0	6	2	1	7	0	0	1	1	8	2	3	3	0	2
V7	2	4	1	1	7	0	0	1	0	4	2	2	6	2	4
V8	8	3	0	5	4	2	1	1	0	2	4	2	9	6	8
V9	2	2	4	2	2	1	0	0	0	2	6	0	1	2	1
V10	12	4	2	14	2	8	4	2	2	2	11	0	5	14	6
V11	2	12	2	9	6	2	2	4	6	11	4	4	3	5	4
V12	4	0	0	2	0	1	0	0	0	0	2	0	2	2	2
V13	5	13	1	7	6	4	7	9	1	6	4	4	5	13	9
V14	4	16	3	5	14	1	2	6	2	15	5	8	11	6	10
V15	3	13	2	4	9	2	4	8	1	8	4	4	4	9	6

图 7-6　邻接矩阵 **A** 的三次幂

	V1	V2	V3	V4	V5	V6	V7	V8	V9	V10	V11	V12	V13	V14	V15
V1	4	15	2	4	7	1	2	9	2	12	4	7	4	6	6
V2	16	13	3	17	9	7	5	6	3	8	14	4	14	19	15
V3	2	3	2	8	1	2	1	0	5	3	4	0	1	3	1
V4	4	16	8	9	13	3	2	4	4	16	12	5	6	7	6
V5	6	6	1	12	5	8	7	3	2	4	6	1	4	13	5
V6	1	6	2	3	8	2	1	1	1	9	3	3	3	2	2
V7	2	5	1	2	8	1	2	2	0	4	2	2	7	4	5
V8	9	6	0	5	5	2	2	4	0	3	4	3	10	8	10
V9	2	3	5	4	2	1	0	0	2	3	7	0	1	2	1
V10	13	8	3	16	5	9	4	3	3	7	13	2	6	15	7
V11	4	14	4	12	7	3	2	4	7	13	8	4	4	7	5
V12	5	1	0	2	0	1	0	1	0	1	2	1	2	2	2
V13	7	16	1	8	9	4	8	11	1	7	5	5	9	16	13
V14	7	19	3	8	16	3	4	8	2	16	7	9	13	11	13
V15	5	15	2	6	11	3	5	9	1	9	5	5	7	12	9

图 7-7 $\boldsymbol{A}+\boldsymbol{A}^2+\boldsymbol{A}^3$

由于 $a_{11}^{(2)}=4, a_{11}^{(3)}=0$，从而

$$C_1=\frac{M_1}{k(k-1)}=\frac{a_{11}^{(3)}}{a_{11}^{(2)}(a_{11}^{(2)}-1)}=0$$

同理可得节点 2 的聚类系数为

$$C_2=\frac{7}{30}$$

7.2.2 网络中心度指标

“中心性”是社会网络分析中的关键概念之一，用于衡量个人或组织在网络中的影响力和核心位置。中心度(Centrality)用来描述每个节点在网络中的中心位置及其重要性。而网络的整体集中性(Centralization)则衡量网络的紧密程度，反映出该网络是否有一个高度集中的中心。根据分析角度不同，中心性可分为三类：度数中心度、中间中心度和接近中心度。

1.度数中心度

节点的度数中心度(Degree Centrality)指的是与节点直接相连的边的数目。网络中一个节点的价值首先取决于这个节点在网络中所处的位置，位置越靠近中心的节点价值和影响也越大。

(1)在无方向的网络中，度数中心度分为绝对度数中心度、相对度数中心度两种。

①绝对度数中心度即点的度数，以 C_A 表示。如果某点具有最大的度数中心度，则称该点居于中心。

②相对度数中心度指的是点的绝对度数中心度与图中点的最大可能的度数中心度之比，以 C'_A 表示：

$$C'_A = C_A / (n-1)$$

其中，C_A 是节点 A 的邻居节点数量，n 是网络中的所有节点的个数。在图 7-8 中，V_4 绝对度数中心度为 5，其余节点为 1。在图 7-9 中，各节点绝对度数中心度均为 2，相对度数中心度均为 2/5。

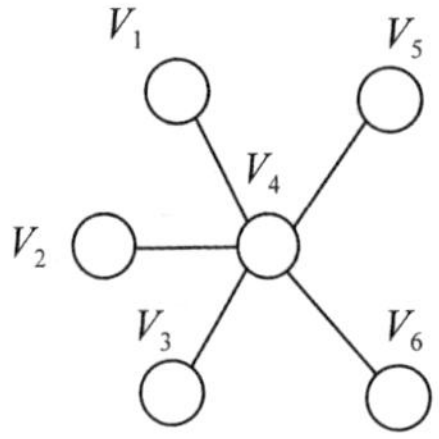

图 7-8　星形图

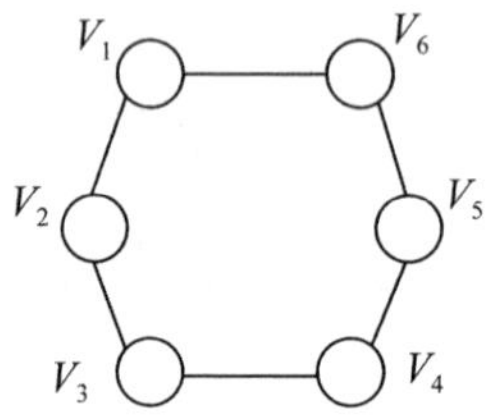

图 7-9　环形图

(2)在有方向的网络中，度数中心度分为入度(内中心度)、出度(外中心度)两种。

①内中心度(In-Centrality)：点入度，即从其他节点指向节点 i 的边的数目，以 $C(\text{in})_A$、$C'(\text{in})_A$ 表示。

②外中心度(Out-Centrality)：点出度，即从节点 i 指向其他节点的边的数目，以 $C(\text{out})_A$、$C'(\text{out})_A$ 表示。

绝对度数中心度的比较仅仅在同一个图中的成员之间进行才有意义，当图的规模不同时，不同图中点的绝对度数中心度是不可比较的，只可比较相对度数中心度。

2.中间中心度

点的中间中心度(Betweenness Centrality)是依据网络中各节点的紧密程度或距离而测量的中心度，表示一个点在多大程度上是别的点的“中介”。如果一个节点处于多个节点之间，则可以认为该节点起到重要的“中介”作用，可以控制信息的传递而影响网络。

相对于由节点 j 和 k 组成的节点对，节点 i 的中间中心度取值在 0 到 1 之间。将 i 相对于网络中所有节点对的中间中心度相加，则可以得到节点 i 的中间中心度，可表示为

$$C_{AB_i} = \sum_{j,k \in N} \frac{g_{jk}(v_i)}{g_{jk}} \quad (j \neq k \neq i)$$

其中，g_{jk} 是节点 j 与节点 k 之间最短路径的条数，$g_{jk}(v_i)$ 是节点 j 与节点 k 之间经过节点 v_i 的最短路径的条数。

3.接近中心度

点的接近中心度(Closeness Centrality)是依据网络中各节点的紧密程度或距离而测量的中心度,是某个节点与图中其他点的最短距离之和的倒数,以 C_{Ap_i} 表示:

$$C_{Ap_i}=\left(\sum_{j=1}^{n}d_{ij}\right)^{-1}$$

其中,d_{ij} 是节点 v_i 到其他节点的距离。若求相对接近中心度,则将上式乘以 $n-1$,即

$$C_{RP_i}=(n-1)\left(\sum_{j=1}^{n}d_{ij}\right)^{-1}$$

一个点越是与其他节点接近,该点在传递信息方面就越不依赖其他节点,则该点就具有较高的接近中心度。在有向图中,接近中心度分为出接近中心度和入接近中心度,按定义带入即可。如在图 7-8 中,相对接近中心度为 $1(\frac{7-1}{6})$,则该点表示星形网核心点。

7.2.3 指标设计的假设

节点界定问题是构造网络的基础和前提,影响网络构造结果(网络有关数据)的准确性,进而影响网络量化结果。网络量化通过网络指标计算予以实现,因此网络构建应满足网络指标设计的基本假设,作为网络构建基础的节点界定规则也应满足该假设。此时,需要分析网络指标设计的基本假设,以此为基础来解决节点界定问题。

网络指标的设计基于“节点刺激反应的一致性”。其中,“刺激”代表该节点接收到的其他节点内容的作用,如社会网络中节点收到的信息、病毒等;“反应”表现为节点受到刺激后自身发生的变化,如接收信息而获得该信息、被病毒感染而产生病变,从而具有了对其他节点产生作用的趋势。在此,强调“反应”是一种趋势而不认为其已经对其他节点产生作用,因为节点间作用的产生以节点间的关系为媒介。例如,某节点接收信息后,向其他节点传播信息时以两者之间的关系为条件,此时该节点具有传播信息的趋势而未产生真正的作用。节点间通过网络关系发生作用的可能性可通过 0 到 1 的概率(包括 0 和 1)来表示,0 代表两者之间传播信息的可能性为 0,1 代表两者之间必然会进行信息传播。网络指标则是对多个“概率”(网络关系)的有机表达。然而,如果节点的刺激和反应是不一致的,就丧失了网络中节点间产生作用的基础,网络指标也丧失了其存在的前提,因此节点具有“刺激反应的一致性”是网络指标设计的基本

假设。

需要额外说明的是，随机性是网络研究中的常见问题，随机性既可以体现在节点上，也可以体现在关系上。然而，随机性并不代表打破了节点刺激反应的一致性。此处的“一致性”，可以表达为节点接受刺激后按照一定的规律（符合相应分布的概率）发生变化。例如，在病毒传染网络中，节点接收到其他节点的病毒之后，将按照 70％的随机概率被感染，此时节点受到的刺激是其他节点传播过来的病毒，而产生的反应是“按照 70％的概率被感染”，其中“70％”虽然体现了随机性，但是刺激和反应却是一致的。同时，随机性也可以体现在关系上。例如在病毒传播网络中，将“关系”定义为“两者产生接触的概率”（与两者“见面”的频率等有关）。假设节点 A 和 B 之间的关系强度是 0.4，即若 A 已被病毒感染，则 A 对 B 传播病毒的可能性是 0.4。假设 B 接收到病毒就被感染，则只要 A 感染，B 就被感染的概率是0.4；而假设 B 接收病毒后被感染的概率是0.7，则 A 感染病毒后，B 也感染病毒的概率是 $0.4\times0.7=0.28$。概率虽然体现了随机性，但是并未打破“节点刺激反应的一致性”假设。

通过函数关系来表示：节点受到的刺激（其他节点对该节点的作用）作为自变量（Independent Variable，IV），该节点产生的反应作为因变量（Dependent Variable，DV），两者之间的相关系数表征了一致性的程度。其中，DV 存在一定的波动是正常的，但要符合一定的概率分布，即 DV 的产生具有一定的规律，这个规律表征了刺激反应的一致性。而“不一致性”则体现为 DV 的无序随机性、与 IV 的不相关性，即 DV 对 IV 的变化没有反应。

从管理的角度来看，节点的项目管理成熟度较高时，其内部节点的信息沟通顺畅、目标统一性较高，信息和控制在节点内部的转换较为一致。例如，企业高层（以总经理为例）、研发部、生产部之间信息沟通紧密，总经理对各下属部门能够进行有效的约束和激励。从外部来看，高校等向总经理发送信息、政府对总经理进行约束和激励时（IV），总经理的意愿能够在组织内部进行有效的转化并产生相应的行为，这个行为即接收刺激后的反应（DV）。而且此时 IV 和 DV 之间具有一致性。但是当企业内部信息沟通不畅、总经理不能对各个节点进行有效激励和约束的时候——企业内部机制不稳定，IV 与 DV 之间具有较高的不确定性。

如图 7-10 所示，基于质量管理中的控制图可对节点内部转换机制问题做进一步的说明。当利益相关方接收刺激后，其反应若符合一定的规律，则表示节点输入和输出具有一致性；也就是说，利益相关方的反应可以是波动的，但是要符合一定的规律（如函数分布），反应的量化数值分布在特定的范围之内；站在节点的外部来看，就是节点的反应是可预期的。

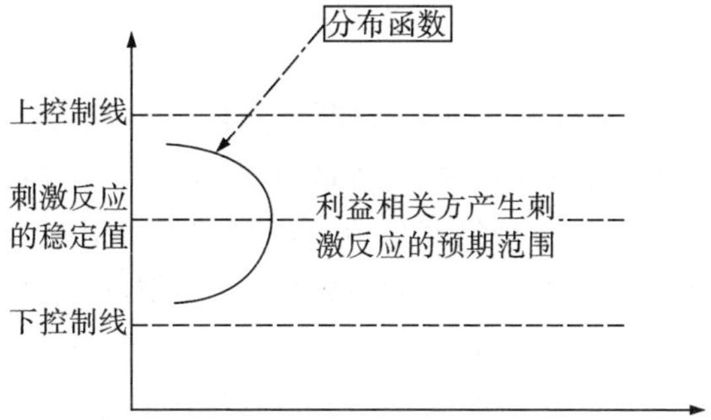

图7-10　利益相关方刺激反应一致性示意图

但是，当节点内部的转换机制出现问题的时候，内部转换机制的输出（反应）也是不确定的，这个不确定表现为无规律的不确定，且与节点接收的刺激没有关联性。此时内部机制的不稳定就导致了反应的不可预期。当节点的系统边界缩小的时候，由于减少了节点间的交互协作而降低了内部机制转换问题出现的可能性，所以节点内部出现问题的时候，需要对节点进行拆分，直到得到具有刺激反应一致性的节点。

需要额外说明的是，当节点拆分到个人时，也可能出现刺激反应不一致的情况，这是受到个人工作能力和人格特质的影响，在此假设参与项目的个体是合格的（具有一定的专业技术能力、具有充分的社会人特征，行为受到外部激励和约束的影响）。由此，才能将节点拆分的最小"粒度"视为个人。

与管理有关的网络中，节点的刺激和反应是什么？节点刺激反应与相应的网络关系相关。例如在研究信息传播问题时，节点受到的刺激是其他节点传播过来的信息，反应是节点接收信息后具有了向外部节点传播信息的趋势；在病毒传播网络中，节点受到的刺激是接收到的病毒，而反应是接收病毒后具有向其他节点传播病毒的趋势。因此，本部分根据网络关系分类结果分析节点界定规则。

第一，与节点间的沟通关系相关，判断节点内部信息是否一致。节点接收到信息之后，经过内部转换将信息再次发出，而发出的信息内涵与接收到的信息内涵应具有一致性，以上两个信息的表现形式可能不同（除了专门负责信息传递的部门或者个人，接收和发出的信息表现形式往往不同）。例如，质量功能展开（Quality Function Development，QFD）就是一种保证信息传递内涵准确性的工具，但是其中信息的形式（需求信息、设计信息、工艺信息）不断变化；其中，营销部发出的需求信息、研发部发出的设计信息、工艺部发出的工艺信息形式不同,但是内涵均与顾客需求一致。如果节点内部沟通流畅、具有标准化沟通工具和成熟的沟通制度等,节点的内部信息转化过程可靠,则可以被视为一个节点。

第二,与节点间的控制关系相关,判断节点内部目标是否一致。即判断节点(以 A 为例)受到某节点控制(激励和约束)时,能否产生对其他节点有效的控制。此处"有效"表示节点 A 控制其他节点的目的符合节点 A 被控制的目的。例如,在校企联合研发项目中,高校负责技术研发工作,内部参与的组织和个人包括科研管理部门、研究团队(团队内部有教授、研究生等);企业与高校(科研管理部门以高校的名义负责具体事务)之间签订合同,企业通过合同的形式对高校进行激励和约束,产生了相应的控制作用,要求高校保证技术转移成果质量的同时也要保证成果落地的可靠性。如果高校能够有效控制研究团队,通过合理的科研成果分配机制来激励研究团队,此时研究团队能够保证科研成果的质量且考虑到将来成果在企业内部落地的问题。在这种情况下,可以认为高校在控制方面的内部转化是可靠稳定的,可以被视为一个节点。但是如果高校不能对研究团队进行有效的激励,研究团队迫于高校的行政命令而完成技术转移成果,可能更关注成果的先进性、完成时间等方面,而较少考虑技术转移成果在企业的落地问题,因为成果转移利益与研究团队成员的收益无关。此时,高校有关控制的内部转化是不一致的,内部利益相关方间目标不统一,需要将高校拆分为科研管理部门、研究团队两个节点。

社会网络分析通过相关指标对网络进行量化,指标主要针对网络关系进行分析而不考虑节点的属性。通过节点界定规则,将利益相关方转换为具有"刺激反应一致性"的网络节点,这相当于将利益相关方的个体属性转移到了内部节点之间的关系上,此时可通过网络关系及其集合对网络进行分析。因此,节点界定规则保证了社会网络分析对管理相关网络分析的适用性。

7.3 规则网络

网络包括规则网络、复杂网络等,如 1736 年瑞士数学家欧拉(L. Euler)提出的图论、1959 年匈牙利科学家埃尔德什(P. Erdos)与雷尼(A. Renyi)建立的随机图理论、1998 年瓦茨(D. Watts)和斯托加茨(S. Strogatz)提出的小世界网络模型、1999 年巴拉巴西(A-L. Barabasi)等人提出的无标度网络模型等。本节简单介绍部分经典理论模型。

7.3.1　规则网络——欧拉图论

所谓"图论",就是由一些点按照一定方式连线组成的一个图(集合)。欧拉关于图论的论述中,最著名的就是柯尼斯堡七桥问题。

柯尼斯堡(Königsberg)是当时东普鲁士的首都,今俄罗斯加里宁格勒市,普莱格尔河横贯其中,这条河上建有七座桥,将河中间的两个岛和河岸连接起来(见图 7-11)。人们闲暇时经常在桥上散步,有人提出:能不能每座桥都只走一遍,最后又回到原来的位置?这个看起来很简单却很有趣的问题吸引了大家,很多人尝试各种各样的走法,然而无数次的尝试都没有成功。

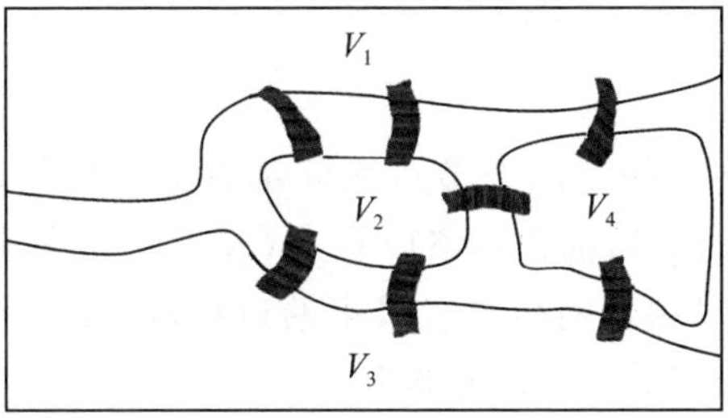

图 7-11　七桥问题

实际上,欧拉没有给出解,而是证明其不可解决。首先,将原问题抽象为图 7-12。

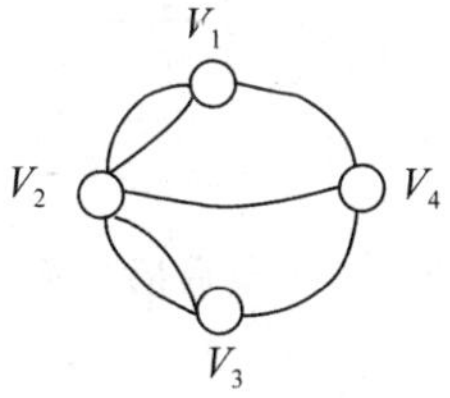

图 7-12　七桥问题简图一

V_1,V_2,V_3,V_4 所示区域的桥数皆为奇数,分别为 3,5,3,3。如果只能穿过桥一次,区域内有两座桥,那么就可以进入并离开该区域。假设每座桥都恰好走过一次,那么对于 V_1,V_2,V_3,V_4 四个顶点中的每一个顶点而言,需要从某条边进入后从另一条边离开,进入和离开顶点的次数是相同的,即每个顶点有多少条进入的边,就有多少条出去的边。也就是说,如果一个顶点连的边是偶数,那么可以不重复地走过所连的所有边;如果一个顶点连的边是奇数,那么必须作为开头或者结尾才能不重复地走完。对于此七桥问题,可添加一条 V_1-V_4 边继续分析,如图 7-13 所示。

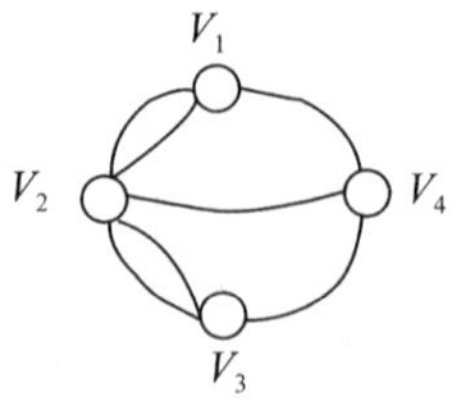

图 7-13　七桥问题简图二

此时 V_1,V_2,V_3,V_4 每块区域对应的边分别为 4,5,3,4。当且仅当以 V_2 或 V_3 为起点时,问题才有解。

7.3.2　其他常见规则网络

1.全局耦合网络

全局耦合网络是指任意两个节点之间都有边直接相连的网络,也叫完全图。N 个节点构成的全局耦合网络中有 $N(N-1)/2$ 条边。在具有相同节点数的所有网络中,全局耦合网络具有最多的边数,最大的聚类系数 $Cgc=1$,以及最小的平均路径长度 $Lgc=1$(见图 7-14)。

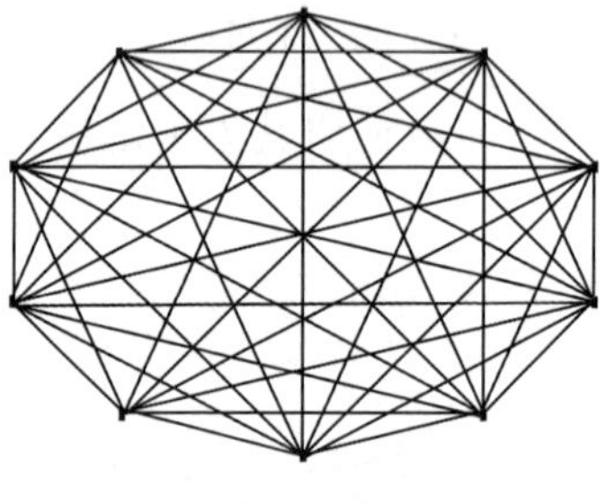

图 7-14　全局耦合网络

2.最邻近耦合网络

最邻近耦合网络是指每个点仅与周围的 K 个节点相连的网络(见图 7-15)。每个节点有 K 条边,N 个节点的总度数为 NK。而每条边被两个节点共享(如节点 A 与节点 B 相连,边 AB 同时计入 A 和 B 的度数),因此总边数为总度数的一半,即 $NK/2$。

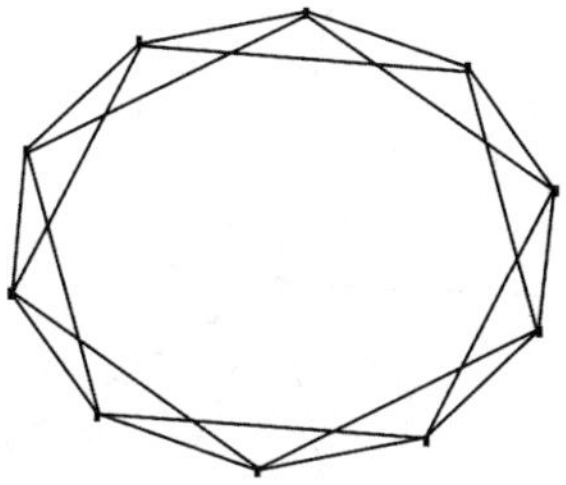

图 7-15　最邻近耦合网络

最邻近耦合网络聚类系数为

$$C_n=\frac{3\times N\times\frac{1}{4}K(\frac{1}{2}K-1)}{N\times\frac{1}{2}K(K-1)}=\frac{3(K-2)}{4(K-1)}$$

可见，最邻近耦合网络聚类系数与网络规模 N 无关，是参数 K 的单调递增函数(见图 7-16)。

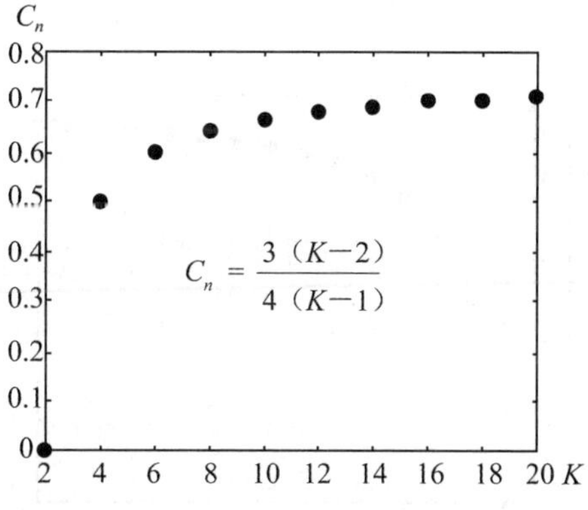

图 7-16　最邻近耦合网络聚类系数

最邻近耦合网络平均路径长度为

$$L_n\approx\frac{n}{2K}$$

3.星形耦合网络

星形耦合网络是指除中心点外其余的 $N-1$ 个点都只与这个中心点连接，而它们彼此之间不连接的网络。这个模型也可推广到具有多个中心的情形(见图 7-17)。

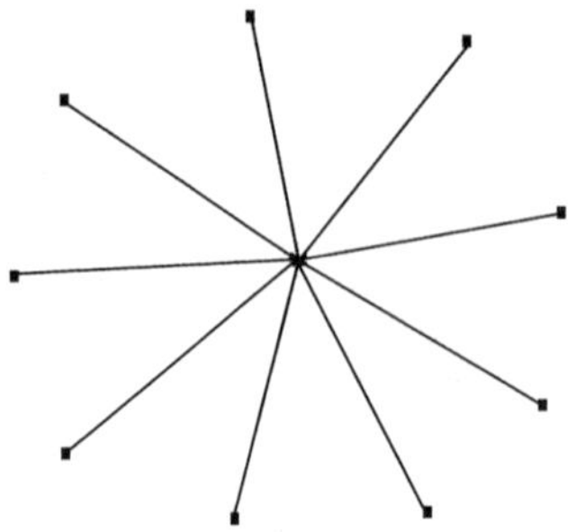

图 7-17 星形耦合网络

星形耦合网络聚类系数为 0,这是因为中心节点的 $N-1$ 个邻居节点之间互不相连,从而中心节点的聚类系数为 0。其他每一个节点只有一个邻居节点,在此情形下,规定各节点的聚类系数也为 0。星形耦合网络平均路径长度(见图 7-18)为

$$L_s \approx 2-\frac{2(N-1)}{N(N-1)}=2-\frac{2}{N}$$

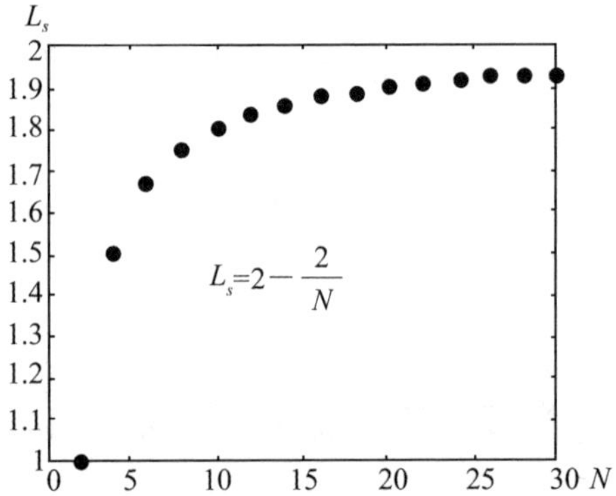

图 7-18 星形耦合网络平均路径长度

以上三种规则网络的基本拓扑性质如表 7-1 所示。

表 7-1 三种规则网络的基本拓扑性质

	边数	平均路径长度	聚类系数
全局耦合网络	$N(N-1)/2$	1	1
最邻近耦合网络	$NK/2$	$N/2K$	$3(K-2)/[4(K-1)]$
星形耦合网络	$N-1$	$2-2/N$	0

7.4 复杂网络

复杂网络(Complex Network)是指具有自组织、自相似、吸引子、小世界、无标度中部分或全部性质的网络。其中吸引子(Attractor)是微积分和系统科学论中的概念,是系统朝特定稳态发展的趋势。复杂网络不是直观的、静态的,其结构难以一眼看穿,且并非一成不变。复杂系统的本质特征是反馈,复杂网络也不例外。复杂网络中典型的随机图网络、小世界网络、无标度网络等按照特定规则演变,t 阶段的状态不仅是 $t+1$ 阶段网络状态的基础,还影响着两阶段之间的变化过程。可见,状态与过程之间形成了一种交互反馈。举个例子:每天往袋子里放一个玻璃球,易知第 n 天会有 n 个球,这并不复杂;但是若放入的数量与当前袋子里的数量相关,就形成了状态与过程的反馈,就会变得复杂。特别的一点是,网络还有"球与球"之间的连线所形成的结构,这个结构正是网络状态本身,也是网络之所以复杂的关键原因。

7.4.1 ER随机图模型

ER随机图模型的两种构造方式如下所示:

(1)$G(N,L)$模型:N 个节点通过 L 条随机放置的链接使彼此相连。(固定网络总连接数)

(2)$G(N,p)$模型:N 个节点中,每对节点之间以概率 p 彼此相连。(固定节点间连接概率)

构建随机图模型的步骤如下:

(1)选取 N 个孤立节点。

(2)随机选择一对节点,产生一个0到1之间的随机数。如果该随机数大于 p,则在这对节点之间放置一条链接使其连接;否则,该节点对保持不连接。

(3)对所有节点对重复步骤(2)。

上述过程得到的网络被称为随机图或随机网络,又被称作埃尔德什-雷尼(ER)网络。举一个简单的例子:我们在微博中随机选取一个用户作为一个节点,将与其互为朋友的用户用边相连接,最终就形成一个网络图。有研究表明,这种在社交媒体平台上形成的网络结构类似于随机图。因此,了解随机图有助于我们理解小型社交网络的结构。

7.4.2 小世界网络

小世界网络(Small World)是一种数学图,指的是如果网络中随机选择的两个节点之间的距离 L（即访问彼此所需要的步数），与网络中节点数量 N 的对数成比例增长，且网络的聚类系数（Clustering Coefficient）不小，那么，这样的网络就是小世界网络。全局聚类系数越大，平均最短路径越短，则小世界特性越强（见图 7-19）。

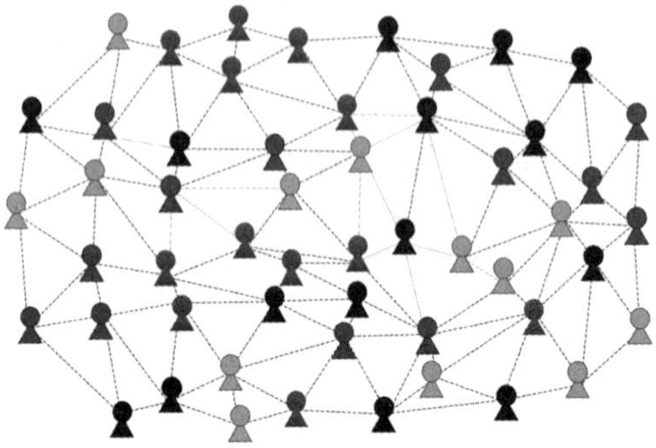

图 7-19　小世界网络

在图 7-19 中，绝大多数节点之间并不相邻，但任一给定节点的邻居们却很可能彼此相邻，并且大多数任意节点都可以用较少步或跳跃访问到其他节点。在社交网络中，这种网络属性意味着一些彼此并不相识的人，可以通过一条很短的熟人链条被联系在一起，这就是小世界现象。

六度分隔（Six Degrees of Separation）理论充分证明了小世界现象的存在。哈佛大学的心理学教授斯坦利·米尔格拉姆（Stanley Milgram）为了研究连接人与社区的人际关系网，于 1967 年做了一次信件传递实验，发现了“六度分隔”现象。这一现象可简单地概括为：你和任何一个陌生人之间所间隔的人不会超过六个，也就是说，最多通过六个人你就能够认识任何一个陌生人。

大量的实证研究表明，真实网络几乎都具有小世界效应。小世界现象广泛存在于各种社会网络、电力网络、生物神经网络、病毒传播网络等，这样的系统有着较大的局部群聚特性，同时又具有较短的特征路径长度，所以小世界网络实现同步的能力远远高于其对应的规则网络，并且改变少量几个连接，就可以剧烈地改变网络的性能，如针对蜂窝式电话网，改动很少几条线路，就可以显著提高其性能。

7.4.3　无标度网络

无标度网络（Scale-Free Network），简单说就是一个网络上节点的度（节点所在连边的数量）分布服从幂指数为 2 和 3 之间的幂律分布。该网络中大部分节点的度值较小,少部分节点的度值较大。广义来说,只要这个网络不具有特征尺度,也就是说它的平均度值不代表这个网络的典型度值,我们就称它是无标度网络。

如图7-20所示,以微博为代表的社交平台上的大多数节点都是低度数的节点(这部分节点粉丝数量很少,人数众多但话语权却很小),但也存在度非常大的节点(如大V、明星等少数用户拥有大量粉丝,他们在消息的传递上具有相当大的话语权)。这些度数高的节点就像是中心一样,是无标度网络的一个关键的特征。这与人们常说的"二八原则"相符,即大多数"普通"节点拥有很少的连接,而少数"热门"节点拥有极其多的连接。无标度网络具有普遍性,社会网络、生物网络、贸易网络等各类网络都具有无标度网络特征。

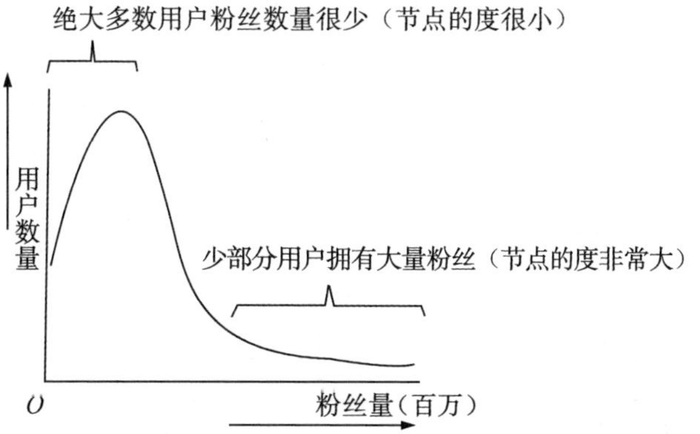

图7-20 无标度网络

尽管本章将社会网络分析和复杂网络分开介绍,但两者存在大量交叉的实例。其原因在于社会网络分析主要立足于"社会"这个应用场景,其节点为社会个体;而复杂网络关键在于"复杂",侧重网络结构和变化特点。显然,小世界网络、无标度网络在社会关系网络中大量存在。

习题

1. 如图7-21所示,设所有节点的距离都是1。求网络直径、平均距离、各节点的聚类系数。

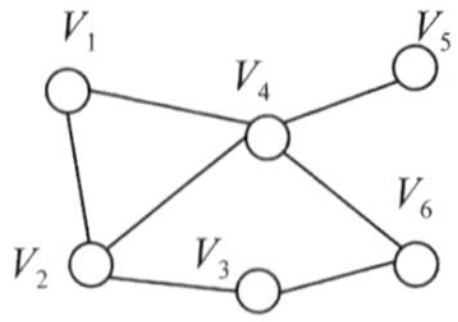

图 7-21 例题

2. 在一个由 10 个人(标记为 A、B、C、D、E、F、G、H、I 和 J)组成的小型社交网络中,给出以下邻接矩阵表示他们之间的朋友关系(见表 7-2):

表 7-2 10 个人的朋友关系

	A	B	C	D	E	F	G	H	I	J
A	0	1	1	0	0	0	1	0	0	1
B	1	0	1	1	0	0	0	1	0	0
C	1	1	0	0	1	0	0	0	1	0
D	0	1	0	0	1	1	0	0	0	1
E	0	0	1	1	0	1	1	0	0	0
F	0	0	0	1	1	0	0	1	1	0
G	1	0	0	0	1	0	0	1	0	1
H	0	1	0	0	0	1	1	0	1	0
I	0	0	1	0	0	1	0	1	0	1
J	1	0	0	1	0	0	1	0	1	0

请回答以下问题:

(1)计算社交网络中的平均度数。

(2)找出社交网络中的中心节点,并列出其度数。

【参考文献】

[1]Burt R S. The Contingent Value of Social Capital[J]. Administrative Science Quarterly, 1997, 42(2).

[2]Freeman L C. Centrality in Social Networks Conceptual Clarification [J]. Social Networks, 1978, 1(3).

[3]刘军.整体网分析讲义:UCINET 软件实用指南[M]. 上海:格致出版社,上海人民出版社, 2009.

[4]王磊,丁荣贵,孙涛.项目治理风险的网络动力分析[M]. 济南:山东大学出版社,2018.

[5]斯坦利·沃瑟曼,凯瑟琳·福斯特.社会网络分析:方法与应用[M]. 陈禹,孙彩虹,译. 北京:中国人民大学出版社,2012.

第8章　决策树

决策树是管理决策的经典方法，也是机器学习中用于分类和预测的基本方法。决策树在不同的应用场景中表现形式不同，但均以简约的朴素逻辑、易懂的树状结构来实现随机问题的量化分析以及复杂数据的递归分类。那么，这个树状结构的模型如何快速、准确地生成？得到的模型如何在管理决策中发挥作用？这是本章要讨论的两个主线问题，也是基于决策树构建和应用管理系统模型的关键。

8.1　决策树简介

决策树由节点和连接节点的有向边组成，节点包括根节点、内部节点和叶节点。在分类和预测问题中，根节点和内部节点表示一个特征或属性，叶节点表示一个分类，有向边表示特征值。

图8-1所示为某学校构建的一个关于运动会是否举行的决策树，其中天气为根节点，温度和风速为内部节点，这些节点都代表了某个特征或者属性，有向边代表对应特征或属性的特征值，如风速的强或弱，而叶节点则表示最后的分类结果(举行或不举行)。

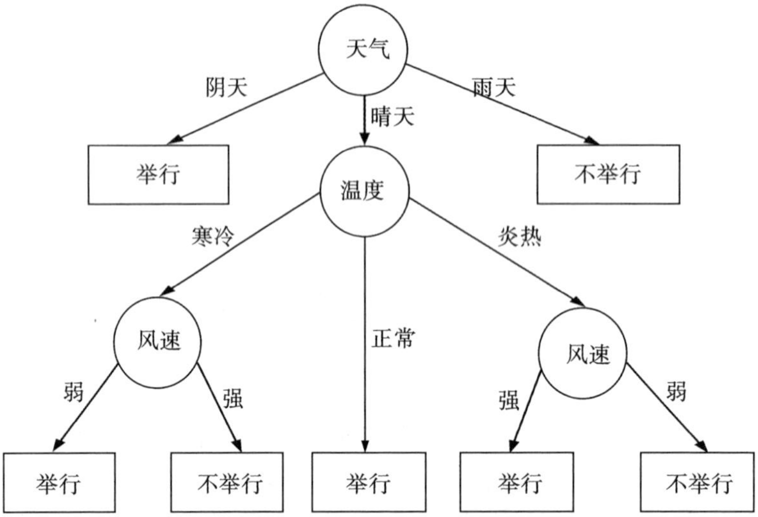

图 8-1 决策树示例

决策树的本质是从一个数据集样本中分析归纳出一种分类规则,通过这个分类规则,能够对其他同类数据进行有效分类和预测。因此,要想通过决策树对数据集进行分类,首先就要进行分类特征(根节点和内部节点对应特征)的选择。选取的分类特征不同,在同一数据集中得出的决策树也会有所差异。因此应选择具有较强分类能力的分类特征,使数据集的整体划分次数最少,这样分类效果最好。在下一节中,将对几种选取分类特征的方法进行详细介绍。

8.2 决策树原理

8.2.1 熵概念与计算

熵是表示系统不确定性或内部混乱程度的变量,熵越大,则代表不确定性越大或者系统内部越混乱。在信息论中,熵可以作为度量样本集合纯度的指标:系统越无序,集合越分散,熵的值越高。构建决策树的实质是对特征进行层次选择,而熵则是衡量特征选择的合理性指标之一。假设 X 是一个随机变量,则 X 的熵为

$$H(X)=-\sum_{i=1}^{n}p_i\log p_i$$

其中,$p_i=P(X=x_i)$,$i=1,2,\cdots,n$。

在对样本数据进行分类时,我们希望分类后的结果能使得整个样本集在各自的类别中尽可能有序,因此在构建决策树时,所选择的分类特征应当能最大

限度地降低样本数据的熵。

基于以上内容，引入条件熵的概念。条件熵表示在已知随机变量 X 的条件下随机变量 Y 的不确定性。其数学公式如下：

$$H(Y \mid X)=\sum_{i=1}^{n} p_i H(Y \mid X=x_i)$$

其中，$p_i=P(X=x_i)$，$i=1,2,\cdots,n$。

8.2.2 信息增益

信息增益表示得知特征 A 的信息而使得集合 D 信息的不确定性减少的程度。信息增益越大，则不确定性减少程度越大。因此，特征 A 对集合 D 的信息增益 $g(D,A)$，为集合 D 的熵 $H(D)$ 与特征 A 给定条件下 D 的条件熵 $H(D|A)$ 之差，其数学公式如下：

$$g(D,A)=H(D)-H(D|A)$$

某平台用户性别与用户流失情况如表 8-1 所示，我们运用上述公式来计算“性别”的信息增益。

表 8-1　某平台用户性别与用户流失情况

	已流失	未流失	总计
总体	5	10	15
男性	3	5	8
女性	2	5	7

(1)计算系统整体的熵：

$$H(D)=-\sum_{i=1}^{2} p_1 \log p_1-\sum_{i=1}^{2} p_2 \log p_2=-\frac{5}{15}\log_2\left(\frac{5}{15}\right)-\frac{10}{15}\log_2\left(\frac{10}{15}\right)=0.9182$$

(2)计算性别属性的熵：

$$H(男)=-\frac{3}{8}\log_2\left(\frac{3}{8}\right)-\frac{5}{8}\log_2\left(\frac{5}{8}\right)=0.9543$$

$$H(女)=-\frac{2}{7}\log_2\left(\frac{2}{7}\right)-\frac{5}{7}\log_2\left(\frac{5}{7}\right)=0.8631$$

$$H(D/性别)=\frac{8}{15}\times H(男)+\frac{7}{15}\times H(女)=0.9117$$

(3)计算性别对于整体的信息增益：

$$g(D,\text{性别})=H(D)-H(D/\text{性别})=0.9182-0.9117=0.0065$$

8.2.3 信息增益率

特征 A 对集合 D 的信息增益率$g_R(D,A)$定义为其信息增益 $g(D,A)$与集合 D 关于特征 A 条件熵 $H(D|A)$之比，即

$$g_R(D,A)=\frac{g(D,A)}{H(D|A)}$$

根据 8.2.2 中的例子，计算性别对数据集 D 的信息增益率：

$$g_R(D,\text{性别})=\frac{g(D,\text{性别})}{H(D/\text{性别})}=\frac{0.0065}{0.9117}=0.0071$$

8.2.4 基尼系数

基尼系数 Gini(D)表示集合 D 的不确定性，基尼系数 Gini($D,A=a$)表示集合 D 经特征 $A=a$ 划分后的不确定性。基尼系数越小，样本的不确定性越小。

在分类问题中，假设有 K 个类别，样本点属于第 k 类的概率为 p_k，则概率分布的基尼系数定义为

$$\text{Gini}(p)=\sum_{k=1}^{K}p_k(1-p_k)=1-\sum_{k=1}^{K}p_k^2$$

如果样本集合 D 根据特征 A 是否取某一可能值 a 被分割成 D_1 和 D_2 两部分，即

$$D_1=\{(x,y)\in D|A(x)=a\},\quad D_2=D-D_1$$

则在特征 A 的条件下，集合 D 的基尼系数定义为

$$\text{Gini}(D,A=a)=\frac{|D_1|}{|D|}\text{Gini}(D_1)+\frac{|D_2|}{|D|}\text{Gini}(D_2)$$

下面用上述公式来计算两种情况的基尼系数。

有一个 1000 名员工的初始样本。若根据员工满意度分类，当员工满意度小于 5 时，200 人离职，0 人未离职；当员工满意度大于等于 5 时，200 人离职，600 人未离职。若根据收入分类，当收入小于 10000 元时，100 人离职，300 人未离职；当收入大于等于 10000 元时，300 人离职，300 人未离职。

计算过程如下：

当员工满意度小于 5 时，离职的概率 $p_1=\frac{200}{200+0}=1$，不离职的概率

$p_2=\frac{0}{200+0}=0$，此时这个样本的基尼系数 $\mathrm{Gini}(T_1)=1-(1^2+0^2)=0$。

当员工满意度大于等于 5 时，离职的概率 $p_3=\frac{200}{200+600}=0.25$，不离职的概率 $p_4=\frac{600}{200+600}=0.75$，此时这个样本的基尼系数 $\mathrm{Gini}(T_2)=1-(0.25^2+0.75^2)=0.375$。

最终以"员工满意度是否小于 5"这个特征分类，样本的基尼系数 $\mathrm{Gini}(T)=\frac{200+0}{200+0+200+600}\mathrm{Gini}(T_1)+\frac{200+600}{200+0+200+600}\mathrm{Gini}(T_2)=0.296$。

当收入小于 10000 元时，离职的概率 $p_1=\frac{100}{100+300}=0.25$，不离职的概率 $p_2=\frac{300}{100+300}=0.75$，此时这个样本的基尼系数 $\mathrm{Gini}(T_1)=1-(0.25^2+0.75^2)=0.375$。

当收入大于等于 10000 元时，离职的概率 $p_3=\frac{300}{300+300}=0.5$，不离职的概率 $p_4=\frac{300}{300+300}=0.5$，此时这个样本的基尼系数 $\mathrm{Gini}(T_2)=1-(0.5^2+0.5^2)=0.5$。

最终以"收入是否小于 10000 元"这个特征分类，样本的基尼系数为

$$\mathrm{Gini}(T)=\frac{100+300}{100+300+300+300}\mathrm{Gini}(T_1)+\frac{300+300}{100+300+300+300}\mathrm{Gini}(T_2)=0.45$$

综上可以看出，如果以"员工满意度是否小于 5"进行分类，样本的基尼系数为 0.296，如果以"收入是否小于 10000 元"进行分类，样本的基尼系数为 0.45。由于基尼系数越小表示样本的不确定性越小，因此优先选择"员工满意度是否小于 5"为特征作为分类标准。

8.3 决策树应用

8.3.1 分类和预测应用

表 8-2 为不同人员是否拖欠贷款的一个数据样本，其中包括"有房""婚姻""年收入"三个分类特征，我们以这个数据样本为例，构建一个"判断人员是否拖欠贷款"的决策树。

表 8-2 数据样本

人员	有房	婚姻	年收入(千元)	拖欠贷款
甲	是	未婚	125	否
乙	否	已婚	100	否
丙	否	未婚	70	否
丁	是	已婚	120	否
戊	否	未婚	95	是
己	否	已婚	60	否
庚	是	未婚	220	否
辛	否	未婚	85	是
壬	否	已婚	75	否
癸	否	未婚	90	是

构建决策树先要选择一个特征作为根节点。假设采用基尼系数来选择作为根节点的特征,需要计算出每个特征的基尼系数,并选出基尼系数最小的特征作为根节点。根据表 8-2,我们可以得出特征“有房”与“是否拖欠贷款”的对应情况,如表 8-3 所示,则有房人员的基尼系数计算过程如下:

$$\text{Gini}(\text{有房},\text{是})=1-\left(\frac{0}{0+3}\right)^2-\left(\frac{3}{0+3}\right)^2=0$$

$$\text{Gini}(\text{有房},\text{否})=1-\left(\frac{3}{3+4}\right)^2-\left(\frac{4}{3+4}\right)^2=0.49$$

$$\text{Gini}(\text{有房})=\frac{3}{10}\times 0+\frac{7}{10}\times 0.49=0.343$$

表 8-3 拖欠贷款情况梳理

有房	拖欠贷款
是(3)	是(0)
	否(3)
否(7)	是(3)
	否(4)

与上述计算过程一致，可以计算得到特征“婚姻”的加权基尼系数 Gini(婚姻)=0.3 和特征“年收入”的加权基尼系数 Gini(年收入)=0.357。

由于基尼系数越小，对应特征的划分效果越好，因此我们选择基尼系数最小的特征“婚姻”作为根节点。同时，结合表 8-2 可得出，已婚人员拖欠贷款人数为 0，未婚人员拖欠贷款人数为 3，不拖欠贷款人数为 3，因此已婚人员可直接得到叶节点“否”，对于 6 名未婚人员则需要进一步分类。

重复上述计算过程，计算 6 名未婚人员关于特征“有房”和“年收入”的基尼系数，结果分别为 Gini(有房)=0.25，Gini(年收入)=0.4，由于特征“有房”的基尼系数小，因此选择“有房”作为下一个分类特征，即下一个内部节点。

再结合表 8-2 可得出，未婚且有房人员拖欠贷款人数为 0，未婚且无房拖欠贷款人数为 3，不拖欠贷款人数为 1，因此未婚且有房人员可直接得到叶节点“否”。

此时只剩下特征“年收入”，所以“年收入”作为下一个内部节点。我们以“年收入是否小于 80K”为界限，最终根据基尼系数构建的决策树如图 8-2 所示。

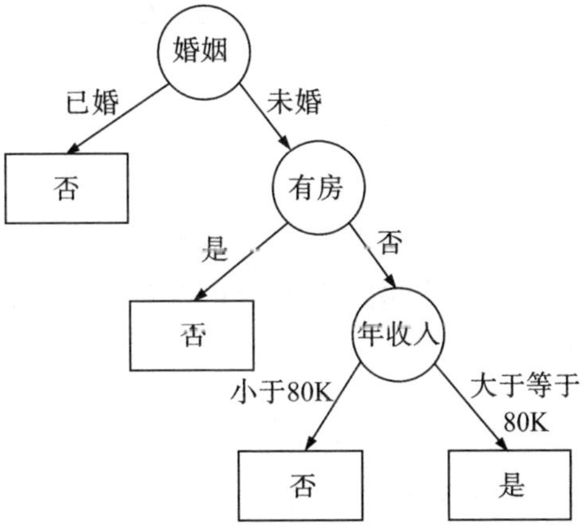

图 8-2 依据基尼系数构建的决策树

8.3.2 管理决策应用

决策树这种偏数理的方法，似乎在管理实践中难以推广。决策树的计算固然重要，但是如何展示、设计方法与决策的接口更为关键。将决策树的节点分为决策节点、状态节点和结果节点之后，面向未来不确定的情景，可形成用于管理决策的决策树。

例如，油漆产品在未来可能有强需求和弱需求两种情况，概率分别为 65% 和 35%。相应的决策也包括建造新油漆厂和升级现有油漆厂两种，成本分别为

1.2亿元和0.5亿元。如果未来是强需要(营业收入为2亿元),则建新厂能够获利0.8亿元,比升级现有工厂(营业收入为1.2亿元,可获利0.7亿元)多;但是如果是弱需要,则建新厂的利润为-0.3亿元(营业收入0.9亿元-成本1.2亿元),少于升级现有工厂的0.1亿元(营业收入0.6亿元-成本0.5亿元)。由此,我们可以做出决策树,如图8-3所示。

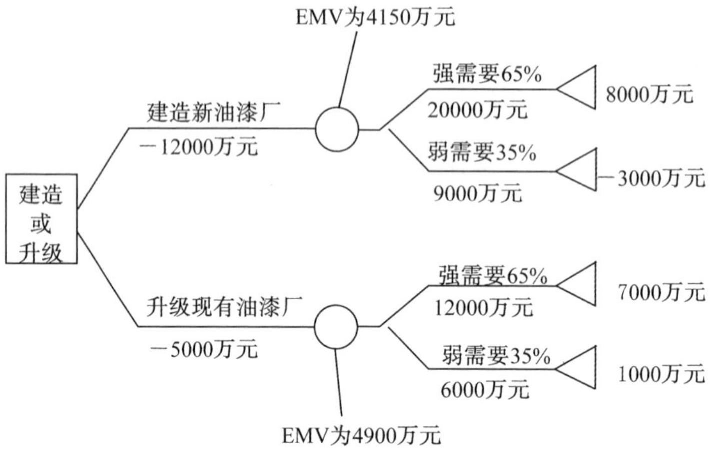

图8-3 油漆厂建新或升级的决策树

上述计算过程和结果容易被学习者理解,但是如何让不了解决策树方法的决策者快速理解呢?此时,需要做更加综合的决策接口、结果展示方面的处理,如图8-4所示的象限图。

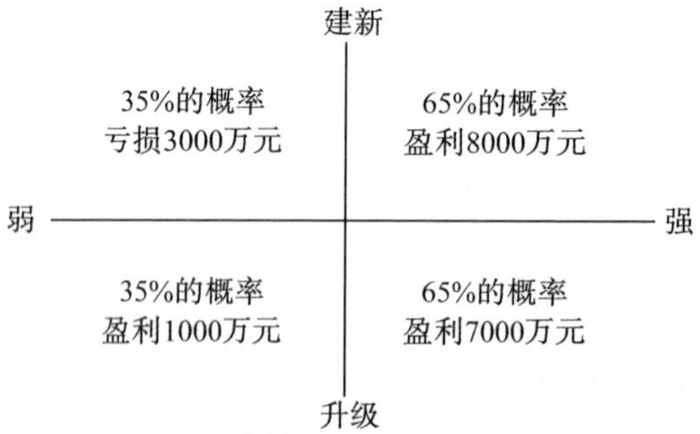

图8-4 油漆厂建新或升级的四象限图

可以通过着色等方式凸显亏损或盈利、未来场景概率高低等信息,从而提高可读性。但是对于喜欢刨根问底的人而言,一开始提供一个决策树的整体模型图可能更为有效。这也是数理方法、模型用于支撑企业决策的关键。做好接口不仅能够提高组织决策过程中的信息传递效率，还能够避免因沟通不良引起的信任问题。

习题

1. 根据本章介绍的熵的概念，讨论熵在决策树构建过程中如何帮助提高决策效率。你能否提供一个案例，说明在商业决策中，如何通过减少系统的熵来优化决策？

2. 在实际应用中，如何确定某个特征是决策树的最佳分类标准？结合信息增益的计算方法，探讨在高维数据（特征数量较多）的情况下，如何有效地筛选出最有助于决策的特征。

3. 在实际管理中，为什么使用基尼系数可以帮助减少样本分类的不确定性？试想在一个招聘过程中，如何通过决策树并结合基尼系数分析候选人特征，进而优化招聘决策？

4. 表 8-4 展示了某公司员工的属性数据样本，包括“是否参与公司活动”“部门类型”“年收入”三个分类特征，以及是否愿意参与团队建设项目。请根据这些数据样本，构建一个用于判断员工是否愿意参与团队建设的决策树，并解释选择根节点和内部节点的过程。

表 8-4　某公司员工的属性数据样本

人员	是否参与公司活动	部门类型	年收入(万元)	是否愿意参与团队建设
1	是	技术	14	是
2	否	销售	9	否
3	否	技术	7.5	否
4	是	行政	11	是
5	否	技术	10	否
6	否	销售	12	是
7	是	技术	20	是
8	否	行政	8	否
9	是	行政	13	是
10	否	行政	8.5	否

【参考文献】

[1]迪米特里斯·伯特西马斯，罗伯特·M.弗罗因德. 数据、模型与决策：管理科学基础[M]. 北京：中信出版社，2003.

[2] Raiffa H，Schlaifer R. Applied Statistical Decision Theory [M]. Boston：Harvard University Press，1961.

[3] Howard R A. Decision Analysis：Applied Decision Theory [J]. Proceedings of the Fourth International Conference on Operational Research，1966.

第9章　系统优化

人工智能(AI)时代到来,人们似乎不再需要设计算法和编写程序,而只要会用现成的软件与工具即可。但是,就像真正的大厨不使用预制菜,而是利用烹饪技法做菜一样,算法设计和程序编写能力也是不能丢弃的,人们需要在问题解决中训练自己的思维,以灵活应用基本算法和语句,这也是拥抱人工智能的必然要求。本章介绍了线性优化的概念、逻辑和模型等,进而在分析优化难点与关键问题的基础上,引出贪心算法、模拟退火算法、遗传算法。各算法的原理、过程和应用等是基本的训练内容,而相关讨论可帮助读者进一步体悟其中的规律。

9.1　线性优化

9.1.1　管理问题的优化逻辑与模型

假设一个工厂生产两种产品 A 和 B,每种产品需要一定数量的原材料、人工和机器。要确定每种产品的生产量,以实现总利润最大化。假设每单位 A 产品的利润为 11,每单位 B 产品的利润为 7;每单位 A 产品需要 7 个单位的原材料、6 小时的加工时间;每单位 B 产品需要 5 单位的原材料、4 单位的加工时间。如果当前有 35 单位的原材料、30 单位的加工时间,应该如何进行生产决策,才能保证总利润最大?

在此,有一个取巧的计算方式:用每种产品的单位利润除以每种产品的单位成本(原材料和加工时间),发现生产产品 A 最具性价比,其单位原材料和单位加工时间产生的利润均是最多的,如表 9-1 所示。

表 9-1 产品成本构成与利润

	原材料	加工时间	单位产品利润	原材料单位利润	加工时间单位利润
产品 A	7	6	11	1.57	1.83
产品 B	5	4	7	1.40	1.75

显然，如果生产 5 个单位的产品 A，则正好消耗掉全部的原材料和加工时间，此时利润为 55。

但是，当有 38 单位的原材料、32 单位加工时间的时候，如果全部用来生产产品 A，剩余的 3 单位的原材料和 2 单位加工时间，不足以生产 1 个单位产品 A 或产品 B。此时，是不是可以减少 1 单位产品 A 的生产，剩余的 10 单位原材料、8 单位加工时间生产产品 B，可产生更多的利润？分别计算两种情况的利润，如表 9-2 所示。

表 9-2 产品生产决策

决策 1				
	生产量	原材料使用量	加工耗时	产生利润
产品 A	5	35	30	55
产品 B	0	0	0	0
总量		35	30	55
余量		3	2	
决策 2				
	生产量	原材料使用量	加工耗时	产生利润
产品 A	4	28	24	44
产品 B	2	10	8	14
总量		38	32	58
余量		0	0	

显然，决策 2 比决策 1 能够产生更多的利润。原因在于原材料的总量、加工时间的总量，正好能够在优先满足产品 A 的情况下，适量生产产品 B，从而达到最优。

上述决策的两个基本条件是，A 产品的单位原材料、单位加工时间均产生比B更多的利润，所以可以优先生产A；同时，在减少1单位A的同时，多生产的B能够产生更多的利润。显然，数据上有巧合。如果原材料不是38个单位，而是37或36个单位，则无法生产2个单位的产品B，显然减少1个单位的A造成的利润损失(11)大于生产1个单位的B的利润增加(7)；这种情况也会发生在加工时间不是32个单位，而是31个单位时。

那么，如果产品B的加工时间为3个单位，则产品数据更新如表9-3所示。

表9-3　产品成本构成与利润(B加工时间为3个单位)

	原材料	加工时间	单位产品利润	原材料单位利润	加工时间单位利润
产品A	7	6	11	1.57	1.83
产品B	5	3	7	1.40	2.33

此时B尽管单位利润小于A，但是加工时间用在生产产品B上比产品A上能够产生更多的利润，此时无法再采用之前的判断方式。

假设产品A和产品B的决策产量分别为 x_1, x_2，决策的目标是使得 $11x_1+7x_2$ 的取值最大，但是受到原材料总量、加工时间总量的约束。另外，产品只能生产整个(批)，所以 x_1, x_2 的取值有限制。由此形成了如下的线性规划模型：

$$\max(11x_1+7x_2)$$

$$\text{s.t.}\begin{cases}7x_1+5x_2\leqslant 38\\6x_1+3x_2\leqslant 32\\x_1, x_2\in \mathbf{N}\end{cases}$$

上述即为优化模型，$\mathbf{N}$ 表示自然数，即包含0的非负整数。其中，$\max(11x_1+7x_2)$ 为目标函数，s.t.是subject to的缩写，意思是"受约束于"。大括号从上到下的三个公式，分别表示两个产品不能超过原材料总量限制、加工时间总量限制，以及两个产品的加工数量为非0整数。

9.1.2　线性优化模型的求解与工具

上述优化模型可以通过手工计算，或者应用Excel、Lingo、MATLAB等软件进行直接计算。因为决策变量 x_1 和 x_2 为整数，可以使用MATLAB中的intlinprog函数，函数代码为

```
[x,fval,exitflag,output] = intlinprog(f,intcon,A,b,Aeq,
beq,lb,ub,options)
```

$$\min_{x} \boldsymbol{f}^{\mathrm{T}} x \text{ subject to } \begin{cases} x(\text{intcon}) \text{ are integers} \\ \boldsymbol{A} \cdot x \leqslant \boldsymbol{b} \\ \text{Aeq} \cdot x = \text{beq} \\ \text{lb} \leqslant x \leqslant \text{ub} \end{cases}$$

结合例子对变量进行解释说明。

(1)$\boldsymbol{f}$ 是目标函数系数,是一个 $n\times1$ 的列向量,n 为变量的个数。因为"intlinprog"用来求解最小值,而案例中目标函数求解最大值,所以目标函数通过添加负号变为求解最小值:$\min[-(11x_1+7x_2)]$,因此 $\boldsymbol{f}$ 为 $\begin{pmatrix}-11\\-7\end{pmatrix}$,在 MATLAB 中表示为[-11;-7],$n$ 为 2。

(2)intcon 是整数变量的索引向量,表示哪些变量应为整数。因为两个变量均为整数,所示 intcon 为[1,2]。

(3)$\boldsymbol{A}$ 和 $\boldsymbol{b}$ 分别是不等式约束的系数矩阵和右侧常数向量。但是要注意,不等式符号应为小于等于,否则就要两侧乘以-1 而转变不等式符号。因此 $\boldsymbol{A}$ 为矩阵 $\begin{pmatrix}7&5\\6&3\end{pmatrix}$,在 MATLAB 中表示为[7,5;6,3];$\boldsymbol{b}$ 为 $\begin{pmatrix}38\\32\end{pmatrix}$,在 MATLAB 中表示为[38;32]。

(4)Aeq 和 beq 是等式约束的系数矩阵和右侧常数向量。因为函数中没有等式,所以不需要定义这些变量。

(5)lb 和 ub 分别是变量下界和上界向量。因为 x_1 和 x_2 最小值为 0,所以 lb 为[0;0]。

(6)options 是求解器选项,用于设置一些求解器的参数,如最大迭代次数、容差等。大家可暂时忽略这个问题。

(7)返回值包括:

①x 是最优解向量。

②fval 是最优解的目标函数值。

③exitflag 是求解器的退出标志,表示求解器的运行状态。

④output 包含迭代次数、求解时间等求解器的输出信息。

使用 intlinprog 时,需要确保所求解的问题是可行的,即存在可行解,否则求解器可能会返回一个空解向量。此外,该函数适用于求解混合整数线性规划问题，即同时包含连续变量和整数变量的线性规划问题。

在MATLAB中输入的代码是

```
[x,fval,exitflag,output] =  intlinprog(f,intcon,A,b,[],[],
lb,[],[])
```

其中，不需要输入的变量可以用空矩阵[]表示，从而得到结果 $\boldsymbol{x}=[4;2]$，即 $x_1=4$，$x_2=2$，表示管理决策为产品A生产4个单位，产品B生产2个单位。

学习线性规划模型需要掌握单纯形法等内容，在此仅介绍相关原理，不再举例说明，感兴趣的读者可以查阅《运筹学》等书籍进一步学习。

9.1.3 优化模型求解的难点与关键

线性规划模型的求解可以通过较为严谨的数学计算完成，前提是目标函数能够直接计算且不存在不确定性、过度复杂等问题，抑或决策变量过多而造成求解维度多，甚至产生NP-hard问题。图形若不是凸函数，则难以求解。在现实中，决策变量取一定数值的时候，可能也难以得到目标函数的数值。这个时候，需要采用启发式算法等，这些算法的关键包括两个方面：

第一，策略的自动生成。线性规划模型中决策变量的组合就是一个策略(Solution)，启发式算法按照预设的逻辑并根据当前的策略去生成可能的、更好的策略。

第二，策略的自动评价与筛选。如何才能知道策略是否最优呢？这需要根据目标函数值进行判断，而且在判断之后能够自动筛选出最优的部分，或者按照优化算法的逻辑所需要的部分。

读者可从上述两个关键点出发，思考后文介绍的优化算法的逻辑，并对不同的算法进行对比。

9.2 贪心算法

9.2.1 贪心算法的原理

贪心算法的“贪”表现为不看未来、只顾当下，即选择当前状态下最好的策略。例如，商店的收银员需要给顾客找零，假设该收银员手头上有若干种面额的硬币，每种硬币都有无限多枚，现在希望用最少的硬币数量给顾客找零。那么我们可以从最大的硬币面额开始，尽可能多地使用它，直到无法再使用为止，然后退而求其次，使用面额次大的硬币，依此类推，直到完成找零。

这种自上而下的、以迭代的方式相继做出选择的方式就是贪心规则，它是从问题的初始状态出发，通过若干次的选择而得出最优解（或较优解）。然而，贪心规则总是做出在当前看来是最优的选择，也就是说，贪心策略并不是从整体上加以考虑，它所做出的选择只是在某种意义上的局部最优解。因此，贪心算法并不适用求解所有问题，但对特定类型的问题而言它都能找到整体最优解，或是最优解的很好近似解。那么，问题自身的哪些特性决定了运用贪心策略可以得到最优解或较优解呢？

我们继续来看收银员的例子。在收银员找零的过程中，其每做一次贪心选择，就将所求问题简化为一个规模更小的子问题。如果子问题的最优解可以构成原问题的最优解，那么贪心算法便可以得到原问题的整体最优解。因此，对于一个具体问题，要确定它是否具有贪心选择的性质，我们就必须证明原问题的最优解包含其子问题的最优解，且每一步所做的贪心选择最终会指向问题的整体最优解。通常可以先证明问题的一个整体最优解是从贪心选择开始的，而且做了贪心选择后，原问题可简化为一个规模更小的类似子问题。然后用数学归纳法证明，通过每一步贪心选择，最终可得到整体最优解。

9.2.2 贪心算法的过程

贪心算法的计算过程可以概括为以下几个步骤：

(1)确定问题的最优子结构。需要确定问题是否具有最优子结构的性质，即原问题的最优解是否可以通过子问题的最优解来构造。

(2)定义贪心规则。根据问题的性质确定贪心规则。保证在每一步搜寻中都选择当前状态下最优的解。这个选择应该是局部最优的，即在当前状态下看起来是最好的选择。

(3)构建解的过程。根据贪心规则逐步构建解。从初始状态开始，根据贪心规则选择当前最优的解，并将其添加到解集合中。然后，更新状态，继续选择下一个最优解，直到达到问题的终止条件。

(4)验证解的有效性。在构建解的过程中，需要验证每一步选择的有效性。这可以通过检查解是否满足问题的约束条件和限制条件来完成。

(5)评估解的优劣。在得到解之后，需要分析解的优劣，对其进行量化评估。

贪心算法的关键在于贪心规则的确定，即定义“最好”或“最优”。贪心规则的确定直接决定了算法的正确性和效率。因此，在实际问题中，规则的设计应基于问题的具体要求和约束条件，并在确定贪心规则之前，需要仔细考虑是否存在反例或特殊情况，避免贪心算法失效。

在此考虑一个多机调度问题。假设有 n 个作业需要在 m 台相同的机器上完成，目标是找到一种调度方案，使得所有作业的总处理时间最短。每个作业不可分割，且可以在任意一台机器上独立完成。为解决此问题，我们可以使用贪心规则来设计算法。当作业数量 n 小于或等于机器数量 m 时，只需将每个作业直接分配给一台机器即可；但当 n 大于 m 时，我们须首先将作业按所需处理时间从长到短排序，然后依次将处理时间最长的作业分配给当前空闲的机器。这个方法遵循的是一种贪心规则，即优先分配需要较长处理时间的作业，直到所有作业都被分配，或者所有机器的处理能力都被用完。考虑另外一种规则：每次优先分配处理时间最短的作业给空闲机器，极有可能导致最后剩下的处理时间最长的作业无法得到有效分配，从而延长了总时间，效率降低。

9.2.3 贪心算法的应用

继续使用“找零”的例子，展示贪心算法的应用。假设有 3 枚硬币，面值分别为 1 元、5 角、1 角。这 3 种硬币数量不限，现在要找给顾客 2 元 8 角。请问怎样才能使得找给顾客的硬币数量最少？

最直观的策略是尽量选择面值较大的硬币，所以在选取硬币时可以依照以下步骤：

(1)找出不超过 2 元 8 角的、面值最大的硬币，也就是 1 元硬币。

(2)此时还差 1 元 8 角，找出不超过 1 元 8 角的、面值最大的硬币，也就是 1 元硬币。

(3)此时还差 8 角，找出不超过 8 角的、面值最大的硬币，也就是 5 角的硬币。

(4)此时还差 3 角，找出一个不超过 3 角的、面值最大的硬币，即 1 角硬币。

(5)此时还差 2 角，依次找出两个不超过 2 角的、面值最大的硬币，即两个 1 角硬币。

(6)找零过程结束，得出可能的最优解。

上述找零过程遵循了贪心规则，在每次找零的时候不关注整体最优，只关注当前找零额度，并以此为基础选取不超过这个额度的、面值最大的硬币，即子问题的最优解。按照这个策略，所有子问题的最优解构成的原问题的解也是整体最优解，即最终找给顾客的硬币数量最少。

9.2.4 贪心算法的讨论

贪心算法和动态规划有着许多相似之处，尤其是在解决最优解问题时。通常，这类问题可以被分解为一系列子问题，通过遍历这些子问题的解空间树，找到最优解。然而，直接对整棵树进行遍历在多数情况下并不可行。贪心算法和动态规划都对解空间树进行了“修剪”，并且这两种方法都依赖于子问题的最优特性，即每个子问题的最优解也必须是整个问题最优解的一部分。

动态规划是一种通用方法，自下向上构建子问题的解，通过计算子树的每个叶子节点的值，选择最优值作为父节点的值，其余的则舍弃。而贪心算法可以看作动态规划的一个特例，它的特殊之处在于每个节点的值仅依赖当前状态，而无须了解子树的所有情况。换句话说，贪心算法只需要从根节点开始，一路选择局部最优解，不断前进直至结束，无须逐层计算。这一特性使得贪心算法的实现比动态规划更为简洁。

我们从一个典型的问题——“0—1”背包问题来理解上述内容。背包问题是动态规划的经典问题：有 n 种重量以及价值分别为 w_i 和 v_i 的物品（$i=1,2,\cdots,n$），从中挑选总重量不超过 W 的一件或多件物品，每种物品只能挑选一件，使得总价值最大。很容易证明，此类背包问题不能使用贪心算法，因为贪心规则只关注局部最优，而无法确保背包空间的最有效利用。不过，若允许每种物品选择多件，甚至只选择部分物品放入背包，则贪心算法仍可以发挥作用。此时可根据物品的单位重量的价值来排序，优先选择单位价值高的物品，将其尽量多地装入背包，直到空间用尽。对于 0—1 背包问题，贪心选择并不总能确保背包完全装满，导致剩余空间的单位价值偏低，这也是贪心算法在此类问题中无法找到最优解的原因。贪心算法通常实现简单，易于理解和编码。在一些特定问题上，它能以非常高效的方式得到最优解或接近最优解。并且，由于贪心算法在每一步都做出最优选择，因此它避免了复杂的计算，时间复杂度低。

如前所述，贪心算法的缺点是容易陷入局部最优。贪心算法只考虑当前步骤下的最优解，而不兼顾所有的步骤和全局，在某些情况下无法得到全局最优解。因此，贪心算法的有效性很大程度上依赖于问题的性质。在使用贪心算法时需要仔细分析问题的优化特征，确定贪心规则的适用性，并进行充分的验证和调整。

9.3 模拟退火算法

模拟退火算法能够较好地应对贪心算法容易陷入局部最优的问题，通过引入随机规则（概率突跳性），在搜索过程中保持解（策略）的多样性，提高了算法的全局搜索能力。

9.3.1 模拟退火算法的原理

模拟退火算法的原理来自固体退火过程。固体退火是一种将固体加热至高温后缓慢冷却的过程,目的是通过热运动使固体内部的晶格缺陷得到修复,达到更稳定的状态。20 世纪 50 年代,美国物理学家梅特罗波利斯(Nicholas Metropolis)等人在研究固体退火过程时,创造了一种称为"Metropolis 算法"的随机模拟方法。该算法通过模拟原子在固体中的热运动,以一定的概率接受劣解,从而避免陷入局部最优解。这种随机模拟方法为后来的模拟退火算法奠定了基础。柯克帕特里克(Kirkpatrick)等人根据梅特罗波利斯提出的有关方法,在一篇名为 *Optimization by Simulated Annealing*(《模拟退火方法的优化》)的论文中正式提出了模拟退火算法。

模拟退火算法从高温状态开始,逐渐降低温度参数,在解空间中进行随机搜索,以找到全局最优解。随着温度逐步降低,算法利用概率跳跃特性,使解能够摆脱局部最优,最终接近全局最优。其核心在于赋予搜索过程一个逐渐减少的随机跳跃概率,以避免陷入局部极值,并保证优化过程朝向全局最优发展。模拟退火过程分为两个阶段:冷却阶段和恒温阶段(Metropolis 准则),分别对应外循环和内循环。

外循环即冷却过程,从较高的温度(初始温度 T_0)按照温度下降规则降温,当达到终止温度 T_f 时,退火过程结束。

内循环即 Metropolis 算法,在每个温度下,迭代 L 次,旨在寻找该温度下能量的最小值(即最优解)。此时,整个迭代过程中温度不发生变化,能量发生变化。当前解的能量大于新解能量时,新解更优,接受新解。反之,并非放弃新解,而是按照特定接受概率 P,接受新解。这就是模拟退火算法的灵魂——Metropolis 准则。

这里引入一种简单的随机搜索算法,即朴素随机搜索算法(又称爬山算法)。朴素随机搜索算法是贪心算法的一种,通过了解其易于陷入局部最优陷阱的原因,帮助我们更好地理解模拟退火算法中内循环的原理。

假定需要求解的优化问题为

$$\min f(x)$$
$$\text{s.t.}\, x \in \Omega$$

朴素随机搜索算法的一个基本假设为可以从可行集 Ω 中进行随机采样。对于任意可行点 $x \in \Omega$,存在一个集合 $N(x) \subset \Omega$,使得能够从该集合进行随机采样。通常情况下,$N(x)$中的元素与 x 比较接近,因此,可认为 $N(x)$是 x 的

一个“邻域”(此处指的是广义上的“邻域”,并非一定特指接近于 x 的点)。朴素随机搜索算法步骤如下:

(1)令 $k=0$,选定初始点 $x^{(0)}\in\Omega$。

(2)从 $N(x^{(k)})$中随机选定一个备选点 $z^{(k)}$。

(3)如果 $f(z^{(k)})<f(x^{(k)})$,则令 $x^{(k+1)}=z^{(k)}$,否则令 $x^{(k+1)}=x^{(k)}$。

(4)如果满足停止规则,就停止迭代。

(5)否则,令 $k=k+1$,返回到(2)。

朴素随机搜索算法的主要问题是有可能会在局部极小点附近“卡住”。这种现象很容易理解。比如,$x^{(0)}$是一个局部极小点,$N(x^{(0)})$足够小,使得其中的点对应的目标函数值不会比 $x^{(0)}$对应的目标函数值更小[即 $x^{(0)}$是函数 $f(x)$在 $N(x^{(0)})$上的全局极小点],这样,算法将会卡住,无法找到 $N(x^{(0)})$外部的点。

为了解决这一问题,需要设计一种方法,使其能够跳出 $N(x^{(0)})$。一种解决途径为,针对第 k 次迭代,保证“邻域”$N(x^{(k)})$足够大。实际上,只要 $N(x^{(k)})$足够大,就可以保证算法能够(在某种意义上)收敛到全局极小点。在极端情况下,对于所有的 $x\in\Omega$,都设定 $N(x)=\Omega$。此时,利用朴素随机搜索算法开展 k 次迭代,就等价于从 Ω 中随机抽取 k 组数据,然后从中选择使得目标函数值达到最小的数据。但是,如果“邻域”设置得太大,将会导致搜索过程变慢。

另外一种解决途径为对朴素随机搜索算法进行修改,使其能够“爬出”局部极小点的“邻域”。具体操作是,在两次迭代中接受比当前解差的新解(接受劣解),这正是 Metropolis 算法的特点。

9.3.2 模拟退火算法的过程

模拟退火算法的一般计算过程如图 9-1 所示,相关描述如下所示。

(1)设置初始温度 T_0。

(2)设置温度降低规则,例如,$T=\alpha T$,$\alpha\in(0,1)$。

(3)假设当前温度为 T。令 $k=0$,选定初始点 $x^{(0)}\in\Omega$。

(4)从 $N(x^{(k)})$中随机选定一个备选点 $z^{(k)}$。

(5)设计一枚特别的硬币,使其在一次抛投中出现正面的概率为 $p(k,f(z^{(k)},f(x^{(k)})))$。抛一次该硬币,如果出现正面,令 $x^{(k+1)}=z^{(k)}$,否则令 $x^{(k+1)}=x^{(k)}$。

(6)在当前温度 T 下,持续进行“产生新解—判断—接受/舍弃”的迭代过程。每进行一次迭代后,判断是否满足终止条件:如果满足条件,输出结果并进入步骤(7);否则令 $k=k+1$,返回步骤(4)。

(7)判断是否达到终止温度,若达到,则终止算法并输出最优解;否则令 $k=k+1$,返回步骤(2)。

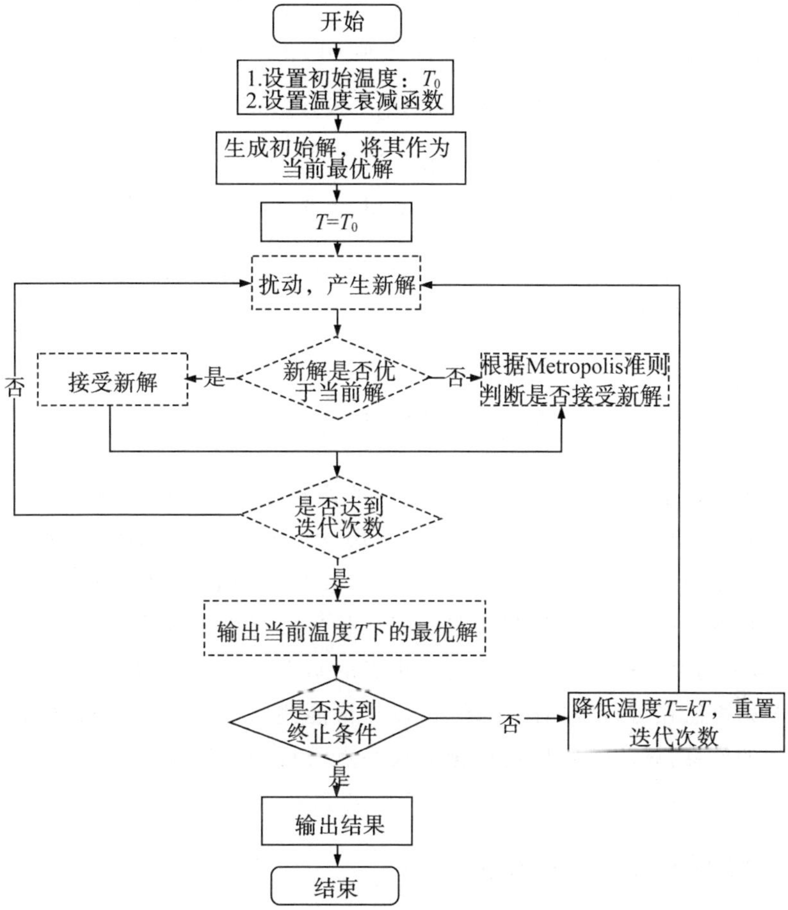

图 9-1　模拟退火算法的基本计算过程

需要指出的是,步骤(5)中的"抛硬币"的说法只是关于随机的一种形象化描述,可以采用多种方式生成满足特定要求的随机数。$p(k,f(z^{(k)}),f(x^{(k)}))$ 表示接受备选解 $z^{(k)}$ 的概率。在第 k 次迭代中,可以追踪到当前为止最好的解,即对于所有 $i\in\{0,1,\cdots,k\}$,都有使得 $f(x^{(j)})\leqslant f(x^{(i)})$ 成立的 $x^{(j)}$,$j\in\{0,1,\cdots,k\}$。按照以下方式进行更新:

$$x_{\text{best}}^{(k)}=\begin{cases}x^{(k)}, & f(x^{(k)})<f(x_{\text{best}}^{(k-1)})\\ x_{\text{best}}^{(k-1)}, & \text{其他}\end{cases}$$

模拟退火算法与朴素随机搜索算法之间的区别在于步骤(5),模拟退火算法以一定的概率选择新解作为下一次迭代的初始点,即使这个新解劣于当前解。接受概率需要合理设定,太高导致算法接受过多的劣解而降低收敛速度,太低则无法帮助算法跳出局部最优。接受概率的常用公式为

$$p(k,f(z^{(k)}),f(x^{(k)}))=\min\{1,\exp(-(f(z^{(k)})-f(x^{(k)})))/T\}$$

注意,如果 $f(z^{(k)})\leqslant f(x^{(k)})$,那么 $p(k,f(z^{(k)}),f(x^{(k)}))=1$,意味着 $x^{(k+1)}=z^{(k)}$,即下一个迭代点为 $z^{(k)}$。但是,如果 $f(z^{(k)})>f(x^{(k)})$,则仍有一定概率使得 $x^{(k+1)}=z^{(k)}$,这一概率为 $\exp\left(\dfrac{f(z^{(k)})-f(x^{(k)})}{T}\right)$。因此接受概率也可以表示为

$$p(k,f(z^{(k)}),f(x^{(k)}))=\begin{cases}1, & f(z^{(k)})\leqslant f(x^{(k)})\\ \exp\left(-\dfrac{f(z^{(k)})-f(x^{(k)})}{T}\right), & f(z^{(k)})>f(x^{(k)})\end{cases}$$

需要指出的是,$f(z^{(k)})$和 $f(x^{(k)})$之间的差异越大,采用 $z^{(k)}$ 作为下一个迭代点的可能性就越小。类似地,T 越小,采用 $z^{(k)}$ 作为下一个迭代点的可能性就越小。也就是说,随着迭代次数 k 的增加,接受劣解的可能性越来越小。这很容易从直观上进行理解:起初希望能够在整个可行集内进行搜索,随着迭代的开展,搜索的范围应该集中到全局极小点的附近区域,而不是遍历整个可行集。最开始算法在可行集内跳来跳去,以尽可能跳出局部极小点附近的区域。随着时间的推移,算法开始稳定在全局极小点附近的区域,将更多的时间投入这一有效区域的搜索中,保证算法的收敛性和效率。

9.3.3 模拟退火算法的应用

模拟退火算法的典型应用之一为旅行商(Traveling Salesman Problem,TSP)问题。作为一个精明的旅行商,你需要规划一次前往多个城市的销售之旅,要以最短的路径访问每个城市一次并返回出发城市,以实现旅行成本最小化(这里假设旅行成本与城市间的直接距离成正比)。假设当前有 14 个城市 A、B、C、D、E、F、G、H、I、J、K、L、M、N,各个城市的坐标如下:

A:[16.47,96.10];B:[16.47,94.44]

C:[20.09,92.54];D:[22.39,93.37]

E:[25.23,97.24];F:[22.00,96.05]

G:[20.47,97.02];H:[17.20,96.29]

I:[16.30,97.38];J:[14.05,98.12]

K:[16.53,97.38];L:[21.52,95.59]

M:[19.41,97.13];N:[20.09,92.55]

其中每个元素 dist[i][j]表示从城市 i 到城市 j 的直接距离,假设距离是对称的,即 dist[i][j]=dist[j][i],且 dist[i][i]=0 表示城市到自身的距离为0。使用模拟退火算法来找到访问每个城市一次并返回出发城市的最短路径,输出这条最短路径及其对应的最短总距离$D_{\min}$。

(1)初始化。设置初始温度为 $T_0=10$ 和终止温度为 $T_f=0.01$,并设置温度下降规则为 $T=0.98T$。这里随机选择一个城市 B 作为起始点,也可以根据一些规则或原则选择初始城市,如靠近区域中心的城市。

(2)生成初始解。从起始城市 B 开始随机生成一个城市访问顺序作为初始解 X_0:

X_0:B→L→H→N→D→K→E→F→I→G→A→M→J→C→B

相应的总距离为

$$D_0=70.9882$$

(3)当前温度下的等温过程。设置每个温度下的迭代次数 $L=50$。在每次迭代中,按照某种邻域搜索规则对当前解施加一个随机扰动,生成一新解 X_1。本例中,通过随机交换路径中的两个城市的位置来生成新的路径(也称为解或策略),并计算路径长度。

若将城市 A 和 F 的顺序交换,则得到的新解及相应的总距离为

X_1:B→L→H→N→D→K→E→A→I→G→F→M→J→C→B

$$D_1=69.2161$$

此时,新解显然优于初始解,则

$$X_1=X_1$$

$$D_{\min}=D_1$$

若将城市 G 和 N 的顺序交换,则得到的新解及相应的总距离为

X_1:B→L→H→G→D→K→E→F→I→N→A→M→J→C→B

$$D_1=74.2143$$

此时,初始解优于新解,计算接受该新解的概率:

$$P=\exp\left(-\frac{74.2143-70.9882}{10}\right)=0.724$$

得到接受概率后,我们可以使用 MATLAB 生成介于 0 和 1 之间的随机数,通过比较随机数和接受概率的大小,判断是否接受劣解。如果得到随机数小于 P,则接受这个劣解,此时,

$$X_1 = X_1$$

$$D_{\min} = D_1$$

否则,便舍弃这个劣解,此时,

$$X_1 = X_0$$

$$D_{\min} = D_0$$

在当前温度下进行多次迭代,每次迭代后更新当前的最优解和相应的最短总距离。达到迭代次数后,输出当前温度下的最优解,并进入冷却过程。

(4)冷却过程。按照事先确定好的温度下降策略更新温度,当温度没有达到终止温度时,重复步骤(3),在新温度下继续搜索;若达到终止温度或小于终止温度,则输出当前温度下的最优解,即为该问题的最优解。该问题的最优解为

$$X_1: \mathrm{B \to A \to J \to I \to K \to H \to M \to G \to L \to F \to E \to D \to C \to N \to B}$$

$$D_{\min} = 29.3405$$

9.3.4 模拟退火算法的讨论

模拟退火算法具有跳出局部最优解的能力,通过引入随机因素,增加了搜索到全局最优解的可能性。这使得模拟退火算法不依赖于问题的具体形式,可以用于求解多种类型的优化问题,包括连续优化和离散优化问题。为了更好地实现模拟退火算法,还需要注意以下一些方面。

(1)状态表达。模拟退火算法中,优化问题的一个解模拟了退火过程中固体内部的一种粒子分布情况。这里的"状态"指实际问题的解(即策略),需要以一种合适的数学形式表达出来,它应当既适用于模拟退火算法的运行,又能充分表达实际问题。可以参考遗传算法中编码的相关内容。常见的表达方式有:背包问题和指派问题的 0—1 编码,TSP 问题和调度问题的自然数编码,还有用于连续函数优化的实数编码等。

(2)新解的产生。新解的产生应能够尽量遍及解空间的各个区域,以在某一恒定温度下进行领域搜索时,具备跳出当前区域的极小陷阱的可能性,从而提高模拟退火算法的全局搜索能力。

(3)收敛的一般性条件。需要特别注意模拟退火算法收敛到全局最优的几个一般性条件:①初始温度足够高,②热平衡时间(与等温过程、迭代次数相关)足够长,③终止温度足够低,④降温过程足够缓慢。通常情况下,上述条件在应用中很难同时满足。

求解全局优化问题的随机搜索算法一般都采用大范围的粗略搜索与局部

的精细搜索相结合的方式。只有在初始的大范围搜索阶段找到全局最优解所在的区域,才能逐渐缩小搜索的范围,找出全局最优解。模拟退火算法是通过温度控制参数 T 的初值 T_0 及其衰减变化过程来实现大范围的粗略搜索与局部的精细搜索。一般来说,只有足够大的 T_0 才能满足算法要求。对不同的问题,“足够大”的含义也不同,在问题规模较大时,过小的 T_0 往往导致算法难以跳出局部陷阱而达不到全局最优。但为了减少计算量,T_0 不宜过大,而应与其他参数折中选取。温度衰减函数可以有多种形式,一个常用的衰减函数是

$$T_{k+1}=\alpha T_k$$

其中,α 是一个小于1的正常数,通常可以取为0.5~0.99,它的取值决定了降温的速度。小的衰减量可能导致算法进程迭代次数的增加,从而使算法进程接受更多的变换,访问更多的邻域,搜索更大范围的解空间,返回更好的最终解。但有时由于在 T_k 上已经达到准平衡,则在 T_{k+1} 时只需少量的变换就可达到准平衡。

9.4 遗传算法

模拟退火算法具有较好的局部搜索能力,尽管接受劣解的设置能够跳出局部最优陷阱,但全局搜索效果仍然不佳。遗传算法则因交叉、变异等算子,具有良好的全局搜索能力。同时,遗传算法的通用性强,可处理多种类型的优化问题,不需要目标函数的导数或梯度等信息,也不受目标函数的连续性或凸性的限制。

9.4.1 遗传算法的原理

遗传算法借鉴了达尔文的进化论和孟德尔的遗传学说,是一种并行、高效的方法。遗传算法能在搜索过程中自动获取和积累有关搜索空间的知识,并自适应地控制搜索过程以求得最优解。遗传算法的基本思想是:在一定数量的候选解(称为“个体”)组成的种群中,通过迭代进行选择、染色体交叉和变异等操作,使种群的适应度不断提高,最终得到最优解或接近最优解。

遗传算法的基本思想也可以简单理解为模拟生物的自然进化过程,并最终获得最适应环境或近似最适应环境的个体。例如,最初的变色龙可能只能进行有限的颜色变化,用于一些简单的伪装,适应环境的能力较差。在变色龙一代代的繁衍过程中,自然环境选择出变色能力更好的个体,这个过程包括个体的选择、染色体的交叉及变异。然后,变色龙能够进行更广泛和快速的颜色变化,

变得更加适应环境。遗传算法的主要内容包含以下几个方面。

种群和编码：种群是多个个体(解、策略)的集合，可以简单理解为某一变色龙种群。每个个体都是问题的一个可能解，它用染色体的形式表示，称为编码。编码的方式有多种，例如二进制编码、浮点数编码、符号编码等，编码方式根据优化问题选择。

适应度函数：遗传算法的评价标准是适应度函数，它反映了个体对问题或环境的适应程度或优劣程度。适应度函数通常是问题的目标函数或相关变形，它的值越大，表示个体越优秀。适应度函数的设计对遗传算法的效果有很大的影响。

遗传操作：遗传算法的搜索过程包括选择、交叉和变异等算子。选择算子是根据个体的适应度，按照一定的比例和规则从当前种群中选择一些个体，用于产生下一代种群。交叉算子在两个个体的染色体上进行某种形式的交换，产生两个新的个体，完成种群的“繁衍”。变异算子在某个个体的染色体上进行“基因突变”，产生一个新的个体，增加种群多样性，防止种群陷入局部最优解、过早收敛。

9.4.2 遗传算法的过程

遗传算法的基本计算过程如图 9-2 所示，详细描述如下所示。

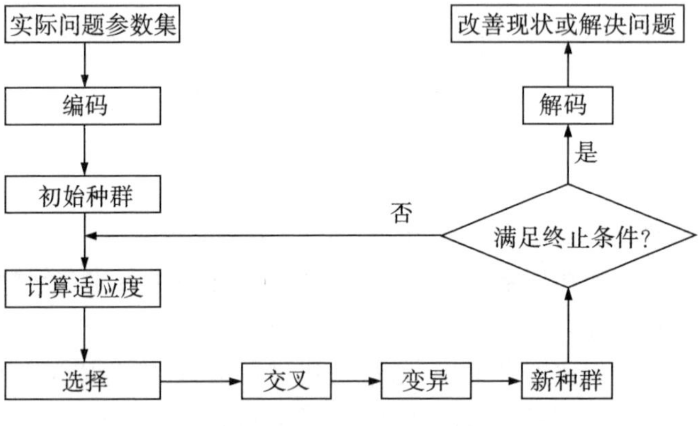

图 9-2 遗传算法的过程

1. 确定解的编码方案

遗传算法的编码将问题的解空间映射到遗传算法的搜索空间，将问题的可行解表示为遗传算法的基因型串(也就是染色体)结构数据。目前常见的编码方案有以下几种。

(1)二进制编码:使用0和1两个符号来构成染色体,每个符号称为一个基因。二进制编码简单易用,适合于离散或整数类型的优化问题,也便于进行交叉和变异等操作。例如,一个长度为5的二进制串"10100"就可以表示为一个染色体,可以通过二进制与十进制之间的转换关系来确认二进制串对应的数值。二进制串"10100"转换为十进制就等于 $1\times2^4+0\times2^3+1\times2^2+0\times2^1+0\times2^0=20$,根据对应的十进制值和未知数的范围得出字符串实际代表的数值。

(2)实数编码:使用某一范围内的一个实数来表示每个基因,染色体的长度等于决策变量的个数。实数编码适合于连续或浮点类型的优化问题,可以提高遗传算法的精度和效率。例如,求解函数 $t=x^2+y^2+z^2$ 在区间 $x\in[-2,2]$,$y\in[-2,2]$ 和 $z\in[-2,2]$ 上的最小值,精度为0.01,可编码一个长度为3的字符串"0.22,0.10,-1.23"为一个染色体,其中0.22代表 x 的取值,0.10代表 y 的取值,-1.23代表 z 的取值。

(3)符号编码:使用一个无数值含义而只有代码含义的符号集来构成染色体,每个符号称为一个基因。符号编码适合于一些特殊的优化问题,如旅行商问题、机器人路径规划问题等。符号编码需要保证染色体的可行性,即每个染色体都对应于一个有效的解。例如,现有5个城市——A城,B城,C城,D城和E城,分布在不同的位置,任意两城市之间的距离已知,需要以5个城市中的任一城市为起点,走过剩下4个城市,要求不能重复拜访途中的4个城市,并最终回到起点。应如何安排走的顺序,使得最终走的距离最短。这时可编码一个长度为5的符号串"B,C,A,E,D"为染色体,代表走的顺序为B→C→A→E→D,符号串的第 n 位就代表是第 n 个拜访的城市。可见,要根据具体问题的特点选择合适的编码方案。

2. 设计适应度函数

遗传算法的适应度函数用来评价个体,通常与目标函数有关,也可以加入一些转换或惩罚项。例如上述在5个城市中行走的例子,目标函数是走的距离的最小值,越小的目标函数值代表对应个体的适应度值越大,为了将小的目标函数值对应大的适应度值,可以将适应度函数取为目标函数的倒数。若是染色体中出现了重复的城市,例如出现两次B城,不满足"不能重复拜访途中的4个城市"的约束条件,可以考虑在适应度函数中再添加惩罚项,以降低该个体或染色体的适应度值,以在迭代过程中将其淘汰。适应度函数的设计会影响遗传算法的收敛速度和最优解的寻找。

3. 确定选择规则

选择算子保留优秀的个体,同时保持种群的多样性,避免早熟或陷入局部最优。选择出亲代(Parents),用于后续的交叉和变异。常用的选择规则有以下几种。

(1)轮盘赌选择:根据个体的适应度值计算每个个体被选择的概率,然后用随机数模拟轮盘赌的过程。轮盘赌选择的优点是简单,缺点是容易受到适应度值差异的影响,导致优势个体占据过大的比例,降低多样性,因为有些劣势个体可能具有优势基因,在后续的交叉和变异后会产生较好的个体。

(2)锦标赛选择:从种群中随机抽取一定数量的个体,然后比较它们的适应度值,选择最优的个体。锦标赛选择的优点是不需要对种群进行排序,可以控制选择压力,缺点是可能会忽略一些适应度值较低但有潜力的个体。

(3)截断选择:根据适应度值对种群进行排序,然后只选择一定比例的个体。截断选择的优点是可以快速地筛选出优秀的个体,缺点是会丢失大量的个体,造成种群的规模缩小,降低多样性。

4. 设计交叉算子

遗传算法的交叉是指从亲代随机选择两个个体,按照交叉概率 p_c 进行交叉,通过染色体的部分交换,产生新的个体。交叉的目的是增加种群的多样性,促进优秀基因的重组,提高搜索效率。如果一对个体没有被交叉,则将它们直接放入新的中间代(其概率为 $1-p_c$),常用的交叉算子有以下几种。

(1)单点交叉:在染色体上随机选择一个交叉点,将两个个体的染色体在这个点处切断,并交换后半部分,从而得到两个新的个体。单点交叉的优点是简单、易实现,缺点是交叉的力度较大,可能破坏染色体的结构。以上述在 5 个城市行走为例,现有两个个体的染色体为“B,C,A,E,D”和“C,D,A,B,E”,若选择染色体的第 3 个点为交叉点,则交叉后的子代分别为“B,C,A,B,E”和“C,D,A,E,D”,两个子代中均有重复的城市,分别为“B”和“D”。如何处理不满足约束的个体,是遗传算法设计中的关键内容。

(2)多点交叉:在染色体上随机选择两个或多个交叉点,将两个个体的染色体在这些点处切断,并交换相应的部分。多点交叉的优点是可以增加交叉的粒度和灵活性,缺点是需要确定合适的交叉点个数和位置,算法设计复杂度大。

(3)均匀交叉:在染色体上对每个基因位,以交叉概率 p_c 决定是否交换两个个体的基因值,从而得到两个新的个体。均匀交叉的优点是可以避免固定的交叉点,难点是需要确定合适的交叉概率。

要根据具体问题的特点选择合适的交叉方案,以提高交叉的基因重组效率或避免不可行解的出现等。

5. 变异算子的设计

遗传算法的变异是指在中间代(即选择后的种群)的染色体上以变异概率 p_m 改变某些基因的值,从而产生新的个体。变异的目的是增加种群的多样性,防止算法陷入局部最优,提高搜索能力。常用的变异方法有以下几种。

(1)基本位变异:随机选择染色体上的一个或多个基因位,将其替换为其他等位基因。基本位变异的优点是简单、易实现,缺点是可能破坏染色体的结构或有效性。仍以在5个城市行走为例。染色体为"B,C,A,E,D",选择第4个点为变异点,将第一条染色体的基因"E"变为"B",最终得到新个体为"B,C,A,B,D",有重复的城市;如直接规定交换第1和第4两个点,则变为"E,C,A,B,D",避免了不满足约束的"非法"个体的产生。

(2)均匀变异:用符合某一范围内的均匀分布的随机数,以变异概率 p_m 替换染色体上的每个基因值。均匀变异的优点是可以避免固定的变异位,缺点是需要确定合适的替换范围和概率。

(3)边界变异:随机选择染色体上的一个或多个基因位,将其替换为该基因的边界值。边界变异的优点是可以探索解空间的边缘,缺点是可能丢失中间值的信息。

6. 迭代

按照设计的适应度函数和选择策略重复过程3、4、5,直到满足终止条件。终止条件可以是达到最大进化代数、找到符合特定要求的解、适应度不再变化等。最终输出最优个体或最优解集。

9.4.3　遗传算法的应用

以遗传算法求解函数 $f(x,y)$ 在区间 $[-7,7]$ 上的最大值为例,讲述算法的应用。

$$f(x,y)=3\sin x+5\cos x+0.2\,x,\quad x\in[-7,7]$$

1. 编码和解码

在该实例中,选择二进制编码方案,一个个体包含一条染色体,对应着自变量 x。染色体上各自包含一组基因。其中,一个基因(Gene)指一个遗传因子。一条染色体(Chromosome)指一组的基因,由 N 个基因组成,N 的大小取决于编码精度。一个个体(Individual)指单个生物,由 M 条染色体构成,本例中 $M=1$。一个种群(Population)代表一群个体。

二进制编码就是将自变量从十进制映射到 N 位的二进制,而 N 取决于精度,例如求解精度为 $e=0.02$,需要将 x 的区间切分成 $[7-(-7)]/0.02=700$ 份。

二进制编码的每一位只能是“0”或“1”两种可能，因此具有 n 位的二进制编码有 2^n 种编码方式，可以表示 2^n 个数，所以实际需要的编码位数为

$$2^9=512<700<2^{10}=1024$$

因此，当我们需要的精度为 0.02 时，采用的二进制编码至少需要 10 位数。实际的求解精度为

$$e=[7-(-7)]/1024\approx 0.0137$$

用以下的染色体基因映射编码方法：

0000000000＝－7(代表区间最小值：－7)

1111111111＝7(代表区间最大值：7)

假如某染色体的基因型为 0000001101，对应到自变量的取值空间[－7，7]的实数为

$$(0\times 2^9+0\times 2^8+0\times 2^7+0\times 2^6+0\times 2^5+0\times 2^4+1\times 2^3+1\times 2^2+0\times 2^1$$
$$+1\times 2^0)\times(14/1024)+(-7)=-6.822$$

2. 种群初始化

种群初始化即生成一个初始化种群以供后面的选择、交叉和变异操作。本例设置种群大小 NIND＝100。可以使用 MATLAB 软件的 randi 函数生成 100×100只含有 0 和 1 的矩阵，生成初始种群。矩阵中的每一行代表一条染色体，即一个个体。

3. 适应度函数和种群选择策略

本例将目标函数设置为适应度函数，求解出每个个体的适应度值 f_i，其中 i 代表第 i 个个体。本例选用轮盘赌对种群个体进行筛选。假如现在一共有 5 个个体，其所对应的适应度值分别为 1，3，5，7，4，所以累计适应度为

$$F=\sum_{i=1}^{5} f_i=1+3+5+7+4=20$$

每个个体被选中的概率分别为：

$$P_1=\frac{f_1}{F}\times 100\%=\frac{1}{20}\times 100\%=5\%$$

$$P_2=\frac{f_2}{F}\times 100\%=\frac{3}{20}\times 100\%=15\%$$

$$P_3=\frac{f_3}{F}\times 100\%=\frac{5}{20}\times 100\%=25\%$$

$$P_4=\frac{f_4}{F}\times 100\%=\frac{7}{20}\times 100\%=35\%$$

$$P_5=\frac{f_5}{F}\times 100\%=\frac{4}{20}\times 100\%=20\%$$

4. 交叉

本例使用两点交叉的方法。将选择后的个体随机两两组合，按照交叉概率 p_c 确定哪些组合要进行交叉操作，然后对要进行交叉的个体组合随机选择染色体的一段进行交换。例如，将染色体的 AB 段及其对应的 CD 段进行交叉，如图 9-3 所示。

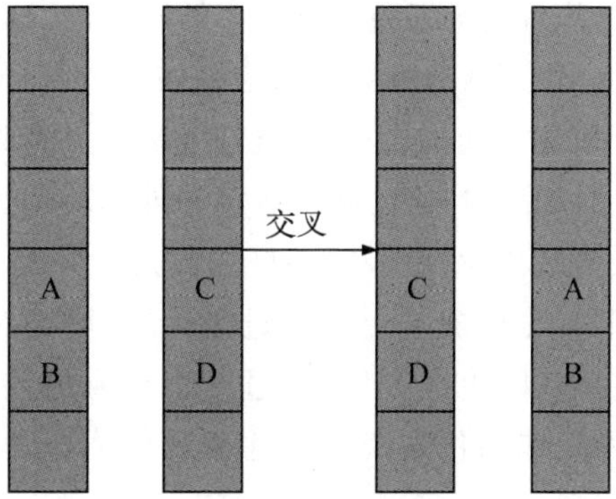

图 9-3 交叉操作示意图

5. 变异

本例使用基本位变异的方法。按照变异概率 p_m 确定哪些个体要进行变异操作，然后对要进行变异的个体随机选择染色体上的一个基因。若这个基因为 1，则变异为 0，反之变异为 1。

6. 迭代

本例设置的最大迭代次数 iter＝500，重复以上步骤 3～6，直到出现最大迭代次数，求得最大值为 7.20。

9.4.4 遗传算法的讨论

在遗传算法中，变异操作可以显著增加种群的多样性，从而为下一代产生更优个体提供潜在的基因组合。然而，遗传算法的全局搜索能力较强，过高的变异概率进一步增强了这种能力，从而降低了局部搜索的精确性，影响了收敛速度和解的质量。因此，变异与交叉的平衡成为提高遗传算法性能的关键。

交叉操作通过个体基因的重组创造新的基因组合，其变化通常遵循特定规则，尽管规则内存在一定的随机性，但仍是一种可预期的操作。变异操作则截然不同，其变化高度随机、充满不确定性。这种随机性形成了没有明确功利性的自由变化，为种群提供了原生的多样性。因此，如何合理搭配交叉概率、变异概率以及选择适当的交叉方式，是遗传算法理论研究和实际应用中尚未完全解决的问题。

这种平衡可以借助生物进化中的实际例子来理解。例如，人类基因中的“L-古洛糖酸内酯氧化酶基因”(GULO 基因)因突变失活，使得人类无法自主合成维生素 C。这一基因突变显然增加了人类对环境中维生素 C 的依赖，但其代价与收益却呈现出一种进化上的优势。维生素 C 合成的最后一步会生成过氧化氢(一种活性氧自由基)，这对细胞具有潜在的破坏性。通过“关闭”GULO 基因，人类减少了过氧化氢的生成，降低了细胞损伤的风险，同时腾出更多资源用于 NADPH 等重要抗氧化物质的合成，优化了整体生化代谢效率。

这一基因突变的不良影响，通过杂食饮食和外部环境为人类提供充足的维生素 C 来源而消除。与之相对，那些能够自主合成维生素 C 的动物(如狗和猫)在生成维生素 C 的同时，也生成了更多的过氧化氢，可能对其寿命产生负面影响。而人类“关闭”这一基因生产线后，通过外部摄取维生素 C，不仅规避了自由基的破坏，还解放了更多的代谢资源。这种进化选择，就像现代企业外包生产线以降低成本一样，是一种提高效率的策略。

在企业管理中，这种策略具有相似的启示。当外部条件和资源可以满足需求时，企业专注于核心业务并优化资源配置，往往比追求“大而全”更高效。比如，企业砍掉冗余业务线，不仅可以降低直接成本，还可能规避间接风险。然而，这种“去冗余化”的过程并非没有代价——如何平衡资源的削减与潜在利益的损失，是企业发展中的关键决策点。

同样，人类基因的“精简化”策略也为我们理解复杂系统提供了深刻的启示。《科学》杂志曾提出“为什么人类基因如此之少”这一问题。从失去合成维生素 C 能力的案例中可知，裁除冗余的生产功能、充分利用外部资源，使得人类基因可以更加专注于复杂功能的实现，这种专注于优化，也许正是人类进化与发展的重要原因。

习题

1. 简要描述贪心算法、模拟退火算法和遗传算法的基本原理。对每种算法，给出一个实际应用场景或实例。

2. 爬山算法采用启发式方法，是一种十分简单的贪婪搜索算法。该算法每次从当前解的邻近解空间中选择一个最优解作为新解，直到获得一个局部最优解。退火算法在爬山算法的基础上加以改进，提高了全局搜索能力。请说明退火算法是如何进行改进的，并简述退火算法的主要过程。

3. 为什么遗传算法相对贪心算法、模拟退火算法来说，更适合处理大规模数据或高维空间中的优化问题？

【参考文献】

[1]Kirkpatrick S, Gelatt C D, Vecchi M P. Optimization by Simulated Annealing[J]. Science, 1983, 220(4598).

[2]CHVáTAL V. Linear Programming[M]. W. H. Freeman, 1983.

[3] Goldberg D E. Genetic Algorithms in Search, Optimization, and Machine Learning[M]. Addison-Wesley, 1989.

[4] Holland J H. Adaptation in Natural and Artificial Systems: An Introductory Analysis with Applications to Biology, Control, and Artificial Intelligence[M]. MIT Press, 1992.

[5] Cormen T H, Leiserson C E, Rivest R L, et al. Introduction to Algorithms[M]. MIT Press, 2005.